Dirk Neubauer
**Das Problem sind WIR**

Dirk Neubauer

# Das Problem sind
# WIR

Ein Bürgermeister in Sachsen
kämpft für die Demokratie

Deutsche Verlags-Anstalt

Sollte diese Publikation Links auf Webseiten Dritter
enthalten, so übernehmen wir für deren Inhalte keine
Haftung, da wir uns diese nicht zu eigen machen,
sondern lediglich auf deren Stand zum Zeitpunkt der
Erstveröffentlichung verweisen.

MIX
Papier aus verantwor-
tungsvollen Quellen
FSC® C014496
FSC
www.fsc.org

1. Auflage
Copyright © 2019 Deutsche Verlags-Anstalt, München,
in der Verlagsgruppe Random House GmbH,
Neumarkter Straße 28, 81673 München
Umschlaggestaltung: Büro Jorge Schmidt, München
Typografie und Satz: Andrea Mogwitz, DVA
Gesetzt aus der Minion
Druck und Bindung: GGP Media GmbH, Pößneck
Printed in Germany
ISBN 978-3-421-04851-6

www.dva.de

 Dieses Buch ist auch als E-Book erhältlich.

# Inhalt

# Vorwort

Viel wurde über Sachsen geschrieben, zeitungskilometerweise. Was soll also dieses Buch noch sagen, geschrieben von einem Politikanfänger aus der Provinz? Wir wissen doch schon alles. Der Stempel ist in den letzten Monaten wiederholt aufgedrückt worden, die Debatte kann beendet werden. Doch ist es wirklich so einfach? Ist wirklich alles gesagt und vor allem: Ist alles verstanden? Ich denke nicht.

Ich bin seit Oktober 2013 Bürgermeister der Stadt Augustusburg, gut 20 Kilometer östlich von Chemnitz. Vorweg muss ich gleich sagen, dass dieses Buch weder ein »Handbuch Ost« noch eine Aburteilung des Ostens ist. Es erhebt ausdrücklich nicht den Anspruch, die alleinige Wahrheit zu schildern. Vielmehr beschreibt es viel selbst Erlebtes, viel selbst Gesehenes und Beispielhaftes, was – alles zusammengenommen – vielleicht einen möglichen Erklärungsansatz ergibt, warum es nun so ist, wie es ist. Wie es so weit kommen konnte, dass ein Großteil der Bevölkerung hier sich inzwischen – 30 Jahre nach dem Mauerfall – abwendet von dem, was er 1989 stolz erstritten hat. Warum die Menschen nicht mehr glauben, dass dieses System ihre Interessen vertritt und warum sich weite Teile der Gesellschaft im Osten noch immer besiegt und missachtet fühlen. Inzwischen trifft das sogar auf Menschen zu, für die friedliche Revolution und DDR nicht mehr sind als vererbter Schmerz und Erzählung.

Allem Aufschwung zum Trotz ist der Osten weitgehend noch immer das, was er schon damals, unmittelbar nach dem Fall der

Mauer, war: Beitrittsgebiet. Mit einer Gesellschaft, die sich noch immer in Ausbildung befindet, weil wir einiges in Steine investiert haben und wenig in Menschen, deren Ideen und Vorstellungen. Weil wir kritiklos einem Land eine Struktur überhalfen, das eigentlich gerade Freiheit suchte. Bräuchte es einen Beweis, dass der vor drei Jahrzehnten begonnene Weg mit der milliardenschweren Förderung von Beton und Asphalt, dass die komplette Übernahme von Regeln und Strukturen zwar der einfachste, aber zugleich auch der falscheste aller Wege war, jetzt wäre er erbracht und wird weiter manifestiert durch die ungebrochene Flucht vieler Menschen in den noch immer goldenen Westen. Und durch Wahlergebnisse, die inzwischen die gesamte Republik erschüttern.

Was wir momentan im Osten Deutschlands erleben, ist eine Folge aus Missachtung von Lebensleistungen, entrückter Politik, überbordender Regelwut und Ignoranz gegenüber einer anderen, sich noch findenden Gesellschaft. Was hier gerade passiert, fiel nicht einfach so vom Himmel. Es ist das Ergebnis eines langen und schmerzhaften Prozesses voller Missverständnisse, gegenseitigen Desinteresses, einseitiger Sprach- und beidseitiger Gehörlosigkeit, politischer Fehler und der Arroganz des Überlegenen, aber auch der stetig zunehmenden Unfähigkeit, Dinge selbst in die Hand zu nehmen. Vor lauter Bekümmertwerden haben wir verlernt, unsere Interessen zu vertreten. Und das betrifft alle von uns. Jeder Einzelne darf während der Lektüre gern auch sich selbst erkennen und sich die Frage stellen, ob nicht auch er selbst vieles hätte anders machen müssen.

Insofern ist dieses Buch nicht nur eine Ostansicht. Es meint auch den Rest der Republik. Denn tatsächlich glaube ich, dass wir hier im Osten, einem Landstrich, dem schon einmal das Undenkbare eines grundlegenden Systemwandels widerfuhr, einen Erfahrungsvorsprung haben. Die Gesellschaft hier verfügt höchstwahrscheinlich über ein anderes Gefühl für Schieflagen und ihre Folgen als der Rest der Deutschen. Leider – und auch das gehört zu meiner Wahrheit dazu – fällt das momentane politische Beben in eine Zeit, in der Fakten oft nichts und Inhalte noch weniger zählen und in der das Meckern auf der bequemen Couch mehr wiegt als mühsames Verändern. So verwandelt sich Wut in eine sehr gefährliche Waffe. Elektronisch beschleunigt durch sich selbst zitierende Netzwerke und begünstigt durch eine indifferente Arbeit der klassischen Medien. Dem allem zu begegnen, ohne unsere freiheitliche Grundordnung zu zerstören, wird eine Herausforderung für uns alle. Denn wir müssen wieder lernen, dass wir alle, jeder Einzelne von uns, eine Verantwortung haben, dass wir uns alle auf den mühsamen Weg des Denkens, Schlussfolgerns und des Veränderns begeben müssen. Weit außerhalb unserer Komfortzone von Reihenhaus, Konsum und Urlaub. Demokratie ist Transparenz, Kompromissfähigkeit, Ehrlichkeit und Differenzierung und ihr Gelingen ist abhängig von der Teilhabe möglichst vieler. Das alles sind Punkte, die auf der derzeitigen Agenda auf allen Ebenen und allerorten nur noch kaum messbar vorhanden sind. Doch genau hier liegen die Schlüssel, wenn unsere Form des Zusammenlebens nicht an einer Art multiplem Organversagen zugrunde gehen soll. Wir können unsere Probleme nur gemeinsam lösen, wenn wir verstehen, dass wir alle das Problem sind.

*Augustusburg, Juli 2019*

# 1

# Wir, die Bürger

Wir alle sind Bürger. Das mag eine profane Erkenntnis sein, aber sie ist grundlegend. Wir alle haben Rechte und auch Pflichten. Unsere Rechte glauben wir gut zu kennen und fordern sie energisch ein, wenn es uns sinnvoll erscheint oder nützt. Wenn wir vom Sinn und Nutzen nicht so sehr überzeugt sind, nehmen wir das mit den Rechten und Pflichten hingegen nicht so ernst. Werte, die noch 30 Jahre zuvor von den Bürgern der DDR in einer friedlichen Revolution erkämpft wurden, fallen inzwischen in letztere Kategorie, sie werden nicht mehr so ernst genommen. In einer Gesellschaft, die aus vermeintlich und manchmal tatsächlich fremdbestimmten und einem System »ausgelieferten« Menschen, die nicht gehört werden, besteht, ist das ein merkwürdiger Trend. Denn hatte nicht gerade ein solches Kollektivempfinden vor 30 Jahren dazu geführt, dass eine kritische Masse an Bürgern beschloss, dies alles so nicht mehr hinzunehmen, für ihre Rechte und ihre Freiheit einzutreten? Und ist das nicht von einem wirklichen Erfolg gekrönt worden? Im gesellschaftlichen Selbstverständnis und bei einem nicht geringen Teil genau dieser Bürger offenbar eher nicht.

Was als Reminiszenz an diese friedliche Revolution übrig geblieben ist, das ist der eigenartige Wunsch nach einer Wiederholung des Ganzen. Wie aber kann es sein, dass nach drei Jahrzehnten, die hier im Osten viel verändert haben, ein solcher Wunsch erwachsen kann? Was ist so falsch gelaufen, dass wir an einen Punkt gekommen sind, der gut 30 Prozent der Bevölkerung dazu bringt, Protest zu wählen? Ich will im Folgenden versuchen, eine Antwort darauf zu finden, warum die Errungenschaften von damals heute nur noch Randnotizen einer bitteren Geschichte sind.

## Die Nichtwähler und die Protestwähler

Eine dieser Errungenschaften ist das Recht auf eine freie und geheime Wahl. Es ist eines der wichtigsten Grundrechte unserer Demokratie. Doch dieses Grundrecht, das so eine große Bedeutung hat, wird kaum noch wahrgenommen. Während auf der einen Seite der Frust auf »die da oben« wächst, hält sich die Bereitschaft, Einfluss zu nehmen, schon bei dieser sehr einfachen Form der Beteiligung in überschaubaren Grenzen. Die Beteiligung an Bürgerprozessen auf allen Ebenen, auch der kommunalen, ist sogar rückläufig. Bei der letzten Bundestagswahl haben sich bundesweit 17 Millionen Wahlberechtigte der Stimme enthalten. Mehr Stimmen, als CSU, Linke, FDP, Grüne und AfD zusammen auf sich vereinigen konnten. Sechs Millionen Stimmen mehr als die SPD und zwei Millionen Stimmen mehr als die CDU. Das muss uns zu denken geben. Den Parteien sicher zuerst, denn offensichtlich ist etwas in der Beziehung zwischen Mensch und Partei kaputtgegangen. Aber auch uns Bürgern! Diese 17 Millionen Wähler hätten – entsprechende Einigkeit vorausgesetzt – die Wahl haushoch gewinnen können. Angesichts dieser Zahlen mutet die landläufige Behauptung, dass Wahlen nichts ändern können, dass man »ja sowieso nichts beeinflussen kann«, geradezu absurd an.

Tatsächlich haben nur 18 Prozent der Nichtwähler einen nachvollziehbaren Grund für ihr Fernbleiben: Sie sagen nämlich, dass keine der Parteien ihre Interessen vertritt. Warum dies ein nachvollziehbarer Grund ist? Weil diese Erkenntnis voraussetzt, dass man sich überhaupt mit dem Thema befasst hat, also seine Pflicht (ja, eine Pflicht!), als Bürger mitzuwirken, erfüllt hat. Dies ist zugleich ein Armutszeugnis für alle Parteien zusammen, egal wo sie stehen, denn offenbar gelingt es immer seltener, den Menschen erkennbare und klare Angebote zu unterbreiten.

Allen anderen Wahlverweigerern ist wohl nur sehr schwer zu helfen. Sie halten Parteien für »nicht unterscheidbar« oder gehen wegen Urlaub, schlechten Wetters oder sonstiger Widrigkeiten nicht zur Wahl. Begründungen, die eher von Bequemlichkeit als von Protest zeugen. Denn wer beispielsweise ernsthaft behauptet, dass die Linke sich nicht von der CDU oder die SPD sich nicht von der AfD unterscheidet, der erweist der Gemeinschaft und damit auch sich selbst einen Bärendienst. Der Zusammenhang zwischen eigenem Verhalten und gesellschaftlicher Konsequenz ist nur wenigen wirklich klar, auch wenn es kaum begreiflich ist, warum die Menschen diesen Zusammenhang nicht sehen. Es herrscht der Irrglaube vor, alles würde anders, wenn man es »denen da oben« nur mal richtig zeigt, indem man beispielsweise das System boykottiert. Dass damit die Erfüllung der eigenen Wünsche in keinster Weise wahrscheinlicher wird, ist zwar irgendwie klar, aber das ganze Protestverhalten unterliegt letztlich einer übermächtigen, unbestimmten und trotzigen Wut, oft auch einer grassierenden Resignation. So kommt es, dass sich erwachsene Menschen wie Kinder verhalten, die zwar Wunschzettel für den Weihnachtsmann geschrieben haben, sie aber nicht abgeben. Und sich dann wundern, wenn es statt des ersehnten Lego-Baukastens Socken gibt. Genau hier beginnt der Irrweg.

Mir gegenüber sagte neulich ein bekannter Nichtwähler und Bürger meiner Stadt: »Ich war immer wählen, es hat nichts gebracht.« Und das mag aus seiner Sicht, seiner persönlichen Erwartungshaltung heraus vielleicht sogar stimmen. Dass er aber nie Weiteres unternommen hat, um Einfluss zu nehmen, dass er beispielsweise nie versucht hat, seinen Landtagsabgeordneten in die Pflicht zu nehmen, und dass er schließlich mit seiner Nichtteilnahme an der Wahl die radikalen Ränder stärkt, weil dort eine hohe Wähleraktivierung vorherrscht – das alles war ihm nicht klar.

## Die untote DDR

Wer jetzt sagt, dies spiele sich doch alles auf Bundesebene ab, sei damit weit weg und in einem anderen Orbit, der darf gern auf seine eigene Stadt blicken. Ja, hier, direkt vor der eigenen Haustür, funktioniert Demokratie anders und sehr viel direkter. Hier spielen in der Regel Parteien keine nennenswerte Rolle. Es werden Personen gewählt. Parteienproporz ist Nebensache. Dort, wo ich lebe, trifft man seinen Stadt- oder Gemeinderat noch täglich im Ort, hat eine Beziehung, sei es als Nachbar oder Freund. Auch den Bürgermeister kann man im Rathaus an den Sprechtagen persönlich erreichen. In meinem Fall und bei sehr vielen meiner Kollegen zudem per Mail, WhatsApp, Facebook oder schlicht per Telefon, oder man sieht sich auf der Straße. Alles wird von uns nahezu in Echtzeit beantwortet, oft bis spät in die Nacht hinein. Doch läuft es hier deshalb anders als im großen Orbit? Nein, leider nicht, denn die Beteiligung der Bürger an der Meinungsfindung liegt hier ebenfalls im unterirdischen Bereich.

Zwar sind die Quoten bei den Landtags- und Kommunalwahlen noch ein wenig besser als bei der Bundestagswahl, aber mit Blick auf die besondere Geschichte unseres Landstrichs, in dem jahrzehntelang Wahlen eine Farce waren, sollte dies eigentlich ganz anders sein. Hier, in der Wiege der friedlichen Revolution, müsste das damals Errungene doch einen hohen Stellenwert haben. Doch neben einem eher nostalgischen Stolz macht der Verweis auf diese friedliche Revolution eine Enttäuschung sichtbar. Eine Enttäuschung, die sich – insbesondere mit Blick auf das, was in den 30 Jahren seither geschaffen wurde – ansatzweise, aber nicht vollständig begründen lässt. Das ist sogar bei den Bürgern so, die im teuren Blech zweimal im Jahr in den Urlaub rollen in Länder, die man früher nur mit dem Finger auf einem der seltenen kaufbaren Globen »bereisen« konnte. Heißt also, das Gefühl des Besiegtwordenseins hat an Gewicht gewonnen, nicht nur bei den Verlierern der Wende, die es leider eben auch gibt. Und damit geht einher eine nostalgische Sehnsucht nach einem Damals, das DDR war. Diese Mischung aus Klappehalten, Unfreiheit und Tauschhandel wird inzwischen in vielen Köpfen als Hort des Zusammenhalts, der Solidarität und der Zwischenmenschlichkeit erinnert. Ein warmer Ort. Mit Versorgungslücken und Meinungseinheit, aber irgendwie vertraut. Dieses Land von einst, das auch Unrecht, Unfreiheit, Mangel und Stasi war, ist bei vielen noch immer oder erneut der Sieger der Herzen. Zumindest jener Teil, den man positiv erinnert. Und der wabert wie ein Gespenst über den Stammtischen. Untot, weil nie wirklich aufgearbeitet.

Nein, keiner von denen will im Ernst jenes Land zurück. Davon bin ich überzeugt. Vielmehr ist es die Ablehnung des neuen Systems und der Hinweis auf die eigene Lebensleistung. Die aber ist mit dem Land von einst untergegangen, hat nie eine Würdigung erfahren. Zudem wurde jenes sterbende Land von einem Monster begleitet, das Treuhand hieß, viel Unrecht produzierte und nicht selten Glücksrittern und Kapitalinteressen die Menschen und ihre Geschichte opferte. Das ist die Wahrheit und zugleich unaufgeklärte Geschichte. Vieles wurde den Zielen einer schnellen Einheit und den Interessen im Westen geopfert. Dennoch – dies gehört der Vollständigkeit und Ehrlichkeit halber dazu – trug die Treuhand auch vieles zu Grabe, was längst tot oder dem Tode geweiht war. Eine schmerzhafte Wunde, die bis heute nicht verheilt ist.

Und einer der Gründe, warum kaum einer fragt, warum das Ganze wirklich zu Ende ging und was man selbst womöglich dazu beigetragen hat. Kaum zulässig ist die Äußerung, dass dieses kuschelige Land, aus dem auch ich stamme und das mir eine schöne Kindheit und eine wirklich gute Bildung zuteilwerden ließ, schlicht abgewirtschaftet hatte. Dass es zu viele Menschen und ihre Bedürfnisse zu lange ignorierte. Ganz oft hört man die These, nahezu jeder ehemalige Betrieb im Osten hätte im Westen eine blühende Zukunft gehabt, wenn bloß die Treuhand nicht gewesen wäre. Diese viele Tausend traurige Schicksale produzierende Abwicklungsmaschine überdeckte den objektiv unabwendbaren Tod unzähliger Betriebe mit vielen Ungerechtigkeiten und auch nicht selten mit kriminellen oder undurchsichtigen Machenschaften. Der Schmerz, den diese Zeit über das Land brachte, von der alle glaubten, sie würde Landschaften im Sofortmodus in Blüte stehen lassen, dieser Schmerz sitzt noch immer tief. Der Mangel an Aufarbeitung dieses dunklen Kapitels der Wende befeuert die Sage von der Zerschlagung und Plünderung einer prosperierenden DDR-Volkswirtschaft. Eine Mär, die als solche hinlänglich bewiesen und dennoch von den Menschen als Fakt nicht anerkannt wird, weil sich nur so die eigene Würde und Lebensleistung schützen lassen. Eine verständliche Reaktion, denn diese Anerkennung wurde hier in jener Zeit und wird auch noch heute verwehrt. Das Gefühl, verloren zu haben, übernommen und besiegt worden zu sein, kommt nicht von ungefähr. Es wurde erzeugt. Und tatsächlich muss man feststellen, dass die Einheit zu Teilen eher eine Übernahme als ein Zusammenkommen war.

Wer verstehen will, warum unsere Gesellschaft gerade von

Wut und Enttäuschung mitbestimmt wird, muss eben auch zurückblicken. Der Mauerfall, dieser Umbruch, zerstörte, so wie er vonstattenging, schon von Beginn an Hoffnungen, setzte falsche Prioritäten und verstand damals schlicht nicht, die Menschen einzubinden. So ließ sich keine dauerhaft tragende Aufbruchstimmung generieren. Die Lähmung und Resignation, die stattdessen eintraten, waren der Grund, warum von vornherein wichtige Debatten nicht stattfinden konnten. Beispielsweise um die Frage nach der Verantwortung eines jeden Einzelnen für diesen Zusammenbruch eines Landes, das Heimat war. In einer solchen Debatte hätte die Chance gelegen, das faktische Ende der DDR zu begreifen. Ersatzweise wurde die Jagd auf Stasi-Informanten ausgerufen, sicher auch wichtig, aber nicht entscheidend. Schließlich brachte der Versuch, das Land juristisch aufzuarbeiten, am Ende nur zwei Ergebnisse zutage. Für diejenigen, die unter dem System gelitten hatten, waren die Prozesse wenig befriedigend und waren behaftet mit dem Geruch von Siegerjustiz. Und für die anderen verstärkte dies das Gefühl, mit abgewickelt worden zu sein.

Dieser lähmende Makel liegt noch heute wie Mehltau über dem Land. Es bewegt all jene, die mit dem Regimewechsel nicht das erhielten, was sie sich erträumt hatten. Dieses Gefühl entstand damals und überlagerte vieles, bekam ein festes Fundament, das tatsächlich bis heute hält. Es macht sich in Sätzen Luft wie: »Ja, es stimmt schon, dass viel entstanden ist. Aber es war auch nicht alles schlecht, damals.« Oder schlicht in der Aussage: »Für mich hat sich nichts geändert.«

## Bleiben Sie ruhig, wir holen Hilfe

Was ich soeben beschrieben habe, ist wichtig, wenn man verstehen will, was der Anfang war von dem, was heute ist. Denn wir hätten eine Generaldebatte gebraucht, die die richtigen Fragen stellt und Verantwortung benennt. Ein 1968 der Neunziger, wenn man so will. Stattdessen aber kam Politik übers Land, die statt Selbstverantwortung das Motto ausgab: Bleiben Sie ruhig, wir holen Hilfe. Die handelnden Personen verstanden es nicht, die Schmerzen durch Aufklärung des Damals oder durch Anerkennung und Klarheit zu lindern, und sie entwickelten auch wenig Ehrgeiz, die vielen Wendeungerechtigkeiten konsequent, auch strafrechtlich zu verfolgen. Sie versprachen stattdessen blühende Landschaften und gedachten diese mit einer Mischung aus Kader zweiter Garnitur West und Altkader DDR umzusetzen. Ein fataler Fehler, denn so missachtete man die Gefühle und die Fähigkeiten der Menschen und versuchte somit, den Neuaufbau einer Gesellschaft weitgehend ohne ihre Bürger zu bewerkstelligen.

Eine zweite, schleichende Erkrankung der noch jungen, nicht gefestigten Selbstbestimmung kam übers Land. Das Zeitalter der Kümmerer brach an. Ein fataler Ansatz, wenn man bedenkt, dass hier eine Gesellschaft in Ausbildung gerade damit beschäftigt war, sich selbst zu finden. Denn bei allem richtigen Bemühen, diesen gewaltigen Wandel sozial abfedernd zu begleiten und den Menschen, die gewaltigen Brüchen unterworfen waren, Hilfe anzubieten, war es von Anfang an zu viel »Wir machen das« und viel zu wenig »Wir brauchen euch«. Und kaum ein »Ihr müsst«.

Ich war zu jener Zeit angehender Journalist einer Tageszeitung in Bitterfeld. Dort schossen in jener Zeit die Beschäftigungsgesellschaften wie Pilze aus dem Boden. Jeder Chemiebetrieb in Abwicklung schickte seine Leute in den zweiten, staatlich subventionierten Arbeitsmarkt. Schnell waren die mit mehreren

Tausend Mitarbeitern die größten Arbeitgeber. Sie ließen kaum Luft, rechts und links etwas entstehen zu lassen, weil sie beispielsweise öffentliche Aufträge, unterstützt durch gewaltige Lohnsubventionen, komplett abgrasten, während neu entstandene Unternehmen nicht mithalten konnten. So wichtig und alternativlos diese Instrumente eine Zeit lang waren, ihr Einsatz wurde zu lange fortgesetzt und machte etwas mit den Menschen. Sie hielten diese zwar mehr schlecht als recht am Leben und nahmen damit die größten Härten, aber sie nahmen ihnen auch die Chance, die eigenen Fähigkeiten und Möglichkeiten zu erkennen, Initiative zu ergreifen und in Verantwortung zu gehen. Für Menschen, die gerade einem Bevormundungssystem entkommen waren, ist so etwas nicht unbedingt ein Befreiungsschlag oder gar ein Anreiz zum Aufbruch. Die unmittelbare Nachwendezeit hat nicht wenige hervorgebracht, die nie aus diesen Beschäftigungsmaßnahmen herausfanden und ihr Leben in der Folge als Bittsteller verbrachten. Auch das kann Wut produzieren und in der Sicht auf sich selbst die eigene Lebensleistung zerstören. Es kann Biografien und damit Menschen vernichten. Denn nicht alles, was gut gemeint ist, wird am Ende auch gut.

Was auf der Strecke blieb, waren Bürgersinn und das Wachsen der eigenen Verantwortung. Natürlich gab es viele, die ihre Chancen erkannten, die ihr Schicksal in die eigenen Hände nahmen. Doch es waren zu wenige. Zu viele suchten ihr Heil in der Flucht aus den östlichen Bundesländern, weil es die Politik nicht verstand, Ermöglichung zu leisten. Statt Verantwortung und Anerkennung gab es Stütze. Heimat war plötzlich keine Heimat mehr, und die Menschen gingen fort. Hier in Sachsen konnten wir diese massive Fluchtbewegung zwar bremsen, doch der Verlust an Menschen und Ideen ist dennoch gigantisch.

Zuerst gingen diejenigen, die mussten, weil sie eben nicht in diesen Maschinerien auf bessere Zeiten hoffen wollten oder weil sie schlicht keine Arbeit fanden. Dann gingen jene, die zwar Arbeit hatten, aber um sie fürchteten und Angst hatten, später im Westen keinen Job mehr zu finden. Dann schickte man die Kinder weg. Was wir heute neudeutsch *Braindrain* nennen – es war der zweite Geburtshelfer der jetzigen Situation. In Sachsen-Anhalt zahlte man einem jungen Menschen, der sich im Westen eine Ausbildungsstelle suchte, sogar eine Umzugshilfe. In dem Irrglauben, diese Köpfe würden den Weg zurück nach Hause finden, wenn sie erst einmal ausgebildet wären. Dabei war klar, dass dies nicht viel mehr war, als ein frommer Wunsch. Dieser beispiellose Exodus junger Menschen und gut ausgebildeter Köpfe produzierte eine Gesellschaft, die sich zu einem großen Teil aus jenen zusammensetzt, die sich – ob zu Recht oder zu Unrecht, sei einmal dahingestellt – vergessen, missachtet und stimmlos fühlen. Die nach dem eigenen Jobverlust dann noch ihre Kinder verloren haben. Das machte einen von allen ersehnten Aufschwung nur begrenzt möglich und spaltete schon damals nachhaltig ein Land, das gerade auf dem Weg war, zusammenzukommen.

Noch heute gehört Wegzug zu jungen Lebensplänen, zwar weniger in den Westen, eher in die großen Städte im Osten, aber eben weiterhin weg. Wenn wir wirklich etwas ändern wollen, dann müssen wir hier ansetzen. Noch heute überwiegt in vielen Regionen eine gefühlte Perspektivlosigkeit. Gefühlt deshalb, weil man, objektiv betrachtet, momentan überall alles tun könnte, denn der Mangel an Fachkräften und kreativen Köpfen ist gewaltig. Gerade im ländlichen Raum, wo auch ich gemeinsam mit anderen versuche, Zukunft zu gestalten. Hier gilt noch immer ein inzwischen zum Mantra aufgestiegenes geflügeltes Wort: Verlass deine Stadt, wenn du etwas werden willst. Und unsere Kinder lernen dies ab der vierten Klasse. Denn wer die Oberschule besuchen will, beginnt seinen langen Tag an der Bushaltestelle in Richtung Nachbarstadt. Nur wer ein privates Gymnasium ermöglicht bekommt, darf am Ort bleiben. So lernen schon die Kleinsten, dass die Zukunft nicht zu Hause wohnt. Zudem übersehen wir, dass man ja Dinge selber machen und auf die Beine stellen kann, die hier fehlen.

Dies alles muss man vorausschicken, wenn man die Gegenwart wenigstens ansatzweise verstehen möchte. Nein, es soll nichts entschuldigen von dem, was falsch läuft. Nichts relativieren, was auch der Bürger an Verantwortung dafür trägt, was momentan nicht funktioniert. Aber es erhellt aus meiner Sicht ein wenig die Hintergründe und macht zumindest fassbar, warum sich die Dinge entwickeln, wie sie sich entwickeln.

Auch meine Stadt Augustusburg hat die Zäsur der Wende- und Nachwendezeit durchlaufen. Hunderte Arbeitsplätze in der Baumwollspinnerei, die jahrzehntelang für das Leben hier die Basis bildeten, verschwanden damals und hinterließen Ruinen, Leerstand und Menschen, deren Lebensleistung nun mit verschwunden war. Menschen, die seither teils mehrfach umlernten, nicht nur Arbeitgeber, sondern ganze Berufsbilder wechselten. Die Folgegeneration pendelt oft Hunderte Kilometer in jeder Woche, um ein Einkommen zu haben, mit dem man auch auskommen kann. Sie belasten ihre Familie mit der Pendelei und erleben nur an Wochenenden Heimat. Dabei müssen sie immer wieder hören, dass die Ostdeutschen doch einfach nur flexibler sein müssen, dann würde schon alles werden. Viele waren darunter, die mutig anpackten und erlebten, dass auf sie keiner wartete, dass sie nicht gebraucht wurden.

Einige machten die Erfahrung, dass sie sich nach dem Zusammenbruch der verordneten Sprach- und Debattenlosigkeit endlich einbringen wollten und dabei enttäuscht wurden, weil auch Demokratie gelernt werden musste oder weil mancherorts die alten Kader von einst die Ansager von heute wurden und weiter autokratisch die Geschicke lenkten. Viele scheiterten an der demokratischen Teilhabe, weil niemand über Nacht die Möglichkeiten eines neuen Systems, der Freiheit des Wortes, der Meinung und der Idee verinnerlichen konnte. Nicht wenige resignierten und kehrten zurück in eine ihnen wohlvertraute Position der heimlichen Opposition, wo sie sich bestätigt fühlten, aber ohne Vorwärts auskommen mussten, was eine neue Enttäuschung zementierte. Und letztlich sind da auch viele, die lernten, dass Anpassung auch in der neuen Zeit ein probates Mittel der Existenzsicherung sein kann, indem man sich ausschließlich auf das Ich und die eigenen Ziele besinnt. So speist sich das Jetzt aus einer breiten, sehr stillen und eigentlich versorgten Masse, die wenig Interesse hat, sich einzubringen, Menschen mit enttäuschten Hoffnungen, Lebensbrüchen und dem Gefühl, erneut einem großen Ganzen ausgeliefert zu sein; Menschen, die mitschwimmen; Menschen, die nicht gehört wurden. Ein Lernergebnis aus 30 Jahren Nachwende. Ebenso logisch wie traurig, aber real. Es gibt freilich auch diejenigen, die trotz allem weiterkämpfen und Gesellschaft, Kultur und Miteinander mit Leben erfüllen und sich und ihre Kraft in den Dienst aller stellen, die Vereine gründen und da sind, wenn ihre Stadt sie braucht. Es sind wenige, und derzeit werden sie auch nicht mehr.

## Die gefährliche Alternative

Mich erstaunt, dass diese Realität ausgerechnet in der Politik Verwunderung auslöst, dass sich Politik so oft fragt, weshalb eigentlich keiner mehr mitmachen möchte und warum ein Drittel der Bevölkerung auch in meiner Stadt eine inzwischen vermeintliche Alternative wählt. Die dabei aber eigentlich nichts weiter ist als das, was Sahra Wagenknecht mit der Initiative »Aufstehen« nahezu verzweifelt versucht hat, ins Werk zu setzen, bevor sie sich selbst daraus wieder zurückzog: eine massive Protestbewegung.

Und bevor es zu harmlos klingt: Gerade das macht diese Alternative eben auch so gefährlich. Sie ist für mich nicht einfach eine neue, populistische Partei, die auf der Welle schwimmt. Diese Bewegung ist ein Lebensgefühl und ein Ventil und nichts, was aus dem Nichts kam oder rein rechtsradikale Züge trägt. Natürlich ist sie eine Bewegung für Rechte, aber auch für viele, die weder rechts noch links politisiert sind. Sie ist eine Sammlungsbewegung enttäuschter Biografien, unerfüllter Hoffnung und gewachsenen Misstrauens gegenüber allem, was etabliert ist oder zu sein scheint und gegenüber allen, die drei Jahrzehnte lang in den Augen vieler Menschen nicht das umgesetzt haben, was sie erwartet haben. Sie bietet eine Orientierung für die Menschen, die für ihr Gefühl des Ausgeliefertseins keine andere Form des Ausdrucks und der Umsetzung finden. Auch für diejenigen, die in der anonymen Wahlkabine 30 Jahre Vereinigungsschmerz – den eigenen oder den bei den Eltern erlebten – mit einem Kreuzchen rächen wollen.

Das ist das Umfeld, in dem meine Mitarbeiter und ich jeden Tag arbeiten. Natürlich gibt es eine Menge Bürger, die unsere Arbeit unterstützen und mittun. Doch auch die sind nicht befreit von dieser Historie und machen jeden Tag die Erfahrung, dass es mehr als kompliziert ist, etwas zu wollen, und viel einfacher, etwas zu lassen. Sie sehen, wie aus einer guten Idee unter Umständen nichts werden kann, weil Möglichkeiten und Mittel für uns mehr als begrenzt sind. Wir hantieren in einem entsetzlich regulierten System, das jegliche Pragmatik schon im Ideenstadium ersticken kann. Es sei denn, es spannen sich Menschen davor, die mit Herzblut und Hartnäckigkeit das System solange stürmen, bis dieses an irgendeiner Stelle entnervt aufgibt.

Die Bürger – wie auch unsere Stadträte – erleben regelmäßig, dass ein Stadtratsbeschluss eben kein Beleg für die verfassungsrechtlich gewährte kommunale Selbstverwaltung ist, sondern eher eine Art Absichtserklärung. Denn eigentlich bedeutet ein solcher Beschluss in zwei Dritteln der Fälle, dass wir sagen, dass wir etwas wollen. Ob dies aber Wirklichkeit wird, entscheiden nicht die gewählten Räte, sondern die Förderbehörde, die Rechtsaufsicht oder sonst eine übergeordnete Stelle, die uns Geld oder Genehmigungen zuteilt. Oder eben auch nicht. Diese Entscheidung wiederum ist oft abhängig davon, wie durchsetzungsfähig oder vernetzt der Bürgermeister unterwegs ist. Leider führen die Umstände nicht dazu, dass engagierte Menschen ehrenamtlich weiterarbeiten, sondern eher dazu, dass sie sich zurückziehen. So schreiben wir fort, was schon falsch begonnen hat.

Wir generieren also zwei Perspektiven für die Bürger: eine lähmende, die als Folge des ewigen Kümmerns der Politik von unerfüllbaren Erwartungshaltungen geprägt ist, und eine, die Menschen zwar aktiviert, sie aber irgendwann resignierend aufgeben lässt, weil sie zunehmend enttäuscht werden. Es gibt nur ganz wenige, die immer wieder neu ansetzen und aufs Neue versuchen, etwas zu verändern. Das ist nicht eben das, was man als Aufbruchstimmung bezeichnen würde.

### Ein noch immer geteiltes Land

Ich kann mich an ein Gespräch erinnern, das ich vor nicht allzu langer Zeit mit Martin Dulig, Chef meiner SPD in Sachsen, Wirtschaftsminister und stellvertretender Ministerpräsident des Freistaats, führte. Das war gerade in dem Moment, als er zum Ostbeauftragten der SPD gewählt wurde. Meiner Skepsis, ob man denn so etwas 30 Jahre nach der Wende braucht, begegnete er mit den Worten: »Wir brauchen das, weil alle anderen eine Politik für den Westen machen.« Ich sagte darauf: »Das ist wohl so, aber ich fühle mich wie ein Indianer im Reservat, wenn es je-

manden gibt, der sich um mich hier im Osten kümmern muss.«
Einig wurden wir uns nicht. Auch wenn ich Duligs Politik sehr
schätze, halte ich solche Institutionen für die Fortschreibung der
Nachwendefehler. Wir im Osten sind nicht besser oder schlechter als die Menschen im Westen. Wir müssen machen, beweisen,
umsetzen. Solange wir den Menschen hier aber mit dem Symbol
eines »Beauftragten« kommen, wird das immer bedeuten: Um
euch muss man sich kümmern. Ihr braucht eigens jemanden, der
eure Interessen vertritt. Eben wie bei Indianern im Reservat.

Ich kenne viele Menschen, die das Ost-West-Gebaren in der
Politik kaum noch ertragen und die zu Recht darauf verweisen,
dass es am Ende auch nicht wirklich etwas bringt. In den entscheidenden Fragen von Tarifpolitik und Arbeitslohn, die Stell-
schrauben von Wertschöpfung und Zufriedenheit sind, ändert
es zu wenig. Wir haben hier noch immer ein klar geteiltes Land,
was auch Ostbeauftragte nicht ändern konnten. Weniger Lohn
für gleiche Arbeit ist für viele 30 Jahre nach der Wende ein Af-
front und legt in den Köpfen die Basis von Zweitklassigkeit. Das
ist eine vielschichtige Tatsache, die nicht ausschließlich von Politik bestimmt oder geregelt werden kann. Für viele Menschen hier
ist es aber natürlich ein gewichtiges Argument und eben auch ein
Stück Wahrheit.

Ich halte es für falsch, den Osten immer weiter als vermeint-
liches Schutzgebiet zu behandeln, vor allem dann, wenn man so
grundlegende Dinge wie beispielsweise Lohn und Rente nicht
miteinbezieht. Es ist ein grandioser Fehler, denn am Ende bestätigt es Schmerz und verhindert Aufbruch. Nur Menschen, die an
sich glauben können, schaffen Aufbruch. Ein einiges Land kann
durch solche Schutzmaßnahmen ebenfalls nicht entstehen. Denn
solange wir explizit über den Osten reden, wird es ihn auch geben. Und diese Protektionen produzieren noch etwas anderes:
einen neuen, handfesten inner-ostdeutschen Generationenkon-

flikt. Ich habe mit vielen jungen Menschen zu tun, die in digitalen, teils selbst gegründeten Unternehmen arbeiten und wegen ihres Alters mit der DDR nichts zu tun hatten. Die schütteln nur die Köpfe ob solcher Ostkümmerer-Positionen, denn junge Unternehmer wollen keine Reservatindianer sein und wissen, was sie können. Die wollen gefragt und eingebunden werden. Genau das wird durch solche politischen Instrumente beschädigt. Die Folge kann auch jetzt – wie in der unmittelbaren Nachwendezeit – sein, dass man schlicht fortzieht und sich mit einer Hamburger oder Berliner Adresse davor schützt, ein Ossi zu sein. Es wäre dramatisch, würde es uns doch der einzigen Chance berauben, diesem Dilemma des abgekoppelten Ostens aus eigener Kraft zu entrinnen. Auf dem besten Weg, den es geben kann: durch Stolz auf die eigene Leistung.

Wer dies alles ins Bild setzt, der darf sich also kaum über die um sich greifende Teilnahmslosigkeit an politischen Gestaltungsprozessen auf Bürgerebene wundern. Die alten Distanzen, die man zum Apparat früher besser einhielt, haben aus den besagten Gründen überlebt. Dass in den jüngeren Generationen die Aufmerksamkeit meist nur noch geweckt werden kann, wenn es um das eigene Interesse geht, ist zum einen dadurch und zum anderen durch den Megatrend »Ich-Gesellschaft« gut umrissen. Den Rest macht der Blick auf die Historie der Eltern. So haben wir durch die Politik von Jahrzehnten dafür gesorgt, dass sowohl die Zufriedenen als auch die Unzufriedenen mehr und mehr die Dinge laufen lassen, ja teilweise komplett ignorieren.

Selbst jener Teil der Politik wird ignoriert, der quasi vor den eigenen Füßen stattfindet und damit eine hohe Relevanz für jeden hat, der in einem Ort wohnt. In der Phase, in der Projektideen entstehen, rührt sich kaum ein Bürger. Auch bei uns in Augustusburg nicht. Dabei habe ich von Beginn meiner Amtszeit vor sechs Jahren an vieles getan, um bezüglich der Stadt und ihrer Führung keinerlei Geheimniskrämerei aufkommen zu lassen und Beteiligung zu ermöglichen. Blogs, soziale Medien, Presse-, Fernseh- und Radiopräsenz und Bürgerkontakt verhindern dennoch nicht, dass Bürger regelmäßig von Entwicklungen überrascht werden. Das wird dann moniert und oft mit dem Unterton des Nicht-gefragt-worden-Seins untermalt. Und wenn ich dann sage: »Dann komm doch das nächste Mal dazu, wenn wir das diskutieren«, dann entschuldigt man sich schnell mit privaten Verpflichtungen. Bürgerkonferenz am kommenden Dienstag? Ganz schlecht. Da habe ich Yoga. Es wäre auch am Mittwoch nicht gegangen. Ganz sicher nicht.

## Für eine Politik der Teilhabe

Das alles hat sich für mich überraschend so entwickelt, weil meine Wahl im Oktober 2013 eigentlich darauf zurückzuführen war, dass es einen massiven Gesprächsstau zwischen der Stadt und ihren Bürgern gab. Das war einer der Gründe, die damals die Bürger von Augustusburg dazu bewogen haben, einen weitgehend unbekannten, zudem zugereisten Neubürger zum Bürgermeister zu küren. Ich ging raus zu den Leuten, hörte zu, versprach nichts Haltloses und signalisierte einzig, dass die bis dahin weitgehend als Blackbox geführte Stadtpolitik sich für die Bürger öffnen müsse. Und dass wir etwas tun müssen, wenn wir eine Zukunft haben wollen. Das war mein Wahlkampf. Ich unterliege ganz sicher nicht der Hybris, dass die Menschen mich persönlich für das neue Maß der Dinge hielten. Es war vielmehr die große Unzufriedenheit in der Stadt, die meiner Kandidatur den Sieg eintrug. Denn in einer Gegend, in der man als Zugereister erst dazugehört, wenn man schon 20 Jahre auf dem Friedhof liegt, ist es nicht selbstverständlich, eine etablierte, in der in Sachsen bis dahin heiligen CDU organisierte Bürgermeisterin vom Thron zu stürzen. Die Menschen wollten einen Wechsel, und dieser kam – auch zu meiner eigenen Überraschung.

Obwohl wir seither nahezu alles anders machen als vorher, die vorhandenen Bürgerbeteiligungen stärkten und eine ganze Reihe neuer Möglichkeiten schufen, also trotz dieses wirklich gründlichen Umbruchs, den wir in den letzten Jahren erlebten und noch erleben, scheint dieser Aufbruch in Teilen allmählich wieder den alten Mustern zu weichen. Angesichts der Fülle dieser Möglichkeiten der Bürgerbeteiligung dürfte man auf Bürgerbeschwerden im Nachgang von Entscheidungen eigentlich gar nicht mehr eingehen, schon aus Rücksicht auf all diejenigen, die sich inzwischen eben doch einbringen. Und doch tun wir das. Denn Teilhabe einzufordern, war bisher keine Politik.

Dabei ist es gerade in einer Stadt dieser Größe nicht so schwer, vor Ort direkt gehört zu werden. Wir haben öffentliche Sitzungen, die in jedem Ortsteil und in der ganzen Stadt stattfinden. Wir haben gewählte Ortschafts-, Gemeinde- oder Stadträte. Überwiegend arbeiten diese ehrenamtlich, sind also im jetzigen, von sozialen Medien getragenen, politischen Klassenkampf nicht des Platzes am »Futternapf« verdächtig. Zudem sind sie bekannt in der Stadt, weswegen sie ja auch gewählt wurden. Diese Räte, die sich um ihre Ortschaften bemühen, tagen in der Regel mindestens einmal im Monat. Dazu Fachausschüsse und Stadtrat noch einmal an drei Abenden im Monat. Meist geschieht das öffentlich. Dennoch sind die Mitglieder dieser Gremien oft ziemlich allein mit sich und den Problemen, die es zu lösen gilt, wenn man von den wenigen Lautsprechern einmal absieht, die seit eh und je alles ablehnen, was solche Gremien hervorbringen. Die Besucherzahlen in öffentlichen Stadtrats- oder Ortschaftsratssitzungen, also den Sitzungen direkt in den Ortsteilen, liegen nach wie vor überwiegend bei nahe null. Dort wo, öffentlich angekündigt, die Diskussionen über Probleme und die Pläne zu ihrer Behebung stattfinden, ist der Bürger selten bis gar nicht vorhanden. Auch jene, die die Lautsprecherfunktion ausführen, suchen dort nur ganz selten das Gespräch.

Nun könnte man sagen, das Vertrauen wäre so groß, dass eben diese Kontrolle durch den Souverän als überflüssig empfunden wird. Doch dies ist eine schöne Illusion. Denn mit der Präzision der Braunschweiger Atomuhr wird vom Bürger erst dann etwas diskutiert, wenn es längst beschlossen oder sogar gebaut ist. »Hätten die mich mal gefragt, ich hätte gewusst, wie man das richtig macht«, heißt es dann im Supermarkt, an der Tankstelle oder auf der Straße. Oder – in unseren Breiten – vor einer der unzähligen Garagen, wo man das Feierabendbier teilt. Was schon in sich zwei wichtige Botschaften birgt. Erstens: Jeder ist – ähnlich wie bei Strategiefragen der deutschen Fußballnationalmannschaft – bei jedem Thema Spezialist und weiß ganz selbstverständlich aus sich heraus, wie man Dinge besser machen kann und wie es eigentlich wirklich funktionieren müsste. Und zweitens: Besser wissen, nachdem eine Sache zu Ende gebracht wurde, ist extrem komfortabel. Hat man doch, nachdem etwas gelaufen ist, immer die Möglichkeit, diesen Ausgang der Sache schon vorhergesehen zu haben. Sich hingegen rechtzeitig in die Diskussion einzubringen, wäre ein Risiko. Denn das bedeutet unter Umständen, sich kontroversen Meinungen auszusetzen, sich zu erkennen zu geben und Stellung zu beziehen, was zwar möglicherweise tatsächlich zu einer besseren Lösung führen könnte, aber vielen hier nicht liegt. Die geballte Faust beim Bier im vertrauten Umfeld ist bequemer als die Aufgabe dieser Anonymität der eigenen Meinung, das Eintreten für eine Sache in aller Öffentlichkeit.

Oft sagen mir Bürger hinter vorgehaltener Hand, was sie denken. Und erwidert man dann, dass man diesen Beitrag für die Mehrheitsfindung gebrauchen könnte, erfolgt der Rückzug. »Ist ja nur meine Meinung«, heißt es dann. »Das wollte ich nur mal so gesagt haben.« Und mancher, der tatsächlich mal einen solchen Anlauf genommen hat, zieht sich exakt dann zurück, wenn sich seine Meinung oder sein Wunsch als nicht mehrheitsfähig oder gar als irgendwie verkehrt erweist. Nicht selten passiert es, dass nach einem solchen Erlebnis der direkte Wechsel in die Opposition erfolgt. Rückzug statt Auseinandersetzung in der Sache. Dahinter steckt die Haltung, dass Demokratie nur dann mein Freund ist, wenn sie meine Positionen vertritt.

## Die Stadt, das sind ihre Bürger

Dabei haben wir zusätzliche Instrumente geschaffen, um den Bürger besser einbinden zu können. Wir laden zu Bürgerkonferenzen, wenn wir eine neue Idee geboren haben, die zu einem Plan werden soll. Ob Umgestaltung der Innenstadt oder der Bau eines neuen Rundwegs um das Schloss herum – dies alles wird in der Regel mit den Bürgern diskutiert. Und zwar bevor wir in den Ausschüssen oder mit dem Stadtrat darüber verhandeln. Warum? Weil ich glaube, dass es wichtig ist, dass sich die Bürger einer Stadt mit dem auseinandersetzen, was in dieser Stadt passiert. Das ist eine Pflicht, die sich aus dem Begriff »Bürgersinn« ergibt. Wir als Stadtverwaltung tun eben das, was der Name sagt: Wir verwalten die Interessen und das Geld der Bürger. Wir sind nicht die Stadt. Die Stadt, das sind ihre Bürger. Auch wir. Aber eben nur auch.

Wer dies als richtig empfindet, wer jetzt denkt, dass dies der zielführende Weg ist, der darf nun bei den folgenden Zahlen selbst entscheiden, wie weit entfernt wir von dieser wichtigen Erkenntnis sind. Der Teilnehmerkreis bei diesen Veranstaltungen, die über die Presse, das Internet und das Amtsblatt beworben werden, liegt in der Regel bei 20 bis 40 Menschen. Damit kann ich inzwischen schon sehr glücklich sein, kamen doch zur ersten dieser Veranstaltungen vor rund vier Jahren ganze vier Teilnehmer. In der Regel kommen die, die immer da sind und sich ohnehin in irgendeiner Form einbringen. Bei rund 4300 Einwohnern ist das eine Beteiligung zwischen 0,5 und bestenfalls einem Prozent.

Wenn dies letztendlich als niederschlagend gelten kann, dann darf ich hinzufügen, dass sich nach Fertigstellung der Projekte locker mindestens die dreifache Zahl an Bürgern ablehnend äußert oder wenigstens weiß, wie man es hätte besser machen müssen. Dunkelziffer nicht einbezogen. Ähnlich verhält es sich mit allen anderen Beteiligungsmöglichkeiten. Würde ich nicht selbst das Bürgergespräch suchen, ich hätte in den vergangenen fünf Jahren zu meinen Sprechtagen in Summe vielleicht 40 Mitbürger und deren Anliegen kennengelernt. Nehmen wir den klassischen Brief, so wären es vielleicht 50 mehr. Wäre ich nicht über die sozialen Netzwerke selbst aktiv, würde ich nicht viele Abende zu Veranstaltungen oder in Gespräche gehen – es gäbe kaum offiziellen Kontakt.

Dieser Zustand zieht sich bis in alle Verästelungen. Neben den öffentlichen Sitzungen des Stadtrats und seiner Ausschüsse, die fast das gesamte Jahr über an drei Dienstagabenden pro Monat stattfinden, haben wir bei uns in der Stadt noch vier gewählte Ortschaftsräte, die jeweils einmal im Monat tagen. Die jeweiligen Tagesordnungen werden an den Anschlagtafeln im Ort veröffentlicht. Auch hier hält sich die Beteiligung der Bürger in Grenzen. Die allermeisten der öffentlichen Sitzungen werden gar nicht besucht, manche von zwei oder drei Bürgern, und auch nur, wenn deren ganz persönliche Belange betroffen sind. Demgegenüber steht die immer wieder artikulierte Welle des Nichtgehörtwerdens, der Unzufriedenheit und, ja, des permanenten Kritisierens, auch Jammern genannt.

## Die Flutmauer

Ein Beispiel für die neue Form der Bürgerbeteiligung ergab sich aus einem Bauvorhaben, das im Zuge der großen Hochwasserkatastrophe 2002 in Sachsen notwendig wurde. Die Landestalsperrenverwaltung war beauftragt, entlang der Flussläufe Abschnitte zu ermitteln, die als schutzwürdig einzustufen sind. So kam es, dass in unserem Ortsteil Erdmannsdorf ein Uferbereich der Zschopau für die Errichtung einer Flutmauer auserkoren wurde. Dies teilte uns die Behörde mit. Nun ist ein solches Vorhaben normalerweise klar geregelt. Im Zuge eines sogenannten Planfeststellungsverfahrens werden alle möglichen Beteiligten gehört, deren Bewertung abgewogen, und am Ende wird entschieden, ob es Baurecht geben kann oder nicht.

Ein solches Verfahren ist komplex, denn unser Land ist es ebenso, weshalb mehrere Jahre Laufzeit gesetzt sind. Dennoch – auch dies ist leider die Wahrheit – werden dabei die Interessen der direkt betroffenen Anwohner, in diesem Fall ein Dutzend Bürger und einige Betriebe, nicht immer so berücksichtigt, wie diese es sich wünschen. Was darin begründet ist, dass Anhörungen oft so kompliziert und paragraphendurchsetzt geführt werden, dass die Unverständlichkeit als solche jede vernünftige Meinungsbildung verhindert. Im Wissen um diesen Umstand, suchte ich Kontakt mit der Landestalsperrenverwaltung. Meine Idee: Wir beteiligen die Anlieger im Vorfeld und informieren transparent über das Vorhaben, wägen im offenen Gespräch gemeinsam mit den Bürgern Für und Wider ab und erreichen dadurch vielleicht, dass es später im Verfahren keine zeitaufwendigen und kostentreibenden Klagen geben würde. Die Landestalsperrenverwaltung war zunächst wenig angetan von dieser Idee. Die Beteiligung von Bürgern im Vorfeld eines Projekts, das den Betroffenen eine im Schnitt ein Meter hohe Betonmauer zwischen ihre Fachwerkhäuschen und das jetzt noch baumbestandene, beschauliche Flussufer zaubern sollte und eben auch die Bäume infrage stellte, erschien den Kollegen dort wenig erstrebenswert. Doch wir setzten uns durch. Und mehr noch. Mit einem Beschluss verpflichtete sich der Stadtrat, die Entscheidung über Bau oder Nichtbau dem Ortschaftsrat zu überlassen, der sich wiederum verpflichtete, das Bürgervotum anzunehmen. Kommunalrechtlich hätte der zwar nicht die Entscheidungshoheit, aber der Persilschein des Stadtrats machte es möglich.

Somit war der Weg frei, die Bürger selbst zu einem Urteil kommen zu lassen. Und so organisierten wir mehrere Informationsveranstaltungen, in denen – von mir moderiert – Behörde und Bürger das Pro und Contra ausdiskutierten. Ein schwieriger Prozess. Es war klar, dass für den Fall der Abwahl einer Flutschutzmaßnahme der Freistaat bei einem erneuten Flutschaden Soforthilfen streichen könnte. Die ansässigen Unternehmen plädierten dafür, das Gebiet zu schützen, wenn man denn schon die Möglichkeit dafür bekommen würde. Die Diskussion führte dennoch nicht zu einer gemeinsam getragenen Entscheidung. Am Ende ließen wir abstimmen. Jedes Flurstück bekam eine Stimme, was für uns die gerechteste aller Abstimmungsmöglichkeiten bedeutete. Bei der Abstimmung gab es eine sogar deutliche Mehrheit für den Bau. Der Ortschaftsrat votierte schließlich dafür, der Stadtrat schloss sich an.

Was für mich das größtmögliche Maß an Bürgereinbeziehung, ja an direkter Demokratie bedeutete, denn wir hatten ja die Betroffenen selbst und höchst demokratisch entscheiden lassen, wird im Nachgang anders bewertet. Zum einen, da bin ich nach vielen Gesprächen mit der unterlegenen Gruppe an Bürgern sicher, wird es beim nun folgenden Planfeststellungsverfahren wohl doch Klagen geben, weil sich eben diese Gruppe nicht gehört und vertreten fühlt. Demokratie und Verfahren hin oder her. Die betroffene

Straße besteht seither aus zwei Parteien, die sich bezogen auf das Thema unversöhnlich gegenüberstehen. Die anfängliche Begeisterung aller Beteiligten für dieses ungewöhnliche Vorgehen ist nur noch bei jenen verankert, die mit dem Ergebnis konform gehen. Und natürlich bei mir, als demjenigen, der es initiiert hat. Ich bin also bei den Befürwortern im Lager der Guten und bei den anderen bin ich derjenige, der jetzt die »blöde Mauer« will.

Obwohl ich ein Verfechter von Bürgerbeteiligung bin, muss ich aus heutiger Sicht sagen, dass ich diesen für mich logisch erscheinenden Weg nicht noch einmal gehen würde. Nicht, weil das Ergebnis so ist, wie es ist. Eher deshalb, weil diese Form der Basisdemokratie rechtlich nicht vorgesehen ist. Hätten die Bürger gegen die Flutmauer gestimmt und hätte der Stadtrat sich dem angeschlossen, dann hätte ich als Bürgermeister den Beschluss aller Wahrscheinlichkeit nach wieder aufheben müssen. Denn aus Sicht des Gesetzgebers wäre die Abwahl einer staatlich zugesprochenen Schutzmaßnahme durch die Stadt rechtswidrig. Erkennbar rechtswidrige Beschlüsse muss der Bürgermeister aufheben. Tut er es nicht, hat dies einschneidende Konsequenzen. Und für all jene, die der Mär anhängen, Politiker haften nicht für ihre Fehler, sei hier noch Folgendes ergänzt, was mir ein befreundeter Rechtsanwalt in Bewertung der Sache auf den Weg gab: Akzeptiert der Bürgermeister einen solchen Beschluss und wird die Mauer deshalb nicht gebaut, besteht theoretisch für jeden Versicherer die Möglichkeit, beim nächsten regulierten Flutschaden in einem Gebäude dieses Gebiets die Schadenssummen bei der Privatperson Neubauer einzuklagen. Denn die haftet persönlich, wenn sie wissentlich gegen geltendes Recht verstößt, was ich bei Nichtaufhebung eines solchen Beschlusses getan hätte. Denn das hätte bedeutet: Möglicher Schutz wurde rechtswidrig verhindert. Das befördert das Bestreben nach Beteiligung der Bürger nicht unbedingt. Aber auch darüber hinaus ruft dieses Projekt für mich nicht nach Nachahmung. Denn der Prozess an sich, der – zu Beginn von allen gewollt – am Ende doch in Parteien zerfällt, weil eben nicht alle sich an demokratische Ergebnisse gebunden fühlen, macht insgesamt wenig Hoffnung.

Ähnliche Beispiele gibt es viele. Da werden Beschwerden geführt gegen den Nachbarn, weil der irgendetwas baut, was der restlichen Straße nicht gefällt. Es dauert meist nicht lange, bis solche Dinge auch beim Bürgermeister landen. Dann wird Klage geführt. Wer hat das genehmigt? Wie kann das denn sein? Dann verweise ich auf geltendes Recht, das man eben nicht nur einhalten kann, sondern bei einer Baugenehmigung auch muss. Jeder Antragsteller hat den Anspruch, in den vollen Genuss des geltenden Rechts zu bekommen. Wenn ich das geltend mache, wird diese Antwort nicht akzeptiert. Dann ist das Recht eben falsch. Im letzten Fall ging es noch ein Stück weiter. Sein Einspruch gegen ein Bauvorhaben des Nachbarn, so der Beschwerdeführer, wurde nicht angenommen. Das klang nach Willkür und Amtsverweigerung. Die Behörde hätte sogar empfohlen, den Einspruch zurückzuziehen. Die nähere Prüfung ergab: Die Frist für den Widerspruch war nicht eingehalten worden. »Ich bitte Sie, das waren doch nur vier Tage«, war die Entschuldigung, und man konnte hören, dass eine Verspätung von wenigen Tagen in einem solch gewichtigen Fall keine Rolle spielen dürfe. Nun bin ich wahrlich kein Freund der Bürokratie in unserem Land. Aber Verfahren brauchen Fristen. Und ich möchte nicht wissen, was gewesen wäre, wäre er selber betroffen und ein verfristeter Widerspruch hätte seine Interessen verletzt.

Dies sind nur zwei Momentaufnahmen vieler solcher Diskussions- und Meinungsbildungsprozesse, die stets so oder so ähnlich enden. Die Negation allgemeingültiger Regeln setzt immer dann ein, wenn sie nicht passen. Sie wird zum Maß aller Dinge. Zumindest für die Betroffenen.

## Die schleichenden Totengräber der Demokratie

Mich machen diese Entwicklungen manchmal ratlos. Wie wollen wir künftig zusammenleben, Gesellschaft friedlich gestalten, wenn wir uns nicht mehr an Gesetze und Grundsätze wie den der Mehrheitsentscheidung halten wollen? Wie geht zusammen, dass Bürgerbeteiligung nach mehrheitlicher Entscheidung keinen Frieden findet? Warum können wir kaum noch gute Kompromisse mehrheitlich auch tragen? Was ist passiert, dass diese Fälle nicht mehr Einzelfälle sind, sondern Menge werden? Die Antwort ist komplex. Und sie macht deutlich, dass ein bisschen mehr Reden, ein bisschen mehr Zuhören nicht der alleinige Lösungsansatz sein kann. Der Bürger – wenn er denn tatsächlich teilnimmt – nutzt diese Möglichkeiten in den meisten Fällen, um eine Beschwerde zu führen, und nur seltener, um im positiven Sinn für eine Lösung zu streiten. Die Antworten, die man gibt, werden sofort in Zweifel gezogen, negiert oder achselzuckend hingenommen. Ja, es gibt Ausnahmen. Aber ich rede von der überwiegenden Masse. Dieses Negieren von Fakten ist ein weiterer der vielen kleinen, schleichenden Totengräber unserer Gesellschaft. Andere sind das Desinteresse an Abläufen, Strukturen und Regeln oder das Nichtwissen, wie dieses Land eigentlich funktioniert. Die Misere ist hausgemacht, denn wir haben lange Jahre, ja Jahrzehnte politische Bildung vernachlässigt und ins Private verbannt. Das geht gut, solange Menschen betroffen sind, für die diese neue Welt auch etwas Positives ist. Wie aber soll ein Mensch, der selbst, aus welchem Grund auch immer, im Jetzt nicht Fuß fassen konnte, seinen Kindern diese neue Freiheit als Gewinn erklären? Eine Freiheit, die ihn selbst vielleicht nicht mit offenen Armen empfing und in der er sich seinen Platz hart erkämpft hat. Mit Rüstzeug, das dafür nicht vorgesehen war. Bergsteigen mit Schwimmflossen könnte nicht schlimmer sein.

Wer jetzt das Wort der Politikverdrossenheit ins Feld führt, ist gedanklich zu kurz unterwegs. Nein, Politikverdrossenheit an sich gibt es nicht. Dessen bin ich mir sicher. Die Menschen sind politisch. Sie diskutieren an Stammtischen, vor den bereits erwähnten Garagen, in der Familie und im Verein. Und – das haben die Demonstrationen in Dresden und Chemnitz gezeigt – sie gehen sogar auf die Straße. Sie gehen nur nicht dorthin, wo diese Diskussion, der Einsatz der Meinung für einen demokratischen Prozess gebraucht würde, weil diese Menschen nicht das Gefühl haben, dass gerade dies Sinn macht. Demokratie zu lernen, das war im Osten fakultativ. Genau deshalb führt beinahe jedes Gespräch, das nicht den ersehnten Ausgang nimmt, zu einem gefühlten Unrecht.

Es gibt Gründe dafür, dass dies so tief greifend automatisch funktioniert. Einer ist eine seelentiefe Enttäuschung, die über dem Land liegt. Produziert durch die bereits beschriebene Geschichte und das Versagen von Politik bei der Einbindung der Menschen beim Start in ihre neue Freiheit, die dadurch schnell eine neue Enge wurde. Neue Verantwortungsträger wurden von West nach Ost gespült und viele geeignete, verantwortungswillige Menschen hier zur zweiten Garde degradiert. Ein ganzes Politiksystem wurde einem neuen Landstrich übergestülpt. Wie eine neue Jacke. Natürlich sehen wir jetzt auch die Folgen eines über Jahrzehnte andauernden politischen Systems, das meinungsfreudige Menschen nicht nur nicht schätzte, sondern ziemlich effizient bekämpfte. Damit wurde den Menschen – quasi als letzte Rache der DDR an ihren Bürgern – das Rüstzeug verweigert, das sie beim Neustart in ein freies, durch Debatte und Diskussion zu gestaltendes System so dringend gebraucht hätten.

Ich selbst kann mich sehr gut daran erinnern, wie schwer meinem Vater der Wechsel vom einen System zum anderen fiel. Nicht, weil er ein Fan der DDR gewesen wäre. Nein. Sondern weil er geprägt war von dem, was er erlebt hatte. Ich kann mich erinnern, dass er als leitender Angestellter über Kollegen »befragt« wurde. Das Ministerium für Staatssicherheit war überall. Zumindest hatte es den Anschein. Der Apparat schaffte es, eine diffuse Angst zu produzieren, die jeden genau dies glauben ließ. Ich weiß, dass mein Vater damals kaum Möglichkeiten hatte, dem zu entgehen. Er fürchtete Repressalien für seine Söhne. Auch wenn er später reinen Herzens sagen konnte, niemandem geschadet zu haben, weil er sich auf offensichtliche Allgemeinplätze verlegt und sich niemals verpflichtet hat, weiß ich doch, was dies zeit seines Lebens mit ihm gemacht hat. Die fortwährende Anpassung an die Verhältnisse produzierte noch lange Jahre nach dem Fall der Mauer eine Sprachlosigkeit, die sich nur im geschützten Bereich der Familie oder bei Freunden in einen kritischen Redefluss verwandelte. Diese Sprachlosigkeit hinderte ihn später daran, sich gegen die Ungerechtigkeiten der neuen Zeit in seinem gewandelten, jetzt privatisierten Betrieb zu wehren. Irgendwann kündigte er. Kapitulierte und trug diese Verletzung stets in sich, weil er doch eigentlich am neuen Weg hatte teilhaben wollen.

Ich bin mir sicher, dass viele solche Geschichten aus dem Osten kennen oder erlebt haben. Diese Konditionierung, die eine ganze Gesellschaft über Jahrzehnte erfuhr, wirkt nach, macht etwas mit Menschen. Auch heute noch. Obwohl heute niemand ernsthafte Konsequenzen wie damals fürchten muss, so sind halt das Äußern einer eigenen Meinung, der Austausch von Argumenten, die kontroverse Diskussion, das offene und sachliche Austragen von Konflikten, der politische Diskurs nie gelernt worden. Sich öffentlich zu äußern, gar in der Zeitung, oder irgendwo zitiert zu werden, das bedeutet unter Umständen, künftig vom Nachbarn anders behandelt zu werden. In einer Bürgerdiskussion oder in der Öffentlichkeit Stellung zu beziehen, kann tatsächlich das eigene Leben verändern. Hat man erst einmal Stellung bezogen, kann das Konflikte heraufbeschwören, die sich infolge der stetig sinkenden Kompromissbereitschaft unserer Gesellschaft zu einer dauerhaften Last entwickeln können.

Ich habe in meiner Zeit im Amt nicht wenige Menschen kennengelernt, die an dieser Last zerbrochen sind und sich nicht mehr einbringen wollen, weil sie die Folgen nicht mehr ertragen können. Doch wohin kommt eine Gesellschaft, die in unversöhnliche Lager zerfällt und wo Kompromiss schon Niederlage bedeutet? In der die offene Diskussion zur Isolation führt – also dahin, wo wir jetzt stehen? Aus diesem Zustand als Gesellschaft wieder herauszufinden, beginnt bei jedem Einzelnen von uns. Denn ohne Ausgleich, ohne dass wir zu Vereinbarungen kommen und Kompromisse finden, werden wir keinen Frieden finden. Es gibt nicht für jeden 100 Prozent. Und Vergangenheit kann man nicht ändern. Zukunft aber schon.

## Kapitulation vor der Öffentlichkeit

Als wir bei uns in der Stadt 2017 mit der Unterbringungspraxis des Landkreises für unsere Flüchtlinge nicht einverstanden waren, weil sich hier Ereignisse häuften, die wir als untragbar ansahen, da besuchte uns ein ehemaliger Journalistenkollege, um darüber zu berichten. Zuvor hatte ich mir in einem Video bei Facebook Luft gemacht und öffentlich erklärt, was passiert war. Ich war wirklich entsetzt von dem, was wir hier erlebt hatten. Man hatte uns ohne eindeutige Ankündigung eine Familie aus dem Libanon in eine Wohnung verbracht, die der Landkreis von einem privaten Vermieter dafür angemietet hatte. Eine gängige Praxis der dezentralen Unterbringung, die ich eigentlich als sinnvoll erachte, weil sie Integration am intensivsten herausfordert. Doch die Praxis des Ganzen ließ und lässt zu wünschen übrig.

Per Mail hatte man zwar »eine Familie« ein paar Tage vorher angekündigt. Allerdings mit dem Versprechen, den genauen Termin noch nachzuliefern. Diese zweite Nachricht kam nicht. Da
es zuvor bereits mehrere solcher Ankündigungen gegeben hatte,
die sich dann aber nicht bewahrheiteten, war auch dieses Mal
die Sache für uns zunächst erledigt, hatten wir doch zuvor schon
mehrfach den großen Unterstützerkreis der Stadt über ange-
kündigte Ankünfte informiert, die dann nicht stattfanden. Doch
dieses Mal kam die Familie. Unbemerkt und mitten im Win-
ter, ohne Sprach- und Ortskenntnisse, alles Hab und Gut in vier
Plastiktüten verpackt. Entdeckt wurde dies von einer Frau aus
dem Unterstützerkreis, die mich an einem Samstagmorgen an-
rief und fragte, warum in der besagten Wohnung Licht brennen
würde und warum ich denn keinen informiert hätte. Ich erklärte
ihr, dass ich von nichts wusste und fuhr los. Als wir schließlich
dort eintrafen, fanden wir eine ganz und gar hilflose Familie vor.
Allen voran ein weinender Familienvater, der erkennbar vollkommen verzweifelt war. Sofort begannen Bürger der Stadt damit, sich um diese Familie zu kümmern. Dieser Kreis an Hel-
fern, der sich von Beginn der Flüchtlingskrise an sehr herzlich
um unsere Gäste kümmert, weil es seitens der eigentlich zuständigen Behörden – vorsichtig gesprochen – dabei einige Lücken
gibt, war ebenso schockiert und begrüßte es, dass wir das Ganze
in den Medien thematisieren wollten.

Gerade jene Bürger, die viele Stunden damit zugebracht hatten, unseren Flüchtlingen beim Ankommen zu helfen, komplexe
Behördengänge zu erleichtern oder schlicht den täglichen Ein-
kauf irgendwie zu bewerkstelligen, hatten die Nase voll davon,
den Lückenbüßer zu geben. Nein, dies war kein Protest gegen
Flüchtlinge. Dies war ein Protest dagegen, wie seitens des Landes mit Flüchtlingen umgegangen wird. Der Konsens: Hier hilft
nur Öffentlichkeit. Ich kümmerte mich um einen Kontakt zu

den Medien und einen Termin, bei dem wir diese Geschichte erzählen wollten. Als schließlich der Journalist mit uns am Tisch saß, wollte aber keiner seinen Namen in der Zeitung lesen. Trotz Herz für die Sache hatten sie Sorge, bei diesem, gerade in Sachsen nicht ganz einfachen Thema in der Öffentlichkeit und für alle nachlesbar Stellung zu beziehen. Und auch, weil hier schnell alles mit allem verbunden ist. Ein kleiner Rückzug offener Menschen vor der Öffentlichkeit. Und in der gesellschaftlichen Gemengelage leider auch verständlich.

## Der Zündpunkt

Leider grassiert dieser Zustand. Das spüre ich in meinem Beruf und Amt jeden Tag. Natürlich ist dabei die Flüchtlingskrise und alles, was damit verbunden wird, ein besonderes Thema, das auch für mich eine Herausforderung darstellt. Wir als Stadt und ich als Person stehen dem nach wie vor offen gegenüber. Von Beginn an war uns klar, dass wir diesen Menschen helfen müssen. Aber diese Position über Jahre zu halten, stellte auch für mich eine Zäsur dar. Nicht wenige Menschen haben seither das Grüßen eingestellt, auch solche, die bis dahin durchaus wohlwollend meine Politik kommentierten. Einige scheuten – geschützt durch die Anonymität des Internets – die persönliche Drohung nicht mehr. Es gab nächtliche Anrufe, Beschimpfungen und Schmähungen. Eine Situation entstand, die bis ins Private wirkte und schlaflose Nächte nach sich zog und die bis heute die ohnehin eher rudimentäre, aber doch von Grundwerten wie dem Respekt vor dem Amt geprägte Debattenkultur außer Kraft setzte.

Für mich war dies der Punkt, an dem schlussendlich alles kippte. Nicht, weil die Menschen hier per se ausländerfeindlich wären. Diese pauschale Verurteilung lehne ich trotz allem, was vorgefallen ist, strikt ab. Nein, weil hier etwas seinen Zündpunkt fand, das schon sehr lange schwelte und nun einen gemeinsamen Nenner bekam. Fortan hatten die gefühlte und die tatsächliche Welt der Ungerechtigkeiten, politischen Fehler und des gesellschaftlichen Versagens ein gemeinsames Thema gefunden. Es gab nun eine Sache, die diese vielen realen und imaginierten Unzufriedenheiten auf sich vereinte und somit eine Welle des Protestes gebar, die weite Teile der Bevölkerung erfasste. Jene, die gebrochen aus der Wende hervorgegangen waren. Jene, die versucht haben, sich einzubringen und dies aufgegeben hatten, weil sie nicht gehört wurden. Jene, die sich einfach immer ungerecht behandelt fühlen, wenn sie nicht alles bestimmen. Und auch jene, für die Gesellschaft, Staat und Kommune ohnehin nur Fremdworte geblieben sind.

Jetzt war der Kanal gefunden, der viele einte und an dem sich viele Schieflagen nun messen ließen. Seht, hier ist Geld für Fremde, während wir von niedrigen Renten leben müssen. Lohnunterschiede und gefühlte zweite Klasse an sich. Mit der wachsenden Zahl an Berichten über neuerliche Verfehlungen von Geflüchteten festigte sich ein Jetzt-erst-recht. Das zunehmende Einschwenken der Politik hin zu mehr Härte und weniger Willkommen, das aber im Auge der Kritiker nicht weit genug geht und, real betrachtet, teilweise nicht funktioniert, erzeugte bei immer mehr Menschen weitere Ängste. Die, die bisher sagten, dass sie sich um alles kümmern, die haben aus Sicht des Wählers endgültig versagt. Auch viele von denen, die zu Recht Dinge beklagen, die in unserem Land nicht gut laufen, und die kein rechtes Gedankengut in sich tragen, werden davon erfasst. Alles vermischt sich zu einer Melange aus berechtigten Sorgen, ernst zu nehmender Kritik, nicht immer rationalen Ängsten und echter Enttäuschung. Und endlich scheint es da eine neue Kraft zu geben, die das scheinbar alles richten wird. Weg mit den Altparteien. Her mit Was-auch-immer-es-sein-will. Ein Großteil derer, die sich hier anschließen oder das unterstützen, weiß freilich, dass dies zu nichts wirklich Gutem führen wird. Aber der kollektive Geist versagt, weil die schweigende Mehrheit zulässt, dass ein kleinerer Teil der Gesellschaft die Meinungsführerschaft übernommen hat. Der Publikumsjoker der großen Quizshow »Demokratie jetzt«. Er irrt.

Dies alles, davon bin ich überzeugt, wird sich nicht einfach besprechen lassen. Hier sind einer Gesellschaft wesentliche Punkte abhandengekommen, die ihr Gelingen garantieren oder zumindest begünstigen und deren Basis bilden sollten: Werte wie Miteinander oder gegenseitiger Respekt, notwendige, ja essenzielle Dinge wie die Bereitschaft zu Kompromissen, die Fähigkeit, sich andere Positionen zur eigenen zu machen, oder solange zu streiten, bis alle Beteiligten das Ergebnis mittragen können, und schließlich die grundsätzliche Fähigkeit, das eigene »Ich« einem gemeinsamen »Wir« unterzuordnen.

Wir brauchen einen wirklichen Neuanfang, der eigene Verantwortung fördert und Werte einfordert. Hier sind wir alle gefragt, selbstverständlich auch die Politik, die endlich aufhören muss, Demoskopen oder Politikwissenschaftler zu fragen, was auf den nächsten Wahlplakaten stehen soll. Die ohne ideologischen Zeigefinger klarkommt und faktisch überzeugt. Hier müssen alle ihre Filterblase, die persönliche Wohlfühlzone der eigenen Meinung verlassen und sich auf den Marktplatz der Vielstimmigkeit begeben – um für etwas zu sein, statt nur dagegen.

Das ist überlebenswichtig, denn: Wenn ich die vielen Gespräche, die ich geführt habe, die Kontakte, Mails, Briefe und Chats der vergangenen Jahre auswerte, so muss ich sagen, dass sich der Ton, der Umgang und das Miteinander massiv zum Schlechten verändert haben von anfänglicher Neugier und vielen Fragen hin zu einer »Ja, aber«-Kommunikation, die nicht selten mit Frontenbildung endet. Kein Zweifel: Es ist rauer geworden bei uns, und die Zahl derer, die sich in festgefasste und skeptische Meinungskreise zurückziehen, die wächst. Zuversicht gehört nicht zum Tagesgeschäft. Zum einen, weil durch die fortschreitende Verkomplizierung der Geschäftsbeziehung Mensch-Gesetz-Politik für viele manches nicht mehr nachvollziehbar, ja unverständlich ist. Und zum anderen, weil damit verbunden mehr und mehr das – oft auf Tatsachen beruhende – Gefühl einhergeht, die Kontrolle zu verlieren und keinen direkten Einfluss mehr auf die Dinge des eigenen Lebens nehmen zu können. Kontrollverlust bestimmt das Bild. Und dieser gewinnt an Gewicht und produziert am Ende Parolen wie das berühmte »Danke Merkel«, das mehr ist als eine Satire. Es ist auch der Kontrollverlust, der mobilisiert.

## Zuschauer, Feldspieler und resignierte Wutbürger

Ich selbst spüre dies immer dann sehr deutlich, wenn ich an der Tankstelle oder auf der Straße am Montagmorgen zu allem Möglichen befragt werde. Europa, Berlin, Dresden. Ich bin sozusagen die letzte Meile der Politik. Der Zusteller und Übersetzer. Dieser Job wird immer schwerer, wenn man ihn so machen will, dass der Empfänger der Nachricht nicht resignierend die Hände hebt. Ich habe gelernt, dass etwas, das man nicht mit wenigen Sätzen erklären kann, nicht wirklich taugt. Diesmal als richtig angenommen, haben wir viel zu tun. Nimmt man die Historie des Ostens und koppelt diese mit dem hier Geschilderten, dann wird klar, dass das die Menschen prägen muss. Natürlich ist das nicht wissenschaftlich belegt, aber aus meiner Sicht zerfällt unsere kleine Gesellschaft gerade in drei Teile.

Da sind erstens die, die sich nicht öffentlich einbringen und sich kaum noch für etwas interessieren, es sei denn, es geht direkt um ihre eigene Person. Oder darum, das große Ganze infrage zu stellen und die zugegebenermaßen vorhandenen Fehler im System als Begründung für die Nichtteilnahme an der Gesellschaft zu verwenden. Ich nenne diese Gruppe manchmal so ganz still für mich »das Publikum«. Es ist da, wenn irgendetwas gespielt wird. Es klatscht oder pfeift und geht hinterher nach Hause, um dort die endgültige Meinungsbildung zu betreiben.

Zu meinem Erschrecken stelle ich immer wieder fest, dass zu dieser Gruppe gerade viele jüngere Leute in ihren 20ern und 30ern gehören. Doch auch die 40er und weite Teile der 50er stellen einen validen Posten in dieser gesellschaftlichen Passiva. Dabei sind es doch gerade die Jüngeren, die ganz eindeutig zu den potenziellen Wendegewinnern zählen. Noch bevor sie die DDR-Last auf ihren Schultern tragen mussten, kam die Wende eigentlich zur rechten Zeit. Die jüngsten aus dieser Gruppe sind sogar erst nach 1989 geboren. Bei ihnen sollten kein Altschmerz, keine Verlustgefühle, keine Sehnsucht nach dem Damals die Wahrnehmung und das eigene Empfinden trüben. Aber das Gegenteil ist der Fall. Nicht wenige haben von den Eltern das einst Gute aus der Rubrik »Es war nicht alles schlecht« übermittelt bekommen, jedoch ohne den Schmerz zu kennen, mit dem DDR verbunden sein konnte. Sie haben teilweise erlebt, wie ihre Eltern an der Wende zerbrachen oder es zumindest sehr schwer hatten, sich im Heute zurechtzufinden. Auch dies gestaltet Haltung, prägt Sichtweisen und Ansichten, erzeugt Skepsis und Ablehnung.

Alles in allem bleibt diese Gruppe, was die aktive Beteiligung an der Gestaltung der Gesellschaft angeht, weitgehend unsichtbar. Das Ehrenamt ist dort selten. Mit Verweis auf Arbeit und Familie zieht sich ein großer Teil dieser Bürger ins Private zurück. Auch hier gibt es einige, die sich in Vereinen, Räten oder der Feuerwehr noch wirklich engagieren. Es ist aber eher eine

Minderheit. Sucht man das Gespräch, die Antworten sind immer gleich. Wann immer ich die Gelegenheit dazu habe, erkläre ich diesen Menschen im direkten Austausch, dass es viele unserer beliebten Feste und Feierlichkeiten, die vielen kleinen und wichtigen Aktionen im Advent beispielsweise, nicht mehr geben wird, wenn sich in den Organisationskreisen nicht bald ein Generationswechsel vollzieht. »Keine Zeit«, heißt es sofort. Und wenn ich dann entgegne, dass die vielen langgedienten Ehrenamtler auch alle eigentlich keine Zeit hatten und sich dennoch 30 oder 40 Jahre lang für die Allgemeinheit engagierten, dann wird es sehr schnell sehr leise. Mehr aber passiert nicht.

Anders verhält es sich, wenn diese Gruppe Forderungen gegenüber jener Allgemeinheit aufmacht, der sie ihre Unterstützung versagt. Wenn in der Schule oder der Kita etwas fehlt, die Sporthalle geschlossen bleibt, weil die lange fällige Sanierung ansteht, oder schlicht eine Straßenbaumaßnahme den gewohnten Weg länger versperrt, als die Allgemeinheit es für geboten ansieht. Dann wird es laut. »Man« müsste mal, »man« sollte mal. Dieses unbestimmte »man«, das irgendwie alle meint, nur nicht einen selbst, ist dieser Gruppe zu eigen. Ebenso wie die Auffassung, dass Steuerzahlen eine Art Freispruch von Teilhabe und die Befreiung von sonstigen Bürgerpflichten bedeutet. Ich kenne diese Gruppe gut, denn auch ich war einmal ein Teil von ihr. Bis ich irgendwann für mich erkannte, dass ich die Dinge selber in die Hand nehmen muss, die mir nicht passen. Braucht es einen Beweis für die These, dass 30 Jahre des Überkümmerns seitens der Politik hier bei uns unerfüllbare Erwartungen generiert hat – diese Gruppe erbringt ihn aus meiner Sicht.

Die zweite Gruppe stellt das komplette Gegenteil dar. Sie speist sich aus allen Altersgruppen, wobei die Älteren hier einen übergroßen Anteil haben. Es sind jene, die mitmachen, selber machen, sich engagieren und die Stadtgesellschaft zusammenhalten. Man findet sie in Vereinen, in den Räten oder einfach nur als aktive Bürger. Kaum einer, der nur ein Amt, eine Aufgabe hat. Sie gestalten Kultur, Sport und kümmern sich um all das, was in einer Stadt zu tun ist, ohne bezahlt zu werden. Hier ruft keiner nach irgendwem oder um Hilfe. Meist wird still gearbeitet. In dieser Gruppe finden wir Vereinsvorstände, Trainer der vielen Kindersportmannschaften und Senioren, die sich um andere Senioren und deren Zusammenhalt bemühen. Aber es gibt darunter auch junge Leute oder Flüchtlingshelfer. Sie alle sind Motoren, Ideengeber und konstruktive Kritiker, die mit unglaublich viel Herzblut und Energie einfach alles anpacken, was nicht in Ordnung ist. Sie sind ein kleines Heer von Bürgern, die verstanden haben, dass eine Stadt, eine Gesellschaft viele Köpfe und Hände braucht, um zu gedeihen.

Ich hatte in meinen bislang sechs Jahren Amtszeit als Bürgermeister viel mit diesen heimlichen Helden zu tun, und ich habe mich mehr als einmal voller Respekt und Achtung gefragt, wie der eine oder die andere das schafft. Zum einen, das durchzuhalten und mit dem eigenen Leben so zu verbinden, dass eins und eins drei ergibt. Und zum anderen auch, woher die Motivation kommt, immer wieder weiterzumachen. Die Frage ist nicht einfach zu beantworten. Ja, es sind viele Menschen dabei, die schlicht genau so sind: positiv, offen und voller Tatendrang. Einige von ihnen haben noch Zeiten erlebt, in denen sie gelernt haben, dass es nur gemeinsam geht in einem so kleinen Ort. Für diese engagierten Menschen ist es selbstverständlich, für andere einzutreten. Ich glaube aber auch, dass ein Großteil von ihnen von einer gewissen Wut getrieben ist. Wut auf die vielen Lücken, die trotz oder gerade wegen der Kümmererpolitik einfach geblieben sind. Wut, dass gute Erfahrungen aus ihrem Leben, ja durchaus auch aus ihrem Leben in der DDR, nicht Einzug in den Westen gehalten haben, weil es am Ende kein Interesse daran gab.

Nein, ich rede jetzt nicht von Ostalgie, sondern von guten Erfahrungen mit Dingen, die funktionierten wie beispielsweise die Kinderbetreuung oder die Bildung, wo sie mehr war als Indoktrination. Diese Bürger empfinden Wut auch darüber, dass es den Zusammenhalt von einst heute kaum noch gibt und dass Werte wie Ehrenamt, Respekt und gegenseitige Rücksichtnahme immer mehr dem Egoismus und dem Meinungskampf weichen. Diese Menschen verbindet der übergroße Wille, dem entschieden entgegenzutreten und das Miteinander zu erhalten. Sie sind es, die mit uns konstruktiv, aber auch kritisch um gute Lösungen ringen, uns treiben und gelegentlich auch ins Visier nehmen. Sie wollen mitreden und gestalten, sich nicht bestimmen lassen.

So wichtig diese Gruppe auch ist, sie wird leider immer kleiner. Wenn ich zuvor das Bild des Publikums bemüht habe, um die große Gruppe der zumeist Passiven zu beschreiben, so haben wir hier die Spieler unten auf dem Feld, die zugleich auch den Rasen mähen und nach dem Spiel den Müll von den Rängen sammeln, während die anderen längst zu Hause sind. Wenn ich das so sage, dann ist auch das Zahlenverhältnis der Gruppen zueinander geklärt. Denn das Verhältnis entspricht leider dem der übervollen Ränge eines Stadions zu der Mannschaft auf dem Rasen.

Die dritte Gruppe bilden jene, die sich unter dem etwas abgenutzten Terminus des Wutbürgers versammeln lassen. Diese Gruppe wächst. Und wer sich jetzt brüllende Menschen vorstellt, wer jetzt den traurig berühmten Hutträger des Verfassungsschutzes vor Augen hat, der kennt nur einen Ausschnitt des Bildes. Auch das Klischee vom Stammtisch beschreibt diese Gruppe nicht vollständig. Der Wutbürger hat viele Gesichter. Und ich will ihn auch gar nicht ausgrenzen oder verurteilen, abgesehen von dem Teil, der offen radikale Positionen vertritt, sich offen rassistisch äußert und sich keinem vernünftigen Gespräch stellt.

Dieser Teil ist selbst in der Gruppe der Wütenden in der Minderheit. Ich meine jene, die Nachbarn, Bekannte und Vereinskollegen sind, auch solche, die im wirklichen Leben durchaus Entscheidungspositionen besetzen, im Privaten aber in der Totalopposition versinken. Sie sind befeuert vom Unglauben an Medien, Politik und alles, was zum System gehört, und sie sind geblendet von Fake News und Verschwörungstheorien, die sie gern teilen, ohne einmal nach der Quelle dieser Nachricht Ausschau zu halten. Selbst Menschen, deren Intellekt ich schätzen gelernt habe, versenden spät in der Nacht Links der *Epoch Times* und schlimmerer Quellen.

Auch hier gibt es einen großen Teil, der offen schweigt und im direkten Gespräch keinen Fakt anzuerkennen in der Lage ist. Ich kenne viele dieser Menschen. Freundliche Menschen, intelligente Menschen, die jedoch an nichts, aber auch an gar nichts mehr etwas Gutes entdecken können, weil sie die Fehler, die wir gemacht haben und noch machen, durchaus erkennen. Vielleicht haben auch sie irgendwann einmal versucht, etwas zu ändern, und mussten aufgeben, weil es eben tatsächlich schier unmöglich ist, die großen Linien im Land aus einer kleinen Stadt heraus zu beeinflussen. Oder sie wurden in ihrem Unternehmen oder Amt einfach nicht gehört. Nun sehen sie keine Bedeutung des eigenen Ichs mehr. Auffällig viele Menschen in dieser Gruppe sind ehemalige Führungskräfte oder Unternehmer, die am wachsenden Bürokratismus und der grassierenden Regelwut verzweifelt sind. Sehr viele unter ihnen haben die DDR erlebt und waren zur Wende alt genug, sodass sie den Systemwechsel bewusst meistern mussten.

Sie erzählen mir von dem, was sie erlebt haben, und oft sind wir uns einig, dass ihnen Schlimmes widerfahren ist. Mein Schluss daraus ist aber ein grundlegend anderer als ihrer. Während die Gruppe der »Spieler auf dem Feld« – und auch ich –

diese Wut in Energie umsetzen, um etwas zu verändern, haben sie aufgegeben. Sie tun, was sie tun müssen, bringen sich ab und an noch ein, ziehen sich jedoch immer wieder zurück. Ich habe viele Nächte damit verbracht zu verstehen, woher das kommt und, vor allem, was man dagegen tun kann. Ich kenne die Verzweiflung, die langsam dieses Gefühl des Aufgebens erwachsen lässt. Weil auch ich Teil des Systems bin, das täglich ein ordentliches Maß an Widersinn entwickelt, der tatsächlich nur mit Zynismus (oder dem Schreiben eines solchen Buches) zu verarbeiten ist. Der Begriff des Kontrollverlustes über das eigene Leben, das Gefühl, nichts mehr verändern zu können, prägt ihr ganzes Lebensgefühl. Den Sieg trägt ein Übermaß an Skepsis und Resignation davon, das sich wie Blei auf die Seelen legt und in Wut umschlägt, weil man eigentlich etwas tun möchte, aber nicht kann. Oder glaubt, es nicht zu können.

Ich habe selbst einen solchen, sehr guten Bekannten, eine Vertrauensperson beinahe, der zu der letzten der drei skizzierten Gruppen gehört. Wann immer wir über eine Idee oder ein schon laufendes Projekt sprechen, spüre ich einen Funken beginnender Begeisterung in ihm. Und wenn ich dann sage: »Mach doch mit«, ist die Antwort: »Lass mal, ich habe schon so viele Konzepte geschrieben. Das sollen mal andere machen.« Nicht selten geschieht es, dass er später, wenn wir besagte Dinge umgesetzt haben, diese kritisiert. Aber auch das mit der leisen Stimme der Resignation und mit einer beschwichtigenden Geste: »Ist ja jetzt Geschichte.« Dabei hätte er diese mitschreiben können. Ich weiß nicht, welche Wut in ihm stärker wirkt: die, nicht mitgemacht zu haben, oder jene, die ihn zuvor am Mitmachen hinderte.

Ich bin mir bis heute nicht sicher, ob wir diese resignierten Wutbürger noch erreichen, noch begeistern können. Wenn überhaupt, dann nur, wenn wir ihnen die Möglichkeiten zur Teilhabe und zur Gestaltung zurückgeben und damit auch die Verantwortung. Das ist vielleicht der einzige noch denkbare Weg. Dafür aber müssten wir in der Politik das Loslassen entdecken. Wir müssten Vertrauen geben – als Vorschuss sozusagen. Und offen zugeben, wo es tatsächliche Probleme gibt oder gab, die die Menschen in diese Lage brachten. Wir müssen ihnen zeigen, dass man sie ernst nimmt. Ich gehöre zu denen, die Wutbürger nicht verteufeln, denn ich sehe hier Menschen, die etwas beizutragen haben, wenn man sie ließe. Ich habe das auch schon erlebt. Ebenso habe ich aber auch erlebt, dass sich Menschen in ihrer Wutbürgerposition inzwischen eingerichtet haben. Wahrheit ist Differenzierung. Genau hier müssen wir viel lernen. Nicht jeder, der mit dem Jetzt nicht einverstanden ist, ist undemokratisch oder gar radikal. Der Mangel an Unterscheidung ist es, der in diesem Fall eher ausgrenzt, als dass er hilfreich sein könnte.

Für alle drei Gruppen gilt aber auch, dass diese Gesellschaft sich nicht zu einem Hort von Freiheit und Gemeinschaft entwickeln konnte, weil – neben den bereits beschriebenen politischen Fehlern, der mangelnden Aufarbeitung von DDR und dem Wendechaos – die immer aufkommende, westliche Kritik am Milliarden verschlingenden Osten die Wertschätzung für die Menschen hier deutlich überlagert hat. Auch das gehört dazu, wenn man über die Zustände im Osten die Wahrheit sagen will.

## Selbstverantwortung und konkrete Projekte: Eine Stadt findet sich

Ich habe lange darüber nachgedacht, was ein Ausweg aus diesem zugegeben vielschichtigen Dilemma sein könnte, das zudem in vielen Facetten sicher keine Alleinstellung Sachsens oder von Augustusburg darstellt. Im Gegenteil. Ich bin überzeugt, dass viele, die dies lesen, auch ihre Stadt darin erkennen. Selbst wenn diese noch nicht einmal im Osten liegt. Denn längst ist das, was ich versuche zu beschreiben, ein Megatrend geworden. Wir hier sind nur schneller, denn wir haben einen entscheidenden Erlebnisvorsprung: Wir wissen tatsächlich aus eigener Erfahrung, dass nichts bleiben muss, wie es immer war.

Wir haben in Augustusburg damit begonnen, nach neuen Wegen zu suchen. Die sind nicht einmal revolutionär. Wir versuchen, den Menschen Verantwortung zurückzugeben und schaffen, so gut es geht, Möglichkeiten für konkretes Handeln. Bei uns geschieht das weit weg von Bürokratie, Komplexität und ellenlangen Verfahren. Wenn man so will, ist es der Versuch, Stimme und Tat wieder aus einem weit entlegenen Orbit zurück auf die Erde zu bringen. Im Grunde genommen ist das einfach und hat lediglich damit zu tun, dass an bestimmten Stellen Macht abgegeben werden muss. Ich bin überzeugt, dass dies ein wesentlicher Schlüssel ist, um der momentanen, unbestimmten Gemengelage zu begegnen.

Die Basis unseres Ansatzes in Augustusburg war die Erkenntnis, dass es nur so gelingen kann, die Menschen wieder mit ihrer Stadt, ihrer Gemeinschaft und damit mit der Gesellschaft zu verbinden, wenn das Gefühl, nur verwaltet zu werden, gegen tatsächliche Gestaltungsmöglichkeiten getauscht werden kann. 2018 schlug ich dem Stadtrat vor, von nun an jedes Jahr 50.000 Euro für Projekte einzuplanen, die von Bürgern vorgeschlagen und auch selbst umgesetzt werden sollen. Die Bedingungen sind einfach. Es muss ein konkretes Vorhaben sein, das der Allgemeinheit nutzt. Die Bürger, die sich um Geld bewerben, müssen einen Eigenanteil am Vorhaben darlegen, müssen also selber mitmachen und auch zeigen, wie es mit der Sache nachhaltig, also in Zukunft, weitergehen soll. Damit soll sichergestellt werden, dass später nicht die Stadt allein für Pflege und Erhalt aufkommen muss. Und es müssen jeweils 40 Bürger der Stadt mit Namen und Unterschrift für das Projekt stehen und damit unmissverständlich verdeutlichen, dass auch sie diese Idee für richtig und gut erachten. Diese Ideen werden auf einer Webplattform unter meinaugustusburg.de für alle sichtbar eingestellt, wo man sie diskutieren und über sie abstimmen kann.

Die Projekte mit den meisten Stimmen werden dann in einem Sonderstadtrat beschlossen. Die Rangliste entscheidet, wer schließlich Geld bekommt, denn das Budget ist bei 50.000 Euro natürlich endlich. Der Beschluss selber ist dabei eher eine Formsache, weil wir bei der Vergabe öffentlichen Geldes natürlich einen entsprechenden Beschluss benötigen. Maßgebend ist die Stimme jedes einzelnen Bürgers, die er zuvor dem einen oder anderen Projekt gibt. Was dann folgt, ist Vertrauenssache, denn die beschlossenen Budgets werden den Projektbewerbern direkt in Form einer Zuwendung ausbezahlt. Abgerechnet wird zum Schluss. Die Diskussion im Stadtrat über diesen Vorschlag war erfreulich kurz, obwohl es natürlich Vorbehalte gab. Denn bislang hatte man doch als Ortschafts- oder Stadtrat die Möglichkeit – und die Macht –, Dinge zu bestimmen. Nun sollte man nur noch eingreifen können, wenn ein Vorschlag erkennbar vollkommen danebenliegen würde. Doch der Rat fand am Ende auch, dass wir es versuchen sollten, und stimmte zu. Eine Entscheidung, für die ich jedem Einzelnen sehr dankbar bin. Und so konnten unsere Bürger 2018 mit den ersten Projekten starten.

Mir machte das Mut, denn die Bürger nahmen diesen Ball auf. Es gab unglaubliches Feedback. Die Bürger suchten das Gespräch, ließen sich immer wieder erklären, was genau zu tun sei. Die Stadt wurde nun auch in Teilen der Gesellschaft aktiv, die bisher eher unsichtbar geblieben waren. Zu meiner großen Freude ging das über den immer gleichen Kreis der stets aktiven Bürger hinaus. Plötzlich gibt es Eltern, die für ihre Kinder einen Spielplatz bauen wollen. Ein Mitarbeiter der Stadtverwaltung möchte endlich seine Sammlung alter, ehemals in der Stadt hergestellter Klaviere und andere Musikraritäten in einem leer stehenden Geschäft in der Altstadt ausstellen. Eine Gruppe von Bürgern aus allen Ortsteilen will sich um den Erhalt eines zuvor von der Stadt erworbenen und historisch bedeutsamen Aussichtspunkts kümmern.

Über 20 Projektideen entstanden in kurzer Zeit. Auf der Internetseite registrierten sich inzwischen rund 300 Bürger, um daran aktiv teilnehmen zu können. Für eine kleine Stadt auf dem Land ist das eine mittlere Revolution. Um die älteren Bürger, die nicht im Netz unterwegs sind, nicht auszuschließen, veröffentlichten wir die Projektvorschläge schließlich auch im Amtsblatt. In der Stadt wurde darüber gesprochen. Die Projektinitiatoren schrieben Konzepte, scharten Helfer um sich und sammelten die notwendigen Unterschriften ein. Bisher eher reserviert auftretende Bürger lobten die Aktion. Hoffnung wurde wieder spürbar. Ein wirklicher Gewinn für die gesamte Stadt.

Natürlich gab es auch hier wieder skeptische Bürger. Die bereits bekannten Lautsprecher waren aktiv und verstreuten – eigentlich wie immer – eimerweise Bedenken. Aber man konnte deutlich merken, dass sie es diesmal schwerer hatten, Gehör zu finden, weil sehr viele Menschen große Freude daran hatten, sich nun wirklich einbringen zu können. Als im Sommer schließlich der entscheidende Sonderstadtrat tagte, war dies die bestbesuchte Ratssitzung seit meinem Amtsantritt. Rund 40 Bürger hatten den Weg zu uns gefunden und stellten sich und ihre Projekte noch einmal vor. Am Ende bekamen acht Projekte den Zuschlag. Der Rat legte sogar auf die Gesamtsumme noch einmal 4000 Euro drauf, da sonst ein Projekt nicht hätte finanziert werden können, nämlich eine Chronik zum Jubiläum einer ehemaligen Dorfschule, die jetzt im Privatbesitz eines Künstlers ein kulturelles Zweitleben führt, das im Dorf sehr wichtig geworden ist.

Ein halbes Jahr später waren beinahe alle dieser Projekte bereits umgesetzt oder begonnen. Die Bürger, die sich um den Aussichtspunkt bemühen, haben inzwischen einen Verein gegründet und haben im Frühjahr 2019 losgelegt. Seither wurden schon mehrere Arbeitseinsätze durchgeführt und es geht erkennbar vorwärts, was auch im Netz bei Facebook von vielen verfolgt wird. Aus einem lange leer stehenden Geschäft in unserer wunderschönen Altstadt schallen nun an den Wochenenden Klavierklänge über den Markt. Sie fangen Leute ein, die neugierig stehen bleiben und mehr wissen wollen. Die ersten Konzerte, die ebenfalls dort angeboten wurden, hatten noch nicht einmal mehr einen Platz für den stets zu spät entschlossenen Bürgermeister übrig. Was ich nicht schlimm fand in diesem Fall. Für mich sind das erste Zeichen dafür, dass wir den richtigen Weg gewählt haben. Diese Zeichen haben auch andere bemerkt. Im Dezember 2018 wurden wir als Stadt für den Politikaward 2018, einen nicht ganz unwichtigen politischen Preis des deutschsprachigen Raumes, nominiert. Und nicht nur das: Wir haben uns gegen eine Fülle von bedeutenden Mitwerbern durchgesetzt und Anfang 2019 diesen Preis tatsächlich gewonnen. Ein schönes Zeichen für eine Stadt, die sich bewegt. Ein wichtiger Anfang ist damit getan. Was ich gerade in vielen Gesprächen erkennen und in vielen Gesichtern sehen kann, ist genau das: Aufbruch.

# 2

# Wir, der öffentliche Stillstand

Wenn ich mit Bürgern meiner Stadt rede – und dies tue ich viel und auf allen zur Verfügung stehenden Kanälen –, dann kann ich vor allem eines immer wieder feststellen: Wir teilen unsere Gesellschaft messerscharf in »die da oben« und »wir hier unten«. Das ist einfach und erklärt sich schnell, je nachdem, wo man sich einsortiert. Arbeitet man »richtig«, also »zahlt Steuern« und »tut wirklich was«, gehört man zur Gruppe »wir hier unten«. Ist man in einem Amt beschäftigt, hängt die Zugehörigkeit zu Oben oder Unten davon ab, wie groß die dort ausgeübte Verantwortung ist und ob man sonst im Ort beliebt ist. Kann man dem Nachbarn noch vermitteln, dass man »ja nur ausführt, was andere wollen«, dann gehört man noch zu »wir hier unten« dazu. Bei allen Ebenen darüber ist es bereits schwierig. Amtsleiter oder Mitarbeiter in führender Funktion in Landkreisverwaltungen oder Ministerien sind nicht selten auf einen ähnlich gelagerten Freundeskreis angewiesen, um zwischen den Welten nicht zu vereinsamen.

Abgeordnete der sogenannten etablierten Parteien sind bereits eindeutig Bestandteil der Gruppe »die da oben«. Wobei die Sympathie des Bürgers sich meist umgekehrt proportional zur Entfernung des Einsatzorts des Abgeordneten vom eigenen Wohnort verhält. Das bedeutet: Landtag geht noch. Berlin ist schlimmer. Brüssel geht gar nicht. Leistung oder Einstellung des Einzelnen sind dabei weitgehend uninteressant, wie das Beispiel der CDU-Bundestagsabgeordneten Veronika Bellmann bei der letzten Bundestagswahl belegt. Bellmann, eine engagierte Politikerin, hat für ihren Wahlkreis sehr viel erreicht und sich in der umstrittenen und maßgeblich wahlbeeinflussenden Flüchtlingskrise sogar öffentlich von Kanzlerin Merkel distanziert. Diese Abgeordnete, die gefühlt mit mindestens einem Bein nahe des AfD-Lagers stand, musste doch um ihren Wiedereinzug in den Deutschen Bundestag bangen und erreichte diesen per hauchdünnem Direktmandatsgewinn. Mit einem Vorsprung von 1400 Stimmen vor dem AfD-Konkurrenten.

Als Bürgermeister hat man, sofern man für seine Stadt wirklich da ist und sich kümmert, meist noch das Glück, in das Segment »einer von uns«, also als Teil der Menge »wir hier unten«, einsortiert zu werden. Macht man seine Arbeit wirklich gut, wird einem dabei sogar die Mitgliedschaft in einer der sogenannten etablierten Parteien verziehen. Fortan wird man bei grundsätzlichen Debatten mit Äußerungen wie »Das meint jetzt nicht dich persönlich« oder »Du bist ja einfach nur in der falschen Partei« quasi in Schutz genommen. Mitglied in einer Partei zu sein, bedeutet in der Wahrnehmung der breiten Masse ohnehin, nicht ganz normal zu sein. Verbunden wird diese Wahrnehmung mit Zusätzen, die von »vermutlich Altlast« (Die Linke) bis »will ja nur Karriere machen« (CDU) reichen. Das ist die einfache Aufteilung unserer Welt. Frei nach dem Motto: Ist der Feind bekannt, hat der Tag Struktur.

Diese merkwürdige Stimmungslage war der Grund dafür, dass ich selbst in eine Partei eintrat, obwohl ich als komplett unabhängiger Kandidat drei Jahre zuvor die Wahl zum Bürgermeister gewonnen hatte. Ich wollte und will zeigen, dass nicht das demokratische System, sondern die darin handelnden Personen das Problem sind. Die Wahl der Partei war dabei keine reine Herzensangelegenheit. Im Gegenteil: Für einen, der selbst denkt und versucht, Logik und Vernunft walten zu lassen, ist eine Partei derzeit ohnehin nicht wirklich gemacht. Zu eng sind die Denkbandagen, Fraktionszwänge und zu beliebig ist die Vielstimmigkeit zwischen Landes- und Bundesebene, die – jedenfalls für den Wähler – kaum noch nachzuvollziehen ist und deshalb auch als das wahrgenommen wird, was sie ist: Kalkulation und Selbstzweck der Parteien. Beispiele dafür gibt es viele. Das klarste und beliebteste ist wohl jenes der Koalitionsverhandlungen. Was im Land gutgeheißen wird, damit man beispielsweise eine eigene Regierung auf die Beine und damit den Ministerpräsidenten stellen kann, das wird auf Bundesebene ausgeschlossen. Die Linke kann hiervon wohl ein langes Lied singen.

Ich entschied mich für die SPD, da mir hier die Schnittmenge mit meinen eigenen Ansichten am größten erschien. Der Tag meines Beitritts war zunächst einer der Freude bei den sächsischen Genossen, denn sie gewannen ohne eigenes Zutun einen Bürgermeister und damit eine Stadt im ansonsten eher christdemokratischen, konservativ zu verortenden Sachsen. Dass dieser Tag aber auch der Beginn einer langen und öffentlichen Debatte werden würde, ahnte damals wahrscheinlich nur ich. Inzwischen wissen es auch meine Genossen. Was mit reiner Freude begann, hat bis heute ganz individuelle Wege des Umgangs mit mir gefunden. Eines aber kann ich mit Sicherheit sagen: Das Ansinnen, etwas zu bewegen, nimmt Fahrt auf. Auch wenn dem einen oder anderen Mandatsträger gelegentlich beim Grüßen beinahe die Hand abfällt – inhaltlich haben die vielen Debatten, Briefe und Diskussionen wirklich einiges bewegt. Und ich stelle fest: Mich für die SPD zu entscheiden, war nicht die schlechteste Wahl gewesen, auch wenn die Partei momentan ein eher trauriges Gesamtbild abgibt, was zu großen Teilen der ebenso ziellos wie herzlos agierenden Bundesspitze zugeschrieben werden darf. Derzeit ist die SPD zumindest im Freistaat die diskussionsfreudigste und veränderungsoffenste Partei. Ihr trauriger Umfragestatus im einstelligen Prozentbereich erstickt zudem jeden Vorwurf, ich hätte mit diesem Parteieintritt nur Karriere machen wollen, noch bevor er ausgesprochen werden kann. Hier in Sachsen in der SPD zu sein, ist weit entfernt von jeglicher Komfortzone und schon gar nicht vergnügungssteuerpflichtig.

So gewinnt mein Weg der Veränderung durch Mitmachen als Gegenmodell zur sinnfreien Protestwahl an Glaubwürdigkeit, was mir in meinen Diskussionen zur Lage enorm hilft. Ein Selbstläufer ist dieser Parteieintritt aber nicht, denn der grundsätzliche Veränderungswille hält sich auch bei der SPD in Grenzen. Vieles endet nach tief greifenden und ehrlichen Debatten doch nur als Überschrift in der Zeitung oder in einer der Politik eigenen, eigenartigen Unverbindlichkeit: dem politischen Konjunktiv.

## Stillstand durch Angst und Mutlosigkeit

Ein Beispiel für den politischen Konjunktiv ist die sogenannte Digitalisierung, der digitale Wandel, der in Sachsen noch immer ein äußerst theoretischer Prozess ist. Die Digitalisierung wird behandelt wie eine böse Schwiegermutter. Alle reden über sie, sind aber gottfroh, wenn sie nicht da ist. Mein Steckenpferd ist eben dieser digitale Wandel. Zum einen, weil ich lange Jahre in einem Unternehmen tätig war, das Strategien und Geschäftsmodelle für Zeitungsverlage entwickelte, auf dem Weg vom Papier zum digitalen Produkt. Zum anderen, weil ich verstanden habe, dass dieses Thema eben nicht die viel zitierte Revolution darstellt, sondern es sich um einen evolutionären Prozess handelt, der alles, restlos alles, in unserem Leben verändert. Der Unterschied zwischen diesen beiden Begrifflichkeiten ist so einfach wie grundlegend: Eine Revolution kann man aufhalten, beispielsweise mit einem Panzer auf dem Marktplatz. Eine Evolution hingegen ist unaufhaltsam. Wer sich ihr verweigert, der wird von ihr aussortiert. Ganz einfach.

Diesem leidenschaftlichen Credo folgend, versuchte ich, »Digitalisierung« in meiner Partei zu platzieren – als Chance und zugleich wichtigstes Thema der Zukunft. Denn genau das ist die Digitalisierung, wenn man sie anpackt. Ich schrieb an einem Leitantrag für einen Landesparteitag 2018 mit, der die Digitalisierung für ein künftiges Regierungsprogramm umreißen sollte. Dabei textete ich klar und eindeutig, verwendete Formulierungen wie »wir müssen« und »wir werden«. Als der Antrag schließlich im Rahmen einer fünfminütigen Rede vom zuständigen Fachabgeordneten präsentiert wurde, waren aus diesen verbindlichen Termini wachsweiche Alternativen geworden. »Wir wollen« und »wir streben an«. Es klang nicht mehr wirklich wie ein ernst zu nehmender Ansatz, wenn Worten auch Taten folgen sollen. Da war er, der politische Konjunktiv: Ein »man könnte«, was alles bedeuten kann und nichts festschreibt. Von meiner Grundidee, meine Partei möge sich an die Spitze dieser zukunftsebnenden Bewegung stellen, blieb nicht viel übrig, denn das Thema ist in der Bevölkerung gerade nicht sehr beliebt und wird vorrangig mit Datenklau und Cyberspionage assoziiert. Es macht den Menschen Angst. Und Angst gewinnt keine Stimmen, jedenfalls dann nicht, wenn man versucht, dagegen anzugehen und Mut zu erzeugen. Angst gewinnt nur dort, wo sie benutzt wird und Mut fehlt, was die AfD mit ihrer Überfremdungsdebatte ja erfolgreich und exemplarisch praktiziert.

Der Anspruch, dass Politik nicht dafür da ist, den Menschen pausenlos zu sagen, was sie hören wollen, sondern ihnen vielmehr sagen muss, was sie wissen müssen, bleibt dabei auf der Strecke. Und damit auch die Zukunft, die einen langen Atem braucht und im Jetzt begründet werden muss, damit sie sich morgen entfalten kann. Genau so ist es bei der Digitalisierung. Während der Leitantrag so ist, wie er eben ist, nehme ich nun den nächsten Anlauf, bei diesem Thema Angst durch Mut zu ersetzen. Veränderung braucht eben Geduld, Kraft und einen langen Atem.

## Stillstand in den Filterblasen und Echokammern

Gehen wir noch einmal zurück zum eingangs behandelten Thema »ihr da oben, wir hier unten«. Auch wenn es diese Spaltung schon immer gab, so wird die Diskussion darüber in Zeiten sozialer Netzwerke, moderner Kommunikation und »Mario Barth deckt auf« (und ähnlich gelagerten Formaten) gefährlich verschärft. War man früher auf etablierte und bei aller berechtigten Kritik in der Regel handwerklich seriös arbeitende Medien angewiesen, um sich über politische Prozesse zu informieren, so genügen den Leuten heute offenbar ein handelsüblicher Facebook-Account und nicht selten schlecht recherchierte, aus dem Zusammenhang gerissene Beiträge im Privatfernsehen. Das ist zur Informationsbeschaffung für den Zuschauer leider wenig zielführend, weil meist die Umstände ausgeblendet werden, die zu der einen oder anderen Posse führen. Die Klickzahlen und die Quote sind wichtiger als Fakten.

Auch wir in Augustusburg hatten schon das zweifelhafte Vergnügen, von der Redaktion von Mario Barth heimgesucht zu werden. Eine eher unorganisiert wirkende Produktionsfirma lief im Auftrag des Senders auf, um, schlecht informiert und wenig interessiert an Fakten, eine Sache aufzuwärmen, die eigentlich schon keine mehr war. Es ging um den Umbau einer alten Schule inmitten der historischen Altstadt. Die Schule war schon vor langer Zeit der Schulneuordnung zum Opfer gefallen und von meiner Vorgängerin zu einem Vereinshaus umgebaut worden. Statt das eigentlich nachvollziehbare Ziel zu verfolgen, eine historische Immobilie nicht einfach dem Leerstand zu überlassen, sondern sie den zahlreichen ortsansässigen Vereinen zu öffnen, hatten Stadtrat und Verwaltung in ewigen Debatten aus dem Projekt ein Wünsch-dir-auch-noch-was werden lassen, das am Ende die veranschlagte Bausumme verdreifachte und die Stadt in ernsthafte Schwierigkeiten zu bringen drohte.

Natürlich war das ein ärgerlicher Vorgang, der zu einem echten Problem wurde. Allerdings war dieses, als die Damen und Herren Rechercheure in unserem Städtchen den Skandal suchten, bereits gelöst worden. Zum einen waren die Verantwortlichen für dieses Desaster schon wieder abgewählt, und zum anderen hatten wir längst das Konzept für Umbau und Nutzung geändert, der Sache damit einen Sinn gegeben und die Schieflage weitgehend beseitigt. Dafür hatten wir in der Zwischenzeit ja auch viel Zeit gehabt. Bis zu jenem Tag, an dem der Vorgang von den Quotenjägern entdeckt wurde. Einen äußeren Anlass gab es dafür nicht. Vielleicht nur einen Themenmangel in der Redaktion? Ich weiß es nicht. Und so fanden die Fernsehleute trotz intensiver Suche nach »aufgebrachten Steuerzahlern« niemanden, der ernsthaft einen Zweifel am Sinn des Ganzen äußerte. Dennoch schafften wir es bis in die Sendung. Aus heutiger Sicht kann ich gar nicht sagen, was ich als problematischer empfinde, dass das Projekt zuvor aus dem Ruder gelaufen war oder diese auf Skandal ausgerichtete Recherche.

Was zunehmend fehlt, ist die sortierende und einordnende Arbeit von Journalisten. Die Frage nach der »sicheren Quelle« tritt in den Hintergrund. Der berechtigte Zweifel, ob eigentlich stimmen kann, was man da gerade gesehen oder gelesen hat, oder warum es so ist, wird bei Facebook und Co durch die Likes

Gleichgesinnter ersetzt, Widerspruch wird weggeklickt. So manche unglaubliche Meldung wird quasi von selbst wahr, weil sich Irrende gegenseitig bestätigen. Filterblase nennt man dieses Phänomen in den digitalen Netzwerken.

Filterblasen sind nicht aufs Internet begrenzt, auch die Straße, der Friseur und die Nachbarschaft kennen das Phänomen. Nur hieß es dort früher »üble Nachrede« oder schlicht »Tratsch«. Letzterer war meist lokal begrenzt und hat die Welt deshalb nicht aus den Angeln gehoben. Doch in Zeiten zunehmender Komplexität der Dinge und bei sinkendem Interesse an den Hintergründen von politischen Prozessen, die durch teils unsäglich unverständlichen Politsprech zunehmend verschlüsselt bleiben, sowie deshalb kaum vermittelbaren Zusammenhängen sorgen die gigantischen, undifferenzierten und kanalisierten Reichweiten der digitalen Netzwerke dafür, dass der Klatsch nicht mehr auf einen kleinen Kreis beschränkt bleibt. So werden Theorien und Gerüchte zu einem gefährlichen Stimmungsturbo. Jeder hat jetzt irgendwie recht und bekommt von irgendwoher Bestätigung in den Echokammern des Internets. Fakten sterben schon deshalb, weil es anstrengend ist, sie sicherzustellen oder zu überprüfen. Und Anstrengung ist irgendwie doof. Diskussion findet kaum noch statt, sieht man von Hassdebatten einmal ab, die meist unversöhnliche Kombattanten zurücklassen. Kompromisse sind so gut wie unmöglich und gelten als Niederlage. Widerspruch wird konsequent ausgeblendet. Eine Gegenprobe der Quelle oder das schiere Nachdenken über Wahrscheinlichkeiten werden weitgehend ausgeschlossen. Es reicht der Zweifel, um eine Tatsache infrage zu stellen, oder die weitverbreitete Hybris, bei jedem Thema ganz automatisch die einzige Lesart und Wahrheit zu kennen.

## Die gelähmte Gesellschaft

Das ist gewissermaßen ein Snapshot der Gesellschaft im Großen wie im Kleinen und beschreibt den Ausgangspunkt meiner
Arbeit. Die Fronten sind klar abgesteckt, die Vorbehalte durch
Filterblasen und ein gerüttelt Maß an Unwissenheit und Desinteresse gesichert. Jeder hat seine Sicht der Dinge. Egal wie fundiert,
wie richtig oder falsch diese Sichtweisen auch sind – sie stehen
einander unversöhnlich, ja feindlich gegenüber. Und so versteht
der Bürger die Politik nicht, die Politik den Bürger nicht. Der
Bürger den Bürger nicht. Das Amt den Bürger nicht. Der Bürger
das Amt nicht. Die Politik den Bürgermeister nicht. Und umgekehrt. Keiner versteht also irgendwen. Aber alle haben recht.
Und um es richtig kompliziert zu machen: Das stimmt irgendwie auch.

Was also geht schief? Was führt dazu, dass wir, die wir im
Gegensatz zu weiten Teilen des Planeten arm an echten Problemen sind, die wenigen, aber grundlegenden Sorgen nicht auflösen können? Die Antwort ist einfach: Wir füllen unsere Rollen
nicht mehr aus, keiner von uns. Wir nehmen die uns zugedachten Aufgaben nicht mehr wahr. Dagegen zu sein, ist bequem und
sicher und nie verbunden mit Verantwortung. Für etwas zu sein,
ist unendlich anstrengend, risikoreich und ohne Aussicht auf garantierten Erfolg. Eine mögliche Niederlage kommt einem Scheitern gleich, und das ist bei uns ein Stigma. Im normalen Leben,
im Amt, in der Politik. Wer scheitert, ist Verlierer. Und die mögen wir nicht. Doch wenn wir etwas ändern wollen, dann müssen wir genau diese Sicht ändern, wir müssen alle unsere Vollkas-
ko-Komfortzone verlassen und die Möglichkeit des Scheiterns
zulassen. Wir müssen wieder lernen, Kompromisse als das zu sehen, was sie sind: das Ergebnis demokratischen Zusammenseins,
genannt Gesellschaft. Kompromisse sind keine Niederlagen. Wir

müssen unsere Rollen nicht nur kennen, sondern auch wieder ausfüllen. Nur dann können wir mit bestimmten Regeln brechen und uns wieder in normalen Bahnen bewegen. Einfacher und besser geht nur, wenn wir bereit sind, Verantwortung zu übernehmen. Tun wir dies nicht, stirbt unser Zusammensein, unser Gemeinwesen und letztendlich unser Staat an einer Art multiplem Organversagen. Unser Land versinkt zunehmend in einer Art Lähmung, die aus Paragraphen, fehlender Teilhabe und der Abwesenheit sachlicher Kompromissbereitschaft gemacht ist. Hinzu kommt die Angst, man könne irgendeine Regel oder ein Gesetz missachten und bei der Suche nach Spielräumen Gefahr laufen, Fehler zu machen. In einer solchen Stimmung stirbt als erstes die Entscheidungsfreude. Und wenn niemand mehr entscheidet, dann geht gar nichts mehr.

Der einzige Ausweg aus diesem Zustand ist für mich das Anderssein. Ich versuche, dies seit einigen Jahren in der Politik jeden Tag zu leben. Ich versuche, dies als Möglichkeit auch in unserer Verwaltung zu etablieren. Das bringt Bewegung in alle Abläufe und macht vieles möglich, ist aber auch enorm gefährlich. Denn wer im Widerspruch zu den etablierten Regeln handelt, der bewegt sich zwischen den Welten und zugleich auf dünnem Eis und muss bereit sein, unter Umständen einen hohen, auch mit persönlichen Konsequenzen behafteten Preis zu zahlen.

In der Politik haben Absicht und Realität zuweilen nicht viel miteinander zu tun, und politische Überschriften sind oft nur noch Slogans, die der Wähler gern hört, weil sie sein Problem beschreiben. Mag sein, dass es Zeiten gab, in denen das ausreichte, um auch Lösungen daraus zu gewinnen. Die aber sind definitiv vorbei. In unserem komplex gewordenen Deutschland gibt es kaum noch pragmatische Wege. Dabei brauchen wir genau diese so dringend, um wieder Einfluss auf das nehmen zu können, was mit uns passiert.

## Mission impossible – eine Arztpraxis entsteht

Lassen Sie mich ein Beispiel geben, das verdeutlichen soll, was ich sagen will. Eine solche politische Überschrift und damit eins der wichtigsten Ziele, das wir derzeit verfolgen, ist die Stabilisierung der medizinischen Versorgung im ländlichen Raum. Keine Woche vergeht, in der in meinem Mailpostfach nicht irgendeine Bundes- oder Landesinitiative nach Ärzten auf dem Land ruft. Augustusburg, unsere wunderbare alte Kleinstadt, liegt in genau dieser gesellschaftlichen Problemzone. Eingebettet in Äcker und Wald, sind wir von der nächsten größeren Stadt rund 20 Kilometer entfernt und damit das, was man den ländlichen Raum nennt.

Nun geschah eines Tages etwas, wovon jeder verantwortungsbewusste Bürgermeister nicht einmal in seinen angenehmsten Träumen zu orakeln wagt. Ein junges Ärztepaar aus der Großstadt verlangte nach einem Termin und verkündete, es wolle sich in unserer schönen Stadt als Landärzte niederlassen, er Internist, sie Allgemeinmedizinerin, verheiratet, Anfang 30, zwei Kinder und zudem auch noch willig, das Bei-uns-Sein mit einem Hausbau zu verewigen. Dieses Szenario, das ich als einen Sechser mit Zusatzzahl verbuchen würde, wurde aus rechtlicher Sicht zum Albtraum und wäre bei regelgerechter Auslegung aller Bestimmungen in einem Desaster geendet. Warum? Weil die beiden Willigen zu einem Zeitpunkt unsere Stadt betraten, als der städtische Haushalt bereits beschlossen war und wir nicht einen einzigen müden Euro für die Schaffung von praxistauglichen Räumen eingeplant hatten. Warum hätten wir das auch tun sollen bei der Wahrscheinlichkeit eines Lottogewinns?

Nun war die Situation aber da, und wir glaubten, es würde bei diesem Glücksfall und einer belegbaren medizinischen Unterversorgung ganz sicher einen wie auch immer gearteten Sonderweg geben. Da ich grundsätzlich davon überzeugt bin, dass es immer eine Lösung gibt, setzte ich mich ans Telefon, um die nötigen Mittel zu beschaffen. Schnell wurde klar: Zwar reden alle von eben jenem hohen Ziel, Ärzte aufs Land zu locken, Mittel dafür sind außer der Reihe aber nicht zu bekommen. Wir hatten potenzielle Räumlichkeiten, jedoch kein Geld, um diese tauglich umzubauen. Die beiden Jungärzte hierfür in die Pflicht zu nehmen, während sie ohnehin für die Praxisausstattung ihre Bonität strapazieren mussten, erschien unmöglich.

Meine Hoffnung, das zuständige Staatsministerium könnte helfen, das 160.000 Euro teure Projekt irgendwie möglich zu machen, zerschlug sich in nur einem einzigen Telefonat. Es entstand keineswegs der Eindruck, also würde man dort sofort alles in Bewegung setzen, um für uns einen Weg zu finden. Zu kurzfristig. Keine Haushaltmittel. Danke fürs Gespräch. Andere Möglichkeiten waren in der Kürze der Zeit nicht mehr zu finden. Blieb einzig der Weg, der uns durch die europäische LEADER-Förderung offensteht. Das ist ein Förderprogramm, das seit Jahren die Lücken schließt, die der Freistaat selbst hervorgebracht hat, weil er die Dinge aus den unterschiedlichsten Beweggründen politisch links liegen lässt: kommunaler Straßenbau, Stärkung ländlicher Ortskerne, Tourismus. Ohne LEADER wären dies alles Maßnahmen, die die Kommunen weitgehend aus den eher leeren Kassen bestreiten oder nach jahrelanger Förderodyssee mit ungewissem Ausgang irgendwie zufällig hinbekommen müssten. So ist LEADER oft der Notnagel für ausgerechnet die Themen, die für die Menschen vor Ort die entscheidenden sind.

Auch in unserem Fall half dieses europäische Programm. Das Geld kam also ausgerechnet aus den Töpfen einer Institution, die bei der hiesigen Bevölkerung, für die wir ja diese Praxis bauen wollten, vorsichtig formuliert, nicht eben hoch im Kurs steht. Der Fördersatz betrug 65 Prozent. Wir rechneten und schoben durch verschiedene Umschichtungen aus vorhandenen Haushaltsmitteln die restliche Summe frei. Ein Planungsbüro aus der Nachbarstadt erklärte sich bereit, pro bono die Baustelle zu betreuen, damit unser finanzielles Drama nicht noch größer würde und wir den geforderten Nachweis, der Bau würde von einem Planer begleitet, erbringen konnten. Alles gut, dachten wir. Doch erst jetzt begann der eigentliche Wahnsinn.

Der kam nämlich in Gestalt einer Institution um die Ecke, mit der wir zuvor noch nicht allzu viel zu tun hatten: der Kassenärztlichen Vereinigung (KV). Diese Einrichtung regelt unter anderem die Vergabe der sogenannten Kassensitze. Pro Region gibt es eine begrenzte Zahl davon, und die KV, ein mächtiger Apparat, bestimmt darüber, an wen diese vergeben werden. Zum Zeitpunkt der Vergabe waren in der gesamten Region Dutzende solcher Sitze nicht besetzt. Klar, Landärzte wachsen nicht auf Bäumen, und alle anderen Möglichkeiten, einem Notstand vorzubeugen, haben wir jahrzehntelang ungenutzt verstreichen lassen. Wir sprachen zwar stets von dramatischem Mangel, taten aber nichts, um diesen zu beseitigen. Auch bei der KV sollte Jubel ausbrechen angesichts der Bewerbung der beiden jungen Mediziner, dachte ich. Schon kurz nach deren Bewerbung um eine Zulassung aber wurde klar: Eine positive Entscheidung würde uns vor neue, sehr grundsätzliche Probleme stellen, denn die KV besteht laut ihren Regeln darauf, dass zwischen offizieller Vergabe der Zulassung auf eine freie Stelle und der Praxiseröffnung maximal sechs Monate liegen dürfen, und das auf den Tag genau. Ein halbes Jahr für den Bau einer Praxis, und das in der Weihnachtszeit.

Was für ein Bauvorhaben in der freien Wirtschaft oder im privaten Sektor schon ein bisschen nach Herausforderung klingt, ist für den öffentlichen Bauherrn, der auf Genehmigungsregeln, Ausschreibungsregularien, Fristen für Vergaben und Beratungsfolgen in Fachausschüssen und dem Stadtrat festgelegt ist, eine

Quadratur des Kreises. Jetzt hatten wir das Geld in Aussicht, waren aber durch die Terminketten eigentlich nicht in der Lage, dieses regelgerecht auszugeben. Der Versuch, bei der KV eine Ausnahme von der Regel, also eine Verlängerung der Sechsmonatsfrist, zu erwirken, scheiterte mit dem Verweis darauf, dass man sich danach ja erneut bewerben könne. Eine nicht sehr tragfähige Aussicht für ein EU-Förderprojekt. Das klang nach »kann klappen«, war aber alles andere als sicher. Zudem musste ja noch das Baugenehmigungsverfahren irgendwie möglich gemacht werden, was aber mit Blick auf die kilometerlangen Regelwerke, die es inzwischen zu beachten gilt, äußerst kompliziert ist. Denn da, wo eben noch Büros waren, sollte ja nun eine Praxis entstehen, was, rechtlich gesehen, einer Umnutzung entspricht. Die Logik würde die Frage zulassen, wo denn der große Unterschied zwischen den beiden Nutzungsarten liegt. Doch Logik ist nicht unsere Leitlinie, Recht geht vor. Und das fordert, was es fordert. Normalerweise hätten wir diese Mission jetzt als gescheitert aufgeben müssen.

In kleiner Runde und ziemlich verzweifelt trafen wir eine Entscheidung. Wir wussten: Bauen wir, gehen wir ein ziemliches Risiko ein, rechtliche Konflikte zu produzieren. Lassen wir es, vermasseln wir eine für die Zukunft der Stadt entscheidende Chance. Wir taten das einzig Richtige für die Stadt und das eindeutig Falsche mit Blick auf Rechtssicherheit und Haftung. Wir legten los. Eine Vorab-Baugenehmigung war das Einzige, woran wir uns festhalten konnten, und die nahezu an Selbstaufgabe grenzende Bereitschaft lokaler Unternehmen und Handwerker, das gesteckte Ziel irgendwie zu erreichen. Wir wurden tatsächlich pünktlich fertig, weil unsere Unternehmen alles gaben, um diese Möglichkeit Wirklichkeit werden zu lassen.

Auf den Tag genau öffnete die Praxis. Was die Prüfung der Sache betrifft, werden wir in fünf Jahren Rede und Antwort stehen müssen, wenn das staatliche Rechnungsprüfungsamt unsere Haushaltsführung kontrolliert und mit an Sicherheit grenzender Wahrscheinlichkeit diesen Vorgang bemängeln wird – zumal ich ihn jetzt hier in aller drastischen Offenheit schildere. Eine Überprüfung des Projekts ist inzwischen angekündigt. Welche Konsequenzen das haben wird, ist offen. Ebenso offen wie die endgültige Abnahme des Objekts, die bisher an verschiedenen Auslegungen von Brandschutzfragen scheiterte. Ob wir vielleicht am Ende des Tages schlimmstenfalls die Fördermittel zurückzahlen müssen, bleibt abzuwarten. Bei der Bewertung würde es nicht einmal eine Rolle spielen, ob der höhere Zweck erreicht wurde oder nicht. So droht selbst dann eine Rückzahlung der Fördermittel, wenn niemand Geld verschwendet hat. Allein die Verletzung der Form genügt. So werden wir uns also – kurz gesagt – dafür erklären müssen, dass wir allen Widrigkeiten zum Trotz die Möglichkeit der medizinischen Versorgung auf dem Land gemeinsam durchgesetzt haben. Ermöglichung geht anders. Und Ermutigung zur Ermöglichung auch.

In der Stadt selbst – auch das gehört zu dieser Geschichte – wurde die Eröffnung der Praxis als Meilenstein gesehen. Kritiker mokierten sich freilich am Stammtisch darüber, wie man denn Ärzten eine Praxis schenken könne. Dass die beiden Miete für die Räume zahlen und sich langfristig an unsere Stadt gebunden haben, versackt im Nebel der Stammtisch-Lufthoheit. Ebenso wie der Umstand, dass bereits jetzt, kaum ein halbes Jahr nach Eröffnung, an die 2000 Patienten pro Quartal das neue Angebot nutzen, was wohl als Beweis für die Notwendigkeit dieser Arztpraxis eine eigene Sprache spricht. Störende Fakten sind eben keine, wenn man sie verdrängt, und dass ein Praxisbau ein solches Himmelfahrtskommando sein kann, dies ahnt der Stammtisch ebenso wenig. Woher auch soll er das wissen?

## Der Wahnsinn mit den Schildern

Der Bau der Arztpraxis war nicht das einzige Projekt, das nach diesem Muster läuft. Es geht noch besser. So beschlossen wir vor zwei Jahren, die Wanderwege der Stadt, unser wichtigstes Pfund im Kampf um die Aufmerksamkeit der Touristen, neu zu beschildern. Die alten Schilder stammten teilweise noch aus Vorwendezeiten oder waren schlicht ganz verschwunden. Wir nahmen Anlauf, um die 150 Masten und etwa 500 Schilder auf den neuesten Stand zu bringen. Rund 35.000 Euro waren für das Projekt veranschlagt. Die Finanzierungsquelle war auch hierbei das LEADER-Programm der Europäischen Union. Das Antragsverfahren war kein Problem, und so begannen wir ein ziemlich aufwendiges Projekt. Jeder einzelne Punkt, an den ein Schild hinsollte, musste neu erfasst werden. Für eine Stadtverwaltung mit wenig Personal ist das eine echte Herausforderung.

Wir leben in Augustusburg zwar zu wesentlichen Teilen vom Tourismus, aber weil wir im Freistaat Sachsen sind, ist das eine sogenannte freiwillige Aufgabe. Das bedeutet, dass der Freistaat bei Tourismusprojekten nicht verpflichtet ist, eine Kofinanzierung bereitzustellen. Alles, was wir in diesem Bereich tun, müssen wir aus eigener (auch finanzieller) Kraft schaffen, oder wir müssen um Fördermittel kämpfen. Das ist ein Hemmschuh für eine Stadt, die ironischerweise den Titel »Staatlich anerkannter Erholungsort« führen darf, zumal ich in meinem Stellenplan für diese Aufgabe eine einzige Mitarbeiterin habe. Mehr ist nicht vorgesehen, denn die Anzahl der Mitarbeiter hängt nicht so sehr vom Umfang der Aufgaben ab, sondern vielmehr von der Einwohnerzahl der Stadt und davon, ob eine Aufgabe eine sogenannte Pflichtaufgabe oder eben freiwillig ist. Wenn Sie also schon Sorgen haben, ob sich die Pflichtaufgaben mit dem zugelassenen Personalschlüssel überhaupt bewältigen lassen, dann müssen Sie die freiwilligen Aufgaben, ob wichtig oder nicht, erst recht hintanstellen. Es sei denn, Sie haben tolle Steuereinnahmen, schwimmen im Geld und können sich das alles leisten.

Wir nahmen das Projekt in Angriff und schafften es, uns trotz aller Personalschlüsseldiskussionen wenigstens noch durch eine Halbtagskraft zu verstärken. Wir ermittelten die Standorte für die Schilder, trafen Vereinbarungen mit dem Sachsenforst und allen anderen Grundstückseigentümern der betroffenen Waldflächen und legten los. Das Ergebnis überraschte auch mich, denn ich hatte komplett unterschätzt, wie viel Freude man den Menschen mit ein paar Wanderwegeschildern machen kann. Alles richtig gemacht so weit. Das dicke Ende kam auch hier. Nämlich bei der Abrechnung des Ganzen bei der Förderbehörde. Für jeden der 150 Holzstecken mussten wir einen Grundbuchauszug, die betreffende Flurkarte und eine schriftliche Vereinbarung mit dem jeweiligen Grundstückseigentümer vorlegen. Zudem mussten wir nachweisen, dass keiner der Wegweiser im Flutgebiet aufgestellt wurde, was in einer Gegend, in der viele Wegekilometer auch in Flusstälern verlaufen, schon etwas fragwürdig ist.

Zu guter Letzt: Man darf mit dem Projekt die sogenannte Förderkulisse nicht verlassen, denn LEADER-Mittel dürfen eben nur im ländlichen Raum ausgegeben werden. Einer unserer Wanderwege verläuft allerdings ein paar Hundert Meter lang auf dem Territorium der benachbarten Stadt Chemnitz. Vier Wegweiser mussten deshalb auch dort platziert werden, damit wir eine durchgehende Beschilderung gewährleisten können. Diese vier Masten wurden schließlich bemängelt. Die Stadt Chemnitz, so die Begründung, könne nicht gefördert werden, ergo auch nicht diese vier Orientierungshilfen, denn diese stünden ja auf Chemnitzer Grund. Dass das Förderziel ursprünglich einmal die möglichst gute Beschilderung unserer Wanderwege war, spielte bei dieser Argumentation keine Rolle, und auch nicht, dass der große Rundweg kein solcher wäre, wenn er ohne die vier bemängelten Schilder für den Wanderer im Nichts enden würde. Bis heute ist nicht klar, ob wir nun diese vier Masten mit ihren daran angebrachten Schildern selbst bezahlen müssen.

Die Liste ließe sich fortsetzen. So zahlten wir erst kürzlich 5000 Euro Fördermittel aus der Kulturraumförderung zurück, weil eine Mitarbeiterin unserer Verwaltung für ein internationales Chortreffen die Begrüßungspräsente ein paar Tage vor der eigentlich dafür definierten Frist bestellt hatte. Es lebe die Regel, Ergebnis uninteressant. Das Chortreffen war ein rundum toller Erfolg. Kein Cent wurde verschwendet oder gar veruntreut. Am Ende aber wiegt ein Formfehler eben schwerer.

Diese Beispiele zeigen, wohin unsere Regelwut uns führen kann. Und wenn man für eine Projektsumme von 35.000 Euro wie bei den Wanderwegeschildern zudem noch den Aufwand für die Beweisführung der Mittelverwendung heranzieht, wird es tatsächlich absurd. Denn diese Prüfung produziert mit an Sicherheit grenzender Wahrscheinlichkeit noch einmal – vorsichtig veranschlagt – 3.000 bis 4.000 Euro Personalkosten allein bei uns. Eine Menge Aufwand, wenn man bedenkt, warum dieser entsteht. Denn eigentlich bedeutet diese Kontrolle nichts anderes, als dass man grundsätzlich Zweifel daran hat, dass wir unsere Arbeit richtig machen, und dass die Unterschrift des Bürgermeisters auf dem Verwendungsnachweis nicht die Tinte wert ist, mit der sie geschrieben wurde.

Warum geht es nicht anders? Warum sind wir nicht in der Lage, Chancen unbürokratisch zu nutzen und solche Projekte wie die eben beschriebenen pragmatisch umzusetzen? Was, wenn ein zuständiges Ministerium einen solchen Fall priorisieren würde? Wenn alle Institutionen das Ziel über die Regel stellen würden? Wenn es nicht alles nachträglich infrage stellen würde, nur weil Präsente zu früh bestellt wurden? Was, wenn man uns tatsächlich vertrauen würde und – beispielsweise bei so etwas wie der Beschilderung der Wanderwege – nur Stichproben machen würde? Warum dieses Misstrauen und diese Kontrollwut? Was hindert uns daran, einfach nur gemeinsam unseren Job zu machen? Und letztlich: Warum haben wir offenbar aus den Augen verloren, wofür wir eigentlich da sind, nämlich möglichst viel für die Bürger zu erreichen?

Die Antwort ist so banal wie traurig. Weil wir in Regularien feststecken, von denen jedes für sich zwar einen sinnvollen Zweck verfolgt, deren Überschneidungen und Summe aber ein nahezu unüberwindliches Bollwerk aus Vorschriften, Paragraphen, Kontrolle und, ja, auch Misstrauen bilden. Und weil jeder im System Handelnde dem entsprechen muss, kann er die eigene Existenz nicht infrage stellen. In Zeiten von Misstrauen zwischen Bürger und Amt, zwischen Politik und Bürger, zwischen Bürger und Politik droht jede pragmatische Abweichung in der Sache am Pranger des Volkszorns zu zerschellen, wenn das Ansinnen am Ende nicht funktioniert hat. Ein solcher Vorgang der pragmatischen Abweichung, der in Unternehmen dazugehört und im täglichen Leben als normal gilt, führt im politischen Raum gesetzmäßig zur Schlagzeile und zum persönlichen Scheitern. Grundsätzlich stellen wir die Frage nach dem Schuldigen, bevor es um die Sache an sich geht. Das nimmt meist kein gutes Ende. Oft haben wir dann zwar einen Verantwortlichen ausgemacht, den wir der medialen Kreuzigung preisgeben können, zu einer Lösung sind wir dennoch nicht gekommen. Für alle anderen, die gelegentlich pragmatisch Dinge ermöglichen, haben wir zudem ein abschreckendes Beispiel geschaffen. Die Botschaft: Lass es lieber. Denn: Ein Fehler bedeutet Scheitern und gilt nicht als ein Versuch mit guter Absicht.

Wenn das Ziel ist, dass niemand mehr Fehler macht, dann ist der Stillstand programmiert. Das Ziel könnte stattdessen ja auch die Aufgabe sein, um die es geht, und zu deren Lösung man heutzutage eher selten paragraphenkonform kommt. Falls doch, dann ist man in der Regel konfrontiert mit Laufzeiten, die mindestens Monate, gern aber auch ganze Legislaturen dauern. Diesen Missstand aufzulösen, ist die derzeit wichtigste und größte Aufgabe, die Politik hat. Zurück zum Ziel. Zurück zur Verantwortung. Zurück zu dem, wofür wir da sind: Ermöglichung.

## Auf dem Holzweg der Entfremdung

In Wirklichkeit agieren wir aber noch immer völlig anders. Während ganze Arbeitsgruppen über Vereinfachung nachgrübeln, erlassen wir stetig neue Gesetze und Richtlinien. Wir sprechen von Vereinfachung, schaffen jedoch ständig komplexere Strukturen. Im Freistaat Sachsen werden beispielsweise die europäischen Förderrichtlinien, an sich schon nicht für Einfachheit bekannt, noch mit einer eigenen Durchführungsbestimmung »ergänzt«. So setzen wir auf das, was da kommt, immer noch einen oben drauf. Hatte ein Förderantrag vor fünf Jahren zehn Seiten, sind es heute eher 20. Die Anzahl der Mitarbeiter, die diese Papierflut zu bewältigen hat, ist dabei gleich geblieben. Das ist vielleicht noch positiv zu beurteilen, denn langfristig wollen und müssen wir die Personalkosten senken. Wir folgen also auch hier der Direktive des vorauseilenden Gehorsams und dem Druck der Stimmungslage. Der schlanke Staat muss kommen, denn der Bürger argwöhnt ohnehin die Langeweile in die Ämter und Behörden hinein, weil er um die Komplexität der Vorgänge nicht weiß. »Faultierfarm« nannte neulich ein Bürger meine Verwaltung, weil wir sein Knöllchen nicht zurücknehmen wollten. Der Realität in meiner kleinen Verwaltung entspricht das ganz und gar nicht. Fast jeder meiner Mitarbeiter hat mindestens zwei Aufga-

ben, und es werden stetig mehr, ohne dass noch jemand eingestellt werden kann. Derzeit prüft der Landesrechnungshof, ob die
Personalschlüssel der sächsischen Kommunen noch zweckmäßig
sind. Allein die politische Himmelsrichtung, aus der diese Überprüfung kommt, lässt nichts Gutes erahnen.

Perspektivisch stehen die Zeichen auf weniger Personal. Welche Folgen dies hätte, können wir im Freistaat Sachsen derzeit
beobachten. Sichtbar sind ein zuwenig an Polizisten, ein zuwenig an Lehrern. Unsichtbar sind die nur mühsam zu schließen-
den Lücken in den Verwaltungen, weil kaum etwas nachwächst
im einstigen Garten Eden der öffentlichen Hand. Galt es früher
als sinnvoll, in den öffentlichen Dienst zu gehen, ist dies heute
eher der letzte Ausweg, vor allem in den kleinen Kommunen, die
aufgrund ihrer geringen Einwohnerzahlen kleine Haushalte haben und demnach weniger zahlen können als größere Städte. Wir
sind nicht konkurrenzfähig bei der Entlohnung und zudem zu
komplex, zu festgeschrieben, zu reguliert und zu schlecht angesehen. Das ist nicht eben ein Umfeld, das junge Leute begeistert,
schon gar nicht diejenigen, die wir brauchen würden, um diesen
starren Apparat wieder zum Leben zu erwecken. Wir in der Provinz konkurrieren deshalb inzwischen nicht nur mit der Privatwirtschaft um den Nachwuchs, sondern eben auch mit den großen Verwaltungen. Bei beinahe gleichbleibenden Haushalten ist
dieses Problem unlösbar.

Der Druck wächst weiter, weil die Zahl der Aufgaben steigt.
Digitale Lösungen, die die Arbeit effizienter und neue Wege für
die Zusammenarbeit von Städten möglich machen würden, sind
derzeit eher vager Gedanke als konkreter Plan. Die Lösung für
diesen Missstand wäre auch hier mit einem Machtverlust des
Landtags verbunden. Dieser müsste beispielsweise mehr Mittel in die Kommunen fließen lassen und damit eine feste Größe
schaffen, mit der man planen kann: zehn Jahre lang jedes Jahr

eine Summe X garantiert. Damit könnten wir endlich verlässlich planen.

Doch dies will derzeit niemand wirklich. Stattdessen versucht
man, die Kommunen mit einer Einmalzahlung von 70.000 Euro
pro Jahr für drei Haushaltsjahre zu beruhigen. Das ist wie bei
einem Tarifvertrag, der sein Ziel unterflogen hat und bei dem
die Beschäftigten mit einem Trostpflaster besänftigt werden sollen. Ist es undankbar, sich darüber nicht zu freuen? Nein, ist es
nicht. Aber bei einem Haushaltsvolumen von 6,5 Millionen Euro
in meiner Stadt ist gerade mal eine Viertelmillion Euro Verfü-
gungsmasse und der Rest ist weitgehend fest verplant, um die
Pflichtaufgaben zu bewältigen. Da sind 70.000 Euro nicht mehr
und nicht weniger als ein freundliches Signal, dem echte Taten
folgen müssten. Doch die folgen eben nicht. Und so stauen sich
Notwendigkeiten ins Unendliche auf. Straßen, Schulen, Brücken,
alles braucht Zuwendung. Seit Jahren schieben wir hier einen
Sanierungsstau von rund einer Million Euro vor uns her. Wir
bekommen 50.000 Euro pro Jahr im sogenannten Straßenlas-
tenausgleich, um dagegen vorzugehen. Unterm Strich reichen
unsere Finanzen, um das Boot irgendwie über Wasser zu halten.
Für alles andere brauchen wir besagte Fördermittel und damit
eine Menge Kraft, Durchhaltevermögen und leider auch Glück.
So wird jedes Projekt zu einem Tanz auf dem Eis, weil jedes Mal
unklar ist, ob man damit durchkommt oder nicht.

Immer droht die Gefahr des Verlustes der finanziellen Selbstständigkeit, der dazu führen würde, dass man sich mit anderen
Kommunen zu größeren Einheiten zusammenschließt. Das wiederum hätte die Folge, dass immer mehr Bezug, immer mehr
Heimat, immer mehr Vertrauen verloren gehen, weil sich die
Menschen plötzlich in gigantischen Organisationsstrukturen wiederfinden, in denen sie sich nicht zu Hause fühlen. Riesige Landkreise und Großkommunen wären die Folge. Damit wird die Dis-

tanz zwischen einem Problem und dem, der es lösen soll, schier unüberbrückbar. Diese Situation führt zum Stempel nach Aktenlage, nicht gemäß Zusammenhang oder innerer Logik im Kleinen. Und das wiederum verstärkt eine Entfremdung zwischen Mensch und Gesetz, zwischen Bürger und Stadt. Es ist der falsche Weg. Wer wirklich in die Gesellschaft hineingehört, der weiß das.

## Verteilen wir eine Milliarde Euro

Dabei könnte man bei der Finanzierung der Kommunen mit ein wenig Mut zum Andersmachen andere Wege gehen, auch im Freistaat Sachsen, der kein armes Bundesland ist. Zumal Geld in einem der wirtschaftsstärksten Länder der Welt ja ohnehin nicht wirklich ein Hindernis sein sollte. Im Jahr 2017 zum Beispiel teilte die Sächsische Aufbaubank (SAB), also die Bank des Freistaats und seiner Bürger, 2,1 Milliarden Euro für Projekte im privaten und kommunalen Sektor aus. Ein Großteil davon entfiel auf Förderprojekte, die zuvor in 29.000 Antragsverfahren verpackt worden waren. Zudem wurden von knapp 600 Mitarbeitern 21.000 Verwendungsnachweise geprüft. Das ist ein gewaltiger Apparat und Aufwand. Was, wenn man diese Summe von 2,1 Milliarden halbieren würde? Die eine Hälfte verbliebe in der Verfügungsgewalt des Freistaats, um die großen Linien und Entwicklungsziele fördern zu können. Die andere Hälfte würde durch die Zahl von knapp vier Millionen Einwohnern Sachsens geteilt und, mit der Zahl der jeweiligen Einwohner einer Kommune multipliziert, an diese ausgeschüttet. Es wäre ein Turbo. Pro Einwohner und Jahr entspräche dies 250 Euro, die direkt zur Verfügung stünden. In unserer Stadt wären das 1.125.000 Euro, mit denen wir fest rechnen könnten, um unsere Vorhaben zu finanzieren. Derzeit liegt der Anteil für investive Förderung, den wir fest verplanen können, im Schnitt bei 150.000 EUR im Jahr, Mittel also, die wir dann mit Mühe und Kraft per Förderung verschiedener Fördersätze »veredeln« können. Sprich: Habe ich 10.000 Euro, mache ich daraus je nach Projekt und Programm vielleicht 60.000 bis 100.000 Euro, von denen ich aber nicht weiß, ob ich sie bekomme, wann ich sie bekomme und welche Begründungen, Gutachten und sonstige Nachweise ich dafür erstellen muss.

Würde man verfahren, wie von mir oben skizziert, wir hätten pro Jahr eine Million Euro mehr. Ohne Anträge, Wartezeiten und den x-ten Nachweis der Bedürftigkeit, der neuesten Betrachtung der Demografieentwicklung oder was auch immer. Die Gestaltungsmöglichkeiten würden explodieren und der Aufwand zugleich auf allen Seiten sinken. Ich könnte viele Tausend Euro für Gutachten einsparen, die wir meist brauchen, um in den Genuss von Förderung zu kommen. Ein solches Gutachten beweist beispielsweise, dass der einzige Einkaufsmarkt im Ort wirklich der einzige Markt im Ort ist. Genau dieses Gutachten mussten wir kürzlich erstellen lassen, als unser Supermarkt erweitert werden sollte, was im Landesentwicklungsplan aber Städten wie der unseren nicht zusteht. Rund 100 Quadratmeter mehr, die in Planung waren, bedeuteten den Wechsel in die sogenannte Großflächigkeit. Die aber ist nur Grund- und Oberzentren zugedacht, und wir sind weder noch. Wir sind eine Stadt mit 4300 Einwohnern und eben nur einem einzigen Supermarkt. Nun will ich über Sinn und Unsinn einer solchen pauschalen Regelung nicht philosophieren, aber erst der Nachweis des Offensichtlichen auf amtlich anerkanntem Gutachterpapier – für immerhin 8.000 Euro – ebnete den Weg zur Ausnahme. Das ist nur ein Beispiel für eine Beweisführung aus der Rubrik »Nachts wird es wirklich auch weiterhin dunkel«, die uns jedes Mal Aufwand und Geld kostet. Geld, das knapp ist und das wir lieber einsetzen würden, um unsere Ziele zu erreichen.

Mein Vorschlag, eine Milliarde Euro einfach so zu verteilen, das klingt zunächst nach Anarchie und hat auch den Beige-
schmack von »Die kriegen nie genug«. Eine solch radikale Frei-
gabe von Mitteln würde selbstverständlich bedeuten, dass im
Gegenzug die vielen Förderprogramme, in die dieses Geld bislang gesteckt wird, ebenso radikal reduziert werden. Das heißt:
Wir selber planen und priorisieren, um mit diesem Geld auszu-
kommen. Wir müssten selber entscheiden und den Kopf dafür
hinhalten. Geht das? Ich denke, ja, unbedingt! Wenn ich die Investitionen der vergangenen fünf Jahre meiner Amtszeit zusam-
menrechne, so hätten wir sie alle nach diesem Modell ebenfalls
tätigen können. Allerdings hätten wir weniger Menschen damit beschäftigt, diese Projekte möglich zu machen, und wir wären mit einigen Dingen schon erheblich weiter, weil wir die vielen monatelangen Antragsgefechte nicht hätten führen müssen.
Unsere Stadträte könnten tatsächliche Entscheidungen treffen,
aus denen zeitnah Realität würde. Bezieht man in diese Überlegungen noch unsere Bemühungen der Bürgerbeteiligung ein, es
würde im positiven Sinn sehr viel mit dieser Gesellschaft machen.
Die Bürger bekämen ein Stück weit Kontrollgefühl und Verantwortung zurück und damit auch das Interesse daran, mit Einfluss
zu nehmen in der eigenen Stadt. Wenn man so will, ist das derzeitige Verfahren demokratiefeindlich, denn die wirklichen Entscheidungen werden nicht von denen getroffen, die dafür auch
gewählt sind. Dies zu ändern, bedeutet, Demokratie wieder zu
stärken. Genau darin läge der eigentliche Gewinn.

Ich weiß, dass meine Rechnung holzschnittartig, nicht tiefenge-
prüft und somit oberflächlich ist. Bei einem Doppelhaushalt von
über 40 Milliarden Euro – 6,5 Milliarden Euro davon für Förderun-
gen verschiedenster Art – denke ich aber wirklich, dass ein solcher
Weg gangbar wäre und dass wir so sehr viel direkter und schneller die Wünsche unserer Bürger erfüllen könnten. Wir würden

selbst entscheiden, hätten Planungssicherheit und würden gestalten können. Wir wären unabhängig von gefährlichen Schwankungen von Angebot und Nachfrage bei der Umsetzung. Beinahe jeder, der für den kommunalen Bereich als Auftragnehmer tätig ist, der weiß, dass wir bei geförderten Projekten immer auch Zwängen wie Laufzeiten von Fördermittelbescheiden etc. unterliegen. Das wiederum hat Einfluss auf die Preise. Denn irgendwann müssen wir die Aufträge vergeben, ob das gerade in die Marktlage passt oder nicht und ohne Rücksicht darauf, was es mit dem Budget macht. Ich möchte nicht wissen, wie viel öffentliches Geld allein deshalb ausgegeben werden muss, weil dem Zuwendungsempfänger, also der Stadt oder Gemeinde, die Zuwendung bei weiterem Zuwarten auf bessere Angebote verloren gehen würde oder weil die Projekte wegen der Bindefristen der Mittel bereits begonnen sind, was kein Zurück mehr zulässt. Wir selbst haben schon oft bei größeren Projekten Strafzinsen in Kauf genommen, die wir für zu spät ausgegebene Mittel zahlen müssen, weil ungewiss war, ob wir bei Rückgabe des einmal erkämpften Förderbescheids später erneut berücksichtigt werden würden. Sieben Prozent werden hier derzeit fällig, was schnell ein paar Tausend Euro sind. Aber lieber zahlt man die, als dass man am Ende eine wichtige Maßnahme möglicherweise streichen muss, weil man nicht noch einmal in den Genuss des notwendigen Geldes kommt.

Natürlich würde eine solche Änderung des Prozederes noch mehr Verantwortung von jedem verlangen, der mitentscheidet. Aber genau das wollen Menschen, die sich um ein Ehrenamt als Stadtrat oder Gemeinderat bemühen, und natürlich wollen das auch wir Bürgermeister. Und ganz ehrlich: Bei den derzeit komplexen Förderbedingungen ist ohnehin so manche Unterschrift, die man als Bürgermeister leistet, ein potenzieller, ungewollter Verstoß gegen geltendes Recht. Da wäre mir die direkte Verantwortung wirklich lieber.

# Die letzte Meile der Politik

Als Politiker der letzten Meile, so bezeichne ich uns Bürgermeister, weil wir der nächstgelegene und oft einzige Infopoint sind, den die Politik dem Bürger zu bieten hat. Der Bürgermeister ist als Endpunkt der Entscheidungskette des politischen Orbits dem komplexen Wahnsinn von Bürokratie, Regelwerk und Verwaltung besonders ausgesetzt, vor allem dann, wenn er wie viele meiner Kollegen jeden Tag im Kleinen versucht, Fehlentwicklungen zu vermeiden und langfristig sinnvolle Wege zu beschreiten. Denn solange der Rest des politischen Spektrums – vor allem sein stetig wachsender populistischer Ausschnitt – den Menschen einfache Lösungen verspricht, ohne dafür die Möglichkeiten zu schaffen, ist es schwer, eine andere Art von Politik an der Basis noch sinnvoll zu vermitteln.

Diese Schwierigkeiten spiegeln sich in der täglichen Arbeit wider. Stadt- und Gemeinderäte, die im Ehrenamt versuchen, eine Stadt und ihre Bedürfnisse zu entwickeln, sind gleichermaßen davon betroffen. Denn bedingt durch Komplexität und Misstrauen gegenüber der Arbeit vor Ort, werden mehr und mehr finanzielle Mittel weg von den Kommunen hin zum Freistaat verteilt. Das geschieht natürlich nicht offiziell, aber inoffiziell schon, indem man nämlich – wie oben beschrieben – beträchtliche Summen aus dem Vermögen des Freistaats unter den Vorbehalt eines positiven Förderantrags stellt. Oder man verschiebt finanzielle Mittel in sonstige Haushaltspositionen, aus denen heraus sie dann zugeteilt werden können. Geld wird somit nicht direkt gegeben, sondern zu einem zu beantragenden Gut gemacht. Diese zumeist von der Sächsischen Aufbaubank verwalteten Förderprogramme sind langwierig und kompliziert und damit im Ausgang eher ungewiss. Dass die gängige Praxis ist, wie sie ist, hat zwei Gründe: Der eine ist schlicht eine Machtfrage, der andere ein gehöriges Maß an Zweifel, ob die gewählten Gremien vor Ort auch wirklich in der Lage sind, sinnvoll mit den Mitteln umzugehen. In Zeiten der verfassungsrechtlich garantierten kommunalen Selbstverwaltung und freier Wahlen vor Ort ist das eine zumindest als nicht zeitgemäß zu bezeichnende Tendenz.

Die Folgen sind dramatisch. Zum einen verlängern sich von der Stadt und ihren Gremien beschlossene, also als wichtig erachtete Projekte teils um Jahre, oder sie werden gar nicht realisiert, weil keine Mittel gewährt werden oder schlicht kein Geld mehr im entsprechenden Topf ist. Zum anderen lernen die gewählten Volksvertreter der kommunalen Ebene, dass sie mit ihrem Gemeinde- oder Stadtratsbeschluss ein Projekt nicht wirklich beschließen, sondern lediglich eine Art Absichtserklärung abgeben, und die wahre Entscheidungsgewalt über das Wohl und Wehe der Sache bei denen liegt, die über die Vergabe der Fördermittel entscheiden, die Förderrichtlinien schreiben und deren Ziele festlegen. Die wohnen nicht in der jeweiligen Stadt, sondern folgen großen Linien, die in Fraktionen und am Kabinettstisch festgelegt werden. Auf unserer Ebene kann man dieses Geschehen eigentlich nicht beeinflussen. Und so warten wir alle Jahre wieder gespannt, welche Förderschwerpunkte denn diesmal gesetzt werden. Wenn man Glück hat, passen die zu den eigenen Entwicklungszielen. Wenn man kein Glück hat, dann nicht.

So widerfuhr es uns 2018, dass der Freistaat Sachsen mal eben eine Pro-Kopf-Investitionspauschale pro Schüler erfand. Prinzipiell eine wirklich gute Sache, wäre da nicht der Haken, dass wir in unserem Haushalt die nötige Gegenfinanzierung nicht parat hatten, die es brauchte, um aus dem Geld ein sinnvolles Projekt zu machen. Denn als wir den Haushalt aufstellten, ahnten wir davon noch nichts. Da wir gerade intensiv investierten und aus den ständig steigenden Baupreisen einige Risiken abfedern mussten, hatten wir auch keine freien Spitzen. So mussten wir passen, obwohl auch wir sehr gern und dringend in Schule investieren wollen. Wenn wir wieder eigene Mittel frei haben, steht zu erwarten, dass dann die Förderung eines Schulhausbaus gerade nicht auf dem Zettel stehen wird.

Die Arbeit in den Städten und Gemeinden wird nicht nur immer komplexer, sondern ist von so vielen Fremdfaktoren bestimmt, dass eine langfristige Entwicklung, das Verfolgen einer Strategie schwerfällt. In größeren Städten, die derzeit von Bevölkerungswanderungen hin zum urbanen Leben und von teils gewaltigen Gewerbesteuereinnahmen profitieren, mag dies noch ein wenig anders sein. Dort erwachsen durch den massiven Zuzug aus dem ländlichen Raum allerdings andere Probleme, weil es eine Herausforderung geworden ist, in solchen Sehnsuchtsorten ausreichend viele Schulen und Kitas bereitzustellen. Auch ein Punkt, der uns zu denken geben sollte. Wenn wir es nämlich schaffen würden, den ländlichen Raum gerade in der Nähe größerer Städte zu stärken, könnten wir solche Fehlentwicklungen erheblich dämpfen.

Bei uns im politischen Kleinstraum produzieren die ständige Unterfinanzierung, die stetig wachsende Bürokratie und die sinkende Ermöglichungshaltung einen besorgniserregenden Trend. Neben der wachsenden Entpolitisierung ganzer Altersgruppen, die eine ehrenamtliche Tätigkeit als Stadt- oder Gemeinderat ablehnen, droht uns auch die Klientel abhandenzukommen, die ehedem ernsthaft an Mitarbeit interessiert war. Mehr und mehr ehrenamtliche Würdenträger quittieren ihren Dienst aus Protest gegen diese schleichende Entmündigung, die die Folge all dieser zuvor beschriebenen Mechanismen ist. Für mich als Bürgermeister ist das eine sehr schwierige Entwicklung, weil ich auf sachverständigen, motivierten Rat angewiesen bin. Eine stetige Verlangsamung aller Prozesse ist die Folge – bis hin zum Stillstand.

## Die Unmöglichkeit, einen Sportplatz zu bauen

Ein Beispiel für diese Art der Ausbremsung ist der Neubau eines simplen Sportplatzes in unserer Stadt. Aus der alten Sportanlage, die derzeit nur aus einer großen Wiese mit zwei Fußballtoren besteht, soll eine moderne Sportanlage werden. Sport, so haben wir im Stadtrat einhellig festgestellt, ist ein wichtiger Standortfaktor für unsere Stadt, denn wir wollen vor allem für Familien attraktiv sein. Leider haben wir bislang keine wirklich gute Sportanlage. Diese Bestandsaufnahme geschah vor fast fünf Jahren, und der Beschluss, einen Sportplatz zu bauen, war eine meiner ersten Richtungsentscheidungen als Bürgermeister. Dabei, so sagte ich damals, sollte nicht nur ein Meilenstein für den Freizeitsport geschaffen werden. Es sollte auch der alte Name verschwinden, den ich als nicht mehr zeitgemäß empfand: Jahn-Kampfbahn. Nun ist nichts gegen Turnvater Jahn einzuwenden. Allein das Wort »Kampfbahn« störte mich ein wenig.

Im Januar 2019, kurz nachdem es endlich mit dem Bau losging, sehe ich das anders. Inzwischen hat das Projekt die Bezeichnung »Kampfbahn« wirklich verdient. Denn der Weg zu einem neuen Sportplatz führte über die langen und mühseligen Bahnen der Bürokratie, durch die Aufbaubank des Freistaats und schließlich sogar in das Büro des Innenministers und nicht, wie es eigentlich sein sollte, über das Votum der Räte unserer Stadt. Dabei hatten wir bei einer Förderquote von gerade einmal 30 Prozent mit rund einer Million Euro schon den Löwenanteil der Investition aus den knappen Mitteln unseres Haushaltes selbst beigesteuert und damit mehr als deutlich signalisiert, dass wir uns das Projekt reiflich überlegt hatten.

Es begann eigentlich sehr gut. Ich lud die großen Sportvereine und die Schulen der Stadt zu einer Sitzung. Die Idee dahinter war, nicht am grünen Tisch eine Sportstätte zu planen, sondern

diese an den tatsächlichen Bedürfnissen der Sportler auszurich-
ten. In mehreren Runden formte sich ein Anforderungskatalog,
der sich eher bescheiden als luxuriös gestaltete. Man wollte einen
Kunstrasenplatz, weil zeitgleich zum Neubau eine alte Anlage im
Hochwassergebiet aufgegeben werden sollte und deshalb die Be-
spielbarkeit des dann einzigen Platzes in der gesamten Stadt sehr
wichtig ist. Zudem wurde eine 100-Meter-Laufanlage von Schule
und Leichtathletik ebenso gewünscht wie eine Weitsprungan-
lage. Dazu Flutlicht und ein Funktionsgebäude mit Umkleiden,
Toiletten und Duschen. Ergänzt werden sollte das Ganze durch
eine Kleinfeld-Multifunktionsanlage, die wir für alle, also auch
für Familien und nicht vereinsorientierte Kids, offen halten wollten. Diese Anlage war zuvor schon in einem anderen Förderprogramm untergekommen, weil der Freistaat Sachsen gerade mit
»Brücken in die Zukunft« einen Aufschlag in Richtung Bürger-
zufriedenheit gewagt hatte. Eher zufällig, denn zu diesem Zeitpunkt – Gott sei Dank – waren die Pläne schon fertig und die
Eigenmittel geplant. Wir mussten quasi nur noch zugreifen und
nicht hektisch nach irgendetwas suchen, was die uns zugeteilten
Fördermittel sinnvoll unterlegt.

Der gesamte Rest, der aufzuwenden war, lag in Summe bei 1,3
Millionen Euro. Für eine Stadt wie die unsere ist das eine Groß-
investition. An sich also wäre die einstimmige Entscheidung
des Stadtrats für eine solche Investition ein deutliches Signal an
einen weit entfernten Sachbearbeiter der besagten Aufbaubank,
dass wir das irgendwie ernst meinen könnten und diesen Schritt
vernünftig abgewogen haben.

Wir stellten also den Antrag auf Förderung. 285.000 Euro sollten aus der Landeskasse in unsere Stadt fließen, die zu diesem
Zeitpunkt gerade einmal über eine Kleinsportstätte für ihre 4300
Einwohner verfügte, die wir bereits im Jahr zuvor für die Grundschule errichtet hatten. Ob Breitensport nicht ohnehin viel groß-

zügiger gefördert werden sollte, kann man zudem diskutieren. Immerhin ist Sport eine wichtige Komponente gesunden Lebens und bedeutet zudem durch die Vereinsarbeit auch Zusammenhalt im Kleinstraum. Diese Wichtigkeit wird in der Landespolitik offenbar nicht ganz so gesehen. Das ist ein Fehler, sind doch kleinere Kommunen wie die unsere bei der Schaffung solch weicher Standortfaktoren ernsthaft benachteiligt. Dennoch nahmen wir den Anlauf. Der Antrag ging raus und es geschah – nichts. Sehr lange sogar.

Nun ist es nicht so, dass wir als Kommune lange Wartezeiten bei Entscheidungen der verschiedenen Institutionen nicht gewöhnt wären. In diesem Fall gestaltete sich die Sache doch sehr besonders. Monatelang blieben wir ohne jede Nachricht. Erst durch eine Nachfrage bei der SAB in einer anderen Sache erhielten wir zwischen den Zeilen die Auskunft: Unser Antrag war abgelehnt. Meine Frage, wann wir dies regulär erfahren hätten, ging ebenso ins Leere wie die Frage nach dem faktischen Grund der Ablehnung. Man habe ein internes Punktesystem zur Bewertung dieser Art von Vorhaben, hieß es. Und unsere Punktezahl habe eben nicht gereicht. Was denn genau nicht ausreichend war, wollte ich wissen. Die Antwort: Das dürfen wir Ihnen nicht sagen. Das »Scoring« sei intern und eine Auskunft nicht vorgesehen. Mein Einwand, ich könne ja schlecht einen Antrag nachbessern, wenn ich nicht wüsste, woran dieser gescheitert sei, führte ebenso ins Nichts. Intern sei intern. Fertig. Meine Ankündigung, die Sache ganz sicher nicht einfach hinzunehmen, und meine erneute, telefonisch vorgetragene Bitte, gemeinsam einen Weg zu suchen, um das Vorhaben zum Erfolg zu führen, änderten daran nichts.

Es dauerte eine Weile, bis ich nach diesem Telefonat die Fassung zurückgewonnen hatte. Die Sächsische Aufbaubank gehört dem Freistaat. Und damit schließlich den Bürgern des Landes. Das Geld, welches dort verwaltet wird, stammt aus dem Fiskalaufkommen des Freistaats Sachsen, welches wiederum zu ganz erheblichen Teilen von den Bürgern dieses Bundeslandes erwirtschaftet wird. Warum also eine solche Bank mir als gewähltem Vertreter der Bürger meiner Stadt eine Auskunft verweigert, ist für mich nicht nur nicht nachvollziehbar, ich halte dies schlicht für eine Unmöglichkeit. Was eben noch ein normales Antragsverfahren war, wurde nun zu einem Gefecht. Mithilfe unserer Bundestagsabgeordneten eskalierte ich die Sache bis ins Staatsministerium des Innern. Denn der Innenminister ist ja zugleich auch Sportminister des Landes. Es dauerte nicht lange, und der Vorgang landete bei der dortigen Stabsstelle. Zwei Telefonate später hatte ich die Auskunft, welche Punkte im Scoring fehlten. Plötzlich war intern nicht mehr intern.

Eine erste Analyse ergab: Zum einen wurde bemängelt, dass die Sportstättenkonzeption der Stadt veraltet sei. Zum anderen wurden uns Punkte dafür abgezogen, dass sich der Landkreis an der Investition nicht beteiligt hatte. Der erste Einwand war unsinnig, weil zwar die Konzeption einige Jahre alt war, sich aber nichts an Demografie und sonstigen Eckpunkten geändert hatte. Schon diese einige Jahre alte Konzeption zeigte deutlich, dass die Stadt mindestens eine Sportanlage mehr dringend gebrauchen könne. Der zweite Einwand lief bei uns genauso ins Leere. Unser Landkreis nämlich hatte sich Jahre zuvor grundsätzlich entschieden, die Sportvereine selbst und nicht die Investitionen der Kommunen zu unterstützen – ein guter Ansatz, wie ich finde, der hier aber quasi unverschuldet zu Punktabzug geführt hatte, denn eine Beteiligung des Landkreises am Projekt war gar nicht möglich. Diese simple Sache hätte man in einem vernünftigen Miteinander zwischen Antragsteller und Bearbeiter klären können.

Wir arbeiteten den Antrag nach. Ein Gespräch mit dem Kreissportbund und dem Landkreis brachte uns dabei erheblich weiter. Hierbei griff ein glücklicher Umstand. Der Chef des Kreissportbundes unseres Landkreises ist zugleich die rechte Hand des Landrats und zudem der Sache Sport mit Herz, Hand und Seele verschrieben. So stellte der Landkreis über den Umweg einer direkten Vereinsförderung eine Beteiligung mit 10.000 Euro an der Laufanlage in Aussicht, eine symbolische Unterstützung, um die Wichtigkeit der Anlage aus Kreissicht zu belegen. Das geschah auf diesem Weg, um nicht den eigentlich festgezurrten Grundsatz durch eine »Lex Augustusburg« auszuhebeln. Der Kreissportbund sagte ebenfalls seine Unterstützung für das Konzept zu. Zudem bekamen wir auf Initiative des Innenministeriums noch einmal einen Termin bei der Aufbaubank. Vorlauf knapp vier Wochen. Genug Zeit also, das inzwischen beinahe 80-seitige Konzept- und Antragswerk noch einmal grundlegend zu überarbeiten. Da dies etwas ist, was man nebenbei in kreativen Stunden erledigen muss, nahm ich das Konvolut mit nach Hause. Drei Nächte später war das Werk fertig und ging als digitale Kopie per E-Mail und mit Versandbestätigung an den zuständigen Sachbearbeiter der Bank. Zustellung bestätigt. Alles gut.

Vier Wochen später sollte der Termin in Dresden stattfinden. Zur Verstärkung wollte der Chef des Kreissportbundes mitkommen. Alle Zeichen standen auf Lösung, dachte ich. Doch das Erwachen kam schon bei der Begrüßung in einem der großen und hellen Besprechungsräume, auf deren Tischen stets Kekse und Kaffee bereitstehen. Schon beim »Guten Tag«-Sagen schlug meine Stimmung von »geht los« auf »kann nicht sein« um. Da nämlich fragte mich der Sachbearbeiter, ob ich den Antrag noch einmal ausgedruckt dabei hätte. Er hätte den Anhang der Mail nicht öffnen können, habe diesen folglich nicht bei der Hand. Vier Wochen Vorlauf und dann diese Frage, die eindeutig sagte: Ich kenne die neue Variante Ihres Antrags nicht. Jeder meiner Mitarbeiter, der bei diesem Vorlauf eine solche Gesprächsvorbereitung offenbaren würde, hätte ein ernsthaftes Problem. Während ich also einmal mehr um Fassung rang, öffnete sich erneut die Tür und einer der leitenden Mitarbeiter der Bank betrat den Raum. Offenbar – und zu unserem Glück – hatte das Ministerium für diesen Auftritt gesorgt. »Schauen wir mal, wo wir die fehlenden Punkte für die Stadt Augustusburg finden«, eröffnete der Mann das Gespräch. Das Ziel war damit klar vorgegeben. Keine halbe Stunde später war alles entschieden. Ein paar Tage nach dem Termin in Dresden wurde uns per Telefon der Förderbescheid angekündigt. Wieder ein paar Wochen später kam der Innenminister persönlich nach Augustusburg, um uns den Bescheid zu überbringen. Ein symbolträchtiger Akt, aber zugleich auch die Bestätigung, dass sich etwas unfassbar Kompliziertes zugetragen hatte.

## Ermächtigt die Kommunen!

Nun kann man sagen, dass es am Ende ja gut ausgegangen ist und doch alles funktioniert hat. Darauf erwidere ich: Nichts hat funktioniert. Was, wenn niemand das Kreuz hat, das Ministerium direkt zu bemühen? Oder anders. Warum muss der Bau eines Sportplatzes im Irgendwo zur Ministersache erklärt werden, damit das Antragswesen funktioniert? Für mich ist gerade dieses Projekt ein deutliches Signal, dass wir grundlegend neu denken müssen, zu einem Miteinander kommen müssen, das eine Ermöglichung von Dingen und nicht deren Ablehnung zur Folge hat. Das beginnt bei der Bemessung von Haushaltmitteln und endet bei den Vorgaben für die Mitarbeiter einer Bank, die im Sinn ihrer Eigentümer handeln sollte.

Oder ich sage es noch grundlegender: Es wäre alles in dieser Form nicht notwendig, gäbe der Freistaat ein Stück Macht an die Kommunen zurück. Und zwar über den Weg einer besseren finanziellen Grundausstattung der dortigen Haushalte. So würde man den gewählten Gremien vor Ort wieder Sinn geben. Dann nämlich müssten wir entscheiden, müssten selbst priorisieren. Wir selbst könnten dann wirklich steuern, und die Vorhaben, die wir im Sinn unserer Bürger als wichtig erachten, könnten direkt starten. Ohne Kampf. Ohne Verfahren und Tausende von Antragsseiten und ohne schmerzhafte Gefechte, die keinem der Beteiligten gefallen. Und wir könnten dem Bürger auch wieder erklären, warum das eine oder andere jetzt und anderes wiederum erst später funktioniert. So aber befinden wir uns in einem demokratiefernen Zufallsgenerator, der von Dresdner Schreibtischen aus entscheidet, was in unseren Städten und Gemeinden wichtig ist. Das ist der falsche Weg. Der Zustand, der daraus folgt, ist verheerend und zahlt wesentlich auf die derzeitige Stimmungslage ein.

## Fährt der Zug der Digitalisierung ohne uns ab?

Dass bei dieser Funktionsweise grundsätzlich auch sehr wichtige Prozesse gänzlich katastrophal enden können, zeigt das Beispiel der Digitalisierung. Hier bewegt sich die gesamte Republik auf dem Niveau eines Drittweltlandes, und allenfalls bei den Preisen, die man hierzulande für die Teilhabe an der schönen neuen Welt zahlen muss, sind wir Spitze. Schon allein das von der Kanzlerin geprägte Sinnbild »Neuland« zu Zeiten, da ein Sechsjähriger problemlos auf dem Tablet seinen YouTube-Channel findet, beschreibt diesen unfassbaren Zustand in einem einzigen Wort. Auch im Freistaat Sachsen ist das nicht anders. Wie meine Versuche der politischen Einflussnahme zum Konjunktiv umdefiniert wurden, habe ich ja bereits beschrieben. Die Historie dieser Entwicklung zeigt, wie ein Prozess durch pure Fehleinschätzung seiner Dimension zum kompletten Kopfstand führen kann. Zunächst definieren wir Digitalisierung über den Bau von Netzen. Dabei ist das lediglich der kleinste, der planbare Teil der Veranstaltung. Also quasi die Schiene, auf der mal Züge fahren sollen, von denen wir noch nicht wissen, wie sie aussehen werden, deren Fahrplan komplett unklar ist und deren künftige Fahrgäste nicht mal wissen, wie sie an eine Fahrkarte kommen und was um alles in der Welt sie dazu bewegen sollte, in diesen Zug einzusteigen.

Als ich im Oktober 2013 ins Amt kam, begann die politische Welt gerade, über diesen ersten Schritt nachzudenken: den Ausbau der Breitbandnetze. Schon hier, beim planbaren Teil der Operation Zukunft, begann die Katastrophe ihren Lauf zu nehmen. Aus einem Grund, der sich mir bis heute nicht erschließen will, war man auf die Idee gekommen, diese Jahrhundertaufgabe, ja die wichtigste Infrastrukturaufgabe der Neuzeit, die wir ohnehin schon grandios verschlafen haben, auf die Kommunen abzuwälzen. Mit der Begründung, wir würden uns in unseren Orten am besten auskennen, sollten wir nun den Bau dieser hochmodernen Netze selber organisieren. Gefördert von Bund und Land zu 90 Prozent. Nun klingen 90 Prozent nach viel, und für eine prosperierende Stadt mag ein Eigenmittelanteil von zehn Prozent auch machbar sein. Bei einer Investition von 5,3 Millionen Euro allerdings sind zehn Prozent für unseren Haushalt eine ziemlich unlösbare Herausforderung. In der beschriebenen Gesamtsituation ohnehin. Dazu kommt, dass der gesamte Prozess, der in hohem Maß Fachwissen und Kapazitäten verlangt, bis dato von noch keiner Kommune Deutschlands durchgeführt worden war.

Für viele Kollegen war der Netzausbau deshalb von Anfang an das, was man einen Verschiebebahnhof nennt. Am Ende kann man das keinem übel nehmen. Wer stürzt sich schon mit wehenden Fahnen in ein Projekt, von dem er keine Ahnung hat und an dem sechs Nullen hängen? Und seien wir ehrlich: Niemand käme auf die Idee, den Bau einer Autobahn, die über – sagen wir mal – das Territorium von zwanzig Kommunen verläuft, in deren Hände zu geben. Frei nach dem Motto: Hey, Bürgermeister, organisier mal eine Mehrheit im Gemeinde- oder Stadtrat, besorg mal die Fördermittel und das Baurecht und dann leg mal los. Einen derartigen Zufallsgenerator in Gang zu setzen, würde doch bei keinem anderen Thema ähnlicher Dimension ernsthaft jemandem einfallen. Doch bei der Digitalisierung geht das. Warum? Weil die Bedeutung der Sache offenbar nicht klar ist. Eine Autobahn ist eben wichtig. Eine Datenautobahn hingegen ist ein unbekanntes Wesen. Und so passierte, was zu erwarten war, lange, lange nichts. Es waren nicht gerade wenige Kommunen, die nach den ersten Evaluationen vor der Dimension und Unübersichtlichkeit der Aufgabe zurückschreckten und die Förderbescheide zurückgaben.

In Augustusburg nahmen wir den Ball dennoch auf, denn uns war sehr schnell klar: Das ist eine Riesenchance. Vielleicht die größte nach Dampfmaschine, Elektrifizierung und Eisenbahn zusammen. Gerade für eine Stadt im ländlichen Raum, im wirtschaftlichen Outback, bietet eine hochmoderne Erschließung die Möglichkeit, neues Leben zu erfinden. Wir haben keine Gewerbegebiete, sind eine historisch wunderschöne Stadt und von Landschaftsschutz umzingelt. Was liegt da näher, als zu versuchen, mittels dieser Investition Kreative anzulocken, die es wertschätzen, Leben und Arbeiten hier bei uns neu zu definieren? Die über die Wertschöpfung und die Wertschätzung verfügen, alte Substanz neu zu gestalten? Und dabei unser Standbein des Tourismus nicht infrage stellen? Unser Stadtrat folgte dem Ansinnen mit übergroßer Mehrheit, beflügelt von der Kompetenzvermutung, ich als ehemaliger Digitalarbeiter wisse schon, wie das geht. Bewaffnet mit viel Willen, einem Konzept für eine digitale Stadt, das ich geschrieben hatte, und ausgerüstet mit 50.000

Euro Pauschalförderung des Bundes für Beratungsleistungen, starteten wir in ein großes Experiment. Ehrlich gesagt, ist es bis heute eine Art Himmelfahrtskommando, denn auch hier bewegen wir uns in einem Dschungel von Regeln, die man sich nicht mal ausdenken könnte, wenn man es müsste.

Schon von Beginn an war klar: Wir sind auf der falschen Spur unterwegs, der Kriechspur. Ein finanziell kaum leistbares Projekt hatte Ausbauziele, die mit 50 MBit Übertragungsrate eher im Vorgestern als im Übermorgen anzusiedeln sind. Wir bewegten uns mit unserem Vorhaben in Konkurrenz zur Telekom, die nicht sehr begeistert war von der Idee, ihre letzte Meile, die Basis ihres Geschäftsmodells, an kommunale und freie Netze zu verlieren. So war es nicht verwunderlich, dass auch die Grundlage unseres Handelns eher einem juristischen Minenfeld und konzeptionellen Flickenteppich als einem wirklichen Modernisierungskonzept eines führenden Industriestaats auf dieser Erde glich. Die viel zu tief gehängten Ausbauziele sind sehr im Sinn des bisherigen Platzhirschs, da dieser gerade im ländlichen Raum statt teurer Glasfaser lieber das gute alte Kupferkabel verlegt, das aber bisher bei Übertragungsraten von mehr als 50 MBit so seine Mühen hat.

Neben dieser grandiosen Zielverfehlung weist aber auch das Gesetz selbst eine entscheidende Lücke auf. Denn es lässt einen geförderten Netzausbau nur dort zu, wo kein privates Unternehmen anzeigt, dies aus eigener Kraft zu tun. Zudem ist ein Ausbau überall dort verboten, wo die Telekom einen Hauptverteiler betreibt und damit theoretisch die Menschen im direkten Umfeld mit 100 MBit versorgen könnte. So weit, so sinnvoll. Schließlich muss man nicht dort fördern, wo ein Wirtschaftsunternehmen selber zu bauen gedenkt. Doch leider reicht dem Gesetz die pure Absicht ohne Verpflichtung. Das bedeutet: Überall da, wo die Telekom (oder auch andere Anbieter) erklärt, sie würde even-

tuell in den kommenden drei Jahren ausbauen, und zudem überall da, wo sie jetzt schon versorgen könnte, darf kein geförder-
tes Netz entstehen. Dass dabei die Absicht und ein theoretisches
»versorgen könnte« ausreicht, ohne im Gegenzug den jeweiligen
Anbieter verbindlich zum Netzausbau zu verpflichten, grenzt an
Wahnsinn. Denn das bedeutet im Umkehrschluss: Es kann alles
passieren. Von einem schlechten, nicht zukunftsfähigen Ausbau
(weil ohne Glasfaser) bis zu gar keinem Ausbau in drei Jahren ist
alles möglich.

Auch wir hatten prompt eine Eigenausbauanzeige der Telekom
auf dem Tisch, die weite Teile unseres Stadtgebiets betraf. Was
zur Folge gehabt hätte, dass wir nur noch Lücken hätten schließen können. Die Zukunft? Bei uns ein Flickenteppich. Während
wir Glasfaser bis in die Häuser planten, setzt die Telekom noch
immer auf das gute alte Kupferkabel. Ein Gigabit-Netz der Zukunft sieht anders aus. Und so begann auch dieses Projekt mit
einem Kampf. Zum einen wehrten wir uns per Stadtratsbeschluss
gegen diese sehr unverbindliche Absichtserklärung, die keinerlei Umsetzungstermine nannte. Zum anderen schrieb ich einen
Brief an das zuständige Wirtschaftsministerium und die Staatskanzlei, der das gesamte Verfahren hinterfragte und vor allem
die Finanzierung infrage stellte. Da wir bereits begonnen hatten,
uns in Bürgermeisterkreisen zu diesem Thema intensiv auszu-
tauschen, wurde mein Schreiben zu einem Kettenbrief. Rund 50
Kollegen sandten es gleichlautend, gesiegelt und unterschrieben
ebenfalls nach Dresden. Das Ergebnis war eine lange und breite
Debatte, die schließlich darin mündete, dass der Freistaat seinen Förderanteil anhob und wir inzwischen eine reale 100-Pro-
zent-Finanzierung haben. Und auch die Eigenausbauanzeige der
Telekom konnten wir abwenden und bauen nun ein konsistentes
Glasfasernetz. Das ist doch schön, denken Sie jetzt. Aber das alles kostete uns zwei volle Jahre. Bis wir fertig sind, vergehen noch

einmal mindestens zwei. Ja, am Ende werden wir ein zukunftsfähiges Netz haben, aber es kommt sehr, sehr spät. Zudem müssen wir rechtzeitig Firmen finden, die unser Netz überhaupt bauen wollen, denn jetzt beginnt der Kampf um knappe Kapazitäten im Tiefbau. Wir sind ja nicht die Einzigen, die gerade ein paar Kilometer Glasfaser vergraben wollen. Es bleibt also spannend. So spannend wie die Frage, wie wir den gesamten Verwaltungsaufwand rund um das Projekt bewerkstelligen sollen. Aber das ist dann schon beinahe Nebensache.

## Die Politik ist in der Pflicht

Noch viel spannender als diese Basisarbeit ist die Frage, was wir denn mit diesen Netzen anstellen wollen. Die Antwort darauf ist im Freistaat Bestandteil des Kanzlerinnen-Neulands. In den Schulen kaum thematisiert und bei der breiten Masse eher ein Angstthema, ist die Digitalisierung die künftige Herkulesaufgabe. Weil das Thema angstbesetzt und komplex bleibt, hat es keine wirkliche politische Einschaltquote, jedenfalls nicht beim Wähler. Sieht man mal davon ab, dass der schon ein bisschen schneller bei Amazon bestellen und auch sehr gern 4K-Filme streamen möchte. Womit wir wieder an dem Punkt wären, dass Politik dem Bürger nicht nur sagen sollte, was er hören will, sondern auch das, was er wissen muss. Das ist in diesem Fall, dass es eine unaufhaltbare Evolution gibt, der sich keiner verweigern kann. Diese Wahrheit scheuen wir und setzen damit unsere Zukunft sehenden Auges aufs Spiel. Die digitale Evolution findet vorerst ohne uns statt. Der Abstand von uns zur Zukunft vergrößert sich zusehends. Das mag jetzt alles übertrieben klingen. Ich bin überzeugt, dass es nicht übertrieben ist: Die kommenden Jahre werden schneller denn je massivste Veränderungen in immer kürzerer Zeit bringen. Diese Veränderungen könnten wir allesamt zum Vorteil nutzen. Wir werden sie aber verpassen, weil wir einmal mehr zu langsam sind. Dieses Verpassen könnte dramatische Folgen für das Land mit sich bringen wie die mangelnde Konkurrenzfähigkeit unserer Wirtschaft und die Überforderung jedes Einzelnen beim Wandel von Arbeit an sich. Am Ende könnte das sogar einen Exodus kluger Köpfe und Technologien bedeuten. Ein solcher Braindrain wird das Land noch weiter in die Problemzone führen.

Es gibt auch Lichtblicke. Es gibt Gegenden wie Bautzen oder Nordsachsen, wo der jeweilige Landkreis wenigstens den Netzausbau bündelt, damit die Kommunen entlastet und größere Netzbereiche zusammenhängend plant und auch baut. Dass dieses Beispiel die Ausnahme darstellt und nicht die Regel, zeigt, dass hier etwas gehörig falsch läuft, obwohl es Heerscharen von Menschen gibt, die sich mit der Materie hauptamtlich beschäftigen und die umzingelt sind von Beratern. Diese Menschen müssten hier ganz anders agieren, verweisen bei Kritik aber gern darauf, dass ja nun doch endlich immer mehr Kommunen Förderanträge stellen. Dabei verschweigen sie, dass wir längst zu spät sind.

Es wird niemanden wundern, dass vor diesem Hintergrund auch die Digitalisierung der Kommunen noch immer mehr Wunsch als Plan ist. Seit wenigen Monaten erst ist in der Sache Bewegung zu spüren, ein Lüftchen bloß, noch nicht der erforderliche Sturm. Die Änderungen, die wir hier vollziehen müssen, sind so groß und stellen das System so vollständig infrage, dass das System das Interesse an ihnen nicht entwickeln kann. So droht die Langsamkeit auch hier zum Stillstand zu werden. Der Rest der Welt rast inzwischen an uns vorbei. Bei einer dieser nun häufiger stattfindenden »Zukunftsveranstaltungen« sprach ein estnischer Minister darüber, wie digitale Verwaltung in seinem Land bereits Alltag ist. Es gab Zeiten, da hätte uns das sehr beschämt.

Dies alles zeigt: Wir produzieren Stillstand. Durch Komplexität, überbordende Regelungswut. Wir schaffen immer mehr Minenfelder, die die täglichen Entscheidungen für alle Beteiligten zur Existenzfrage werden lassen. Wer wundert sich im Wissen um diese Hintergründe, dass pragmatische Entscheidungen Mangelware bleiben? Im Ernst wohl niemand. Längst hat sich das Achselzucken auf der Handlungsebene, der Verweis auf die Nichtzuständigkeit zur Normalität entwickelt. Das führt dazu, dass der Ton rauer wird. Wir, deren Profession es ist, im bezahlten Arbeitsalltag an diesem Ringen um ein kleines Vorwärts teilzunehmen, müssen das aushalten. Schließlich haben wir uns wählen lassen. Bei den Mitarbeitern der Verwaltung, der Landratsämter, Landesdirektionen und Rathäuser aber erzeugt es nur Frust. An der Schnittstelle zum Bürger werden all diese Schwächen brutal sichtbar. Hier ist der Kaiser nackt. Oft müssen die Mitarbeiter vertreten, was widersinnig und überkomplex ist. Sie haben meist keinen Verhandlungsspielraum. Falls doch, dann fehlt es sehr oft an der Kultur, diesen auszuüben, weil Fehler selten verziehen werden. Eine sichere Stelle ist am Ende noch immer eine sichere Stelle. Die Mitarbeiter werden da keine Veränderung herbeiführen.

Der Blick auf unsere Nachwendegesellschaft und die vergangenen 30 Jahre des Neuanfangs macht deutlich, dass wir noch immer eine Gesellschaft in Ausbildung sind. Menschen, die heute in Ämtern und Behörden an Schnittstellen zum Bürger arbeiten, sind selbst auch Bürger und haben Erfahrungshorizonte und eine Geschichte. Sie sind Bestandteil dieser Gesellschaft, die in ihrem Aufbau viele Brüche, Schmerzen und Ängste erlebt hat. Einem Aufbau, der viele Fehler machte und wenig Gewicht auf Initiative und Eigenwerk legte. Per Copy-and-paste sollte ein System West auf eine Welt Ost übertragen werden. Das war der schnellste Weg, der beste war es nicht.

# 3
## Wir, die Politik

Hier im Osten über Politik zu reden, ist nicht erst seit der Flüchtlingskrise ein schwieriges Geschäft. Nach erster, kurzer Euphorie im Siegestaumel und mit der D-Mark in Aussicht, blieb das Vertrauen der Bürger in ihre neue politische Welt von Beginn an auf überschaubarem Niveau. Nun droht es gänzlich zu schwinden. Nur jeder dritte Sachse vertraut dem Deutschen Bundestag. Jeder zweite befürchtet, dass das Land an Überfremdung zugrunde geht. Grade mal 40 Prozent der Bürger in Sachsen glauben derzeit noch an die Demokratie. Die Distanz zwischen Politik und Bürger – sie könnte kaum größer sein. Die aktive Politik sieht das noch immer anders, was vielleicht ein Teil des Problems ist. Eine weitere Verschlechterung der Lage ist zu befürchten. Wer verstehen will, woher dieser Trend kommt, der muss auch hier noch einmal ein Stück Historie verstehen und natürlich auch die Frage stellen, ob das Jetzt geeignet ist, an dieser tief greifenden Entfremdung etwas zu ändern.

Auch ich gehöre zur Gruppe der Skeptiker. Und wie bei vielen anderen hat meine Skepsis ihren Ursprung in der Nachwendezeit. Warum das so ist? Weil ich 18 Jahre alt war, als die Mauer fiel. Bis dahin hatte ich mich wie viele andere immer wieder gefragt, wie das alles funktionieren soll, wo denn die Planübererfüllungen aus den Zeitungsberichten steckten, wenn doch die Regale stets leer blieben. Warum wir nicht über Probleme diskutieren konnten, wenn sie doch so sichtbar waren. Das volle Ausmaß der Indoktrination erfasste ich indes nicht und stellte nicht die richtigen Fragen. Als das System schließlich kollabierte und sein wahres Gesicht post mortem zeigte, musste ich begreifen, dass alles lange, lange zu fassen gewesen war und ich es bloß nicht erkannt hatte. Damals schwor ich mir, dass mir das nicht noch einmal passieren würde. Es war die Geburtsstunde meiner Skepsis, die mich seither nahezu manisch zwingt, alles zweimal zu durchdenken und zunächst immer davon auszugehen, dass alles Neue nicht zwingend auch besser ist. Diese Haltung bestimmt nicht nur mein Denken, vielen anderen geht es genauso. Wem schon einmal ein angeblich unsterbliches und überlegenes System abhandenkam, der kann sich so ziemlich alles vorstellen. Vom tradierten Westen unterscheidet uns das ganz erheblich.

Wenn mich heute jemand fragt, warum ich den Weg gegangen bin, mich um das Amt hier in der Stadt zu bewerben und dann noch – drei Jahre nach meiner Wahl als parteiloser Kandidat – in eine Partei einzutreten, dann habe ich eine, wenn auch nicht ganz ernst gemeinte Antwort parat, die alles umreißt. Als ich noch Bürger und sozusagen Betrachter des Ganzen war, machte ich mir Sorgen über die Entwicklung im Land und konkret in meiner Stadt, sage ich dann. Und seitdem ich Teil des Ganzen bin, habe ich Angst, ist die Ergänzung. Natürlich ist das überzeichnet und dennoch im Kern richtig. Tatsächlich beunruhigt mich die Innenansicht unseres Systems des politischen Apparats stetig mehr. Komplexität und Paragraphenwahn herrschen auf allen Ebenen. Gigantische Reibungsverluste fressen Zeit und Geld und zehren Kräfte und Mut auf. Hinzu kommt die tägliche Klärung von Machtfragen zwischen den einzelnen Institutionen. Jeder – vom Landkreis bis zur Ministerialbürokratie – muss offenbar sein Dasein rechtfertigen. Täglich alles sozusagen. Dabei entsteht vielfach eine unbestreitbare und eklatante Realitätsferne auf Arbeitsebene, die ich in den vorangegangen Kapiteln in Teilen beschrieben habe. Das Gesetz im kleinsten Detail steht über allem. Die Lösung als Ziel hat gefühlt den Status des ewigen Zweiten errungen. Auch dies führt dazu, dass die Menschen hier zunehmend das System an sich infrage stellen und irgendwann auch resignieren. Wir, so höre ich oft, können sowieso nichts ändern. Und wir, wir scheinen nicht zu zählen.

Tatsächlich kann ich mich inzwischen selbst des Eindrucks nicht erwehren, dass unsere Ansprechpartner in den übergeordneten Strukturen wie Landkreis, Landesdirektion oder Ministerien oftmals mehr auf Gesetzesblätter als auf die Interessen der Bürger achten, in deren Auftrag sie doch handeln sollen. Oft frage ich mich in solchen Runden, ob wir alle noch wissen, wofür wir da sind. Lösungsorientierung ist eine komplizierte Ausnahme geworden, wo sie doch eigentlich Normalität sein sollte. Ja, auch hier gibt es Ausnahmen. Nicht selten erklären sich Mitarbeiter dieser Institutionen im Rahmen irgendwelcher Verhandlungen zweimal: einmal privat, was meist von Verständnis für die vorgetragene Sache geprägt ist, oft aber bereits eine Rechtfertigung oder Entschuldigung enthält, warum man sich dieser dennoch nicht anschließen kann. Ein weiteres Mal äußern sie sich schließlich dienstlich formell, um dieselbe, zuvor noch verständnisvoll beurteilte Sache kraft Rechtes und Gesetzes abzulehnen.

Selten kommt es vor, dass jemand sich mit dem Willen zur Lösung gemeinmacht und beschließt, daran mitzuwirken. Ich kenne solche Vorgänge zur Genüge. Wenn ich, wie viele Kollegen auch, versuche, pragmatisch nach Wegen zu suchen und sie zu gehen, auch wenn alle sagen, dass dort keine Wege sind, schlägt mir oft ein »Sie immer mit Ihren Ideen« entgegen. Dem Einzelnen kann man das wahrscheinlich nicht vorwerfen, denn augenscheinlich dulden die Strukturen wenig Widerspruch. Aber vielleicht muss man es den Leuten doch zum Vorwurf machen, denn auch die Strukturen sind menschengemacht, sind ein Teil von uns. Sind wir. Und können demnach auch nur von uns verändert werden. Um es ganz deutlich zu sagen: Natürlich müssen wir Recht und Gesetz zur Anwendung bringen. Aber in vielen Punkten ist das Auslegungssache, hat Ermessensspielräume und kann – knallhart ausgelegt – alles unterbinden. Oder – anders ausgelegt – etwas ermöglichen. Diese Wahl gibt es sehr oft. Getroffen wird sie eher selten. Und wenn, dann meist als Ergebnis ellenlanger und ermüdender Diskussionen.

## Der Osten – ein Reservat

Mein Weg in die kleine Politik war und ist für mich der Versuch zu beweisen, dass es auch anders geht, und zu zeigen, dass das System mehr hergibt, als derzeit sichtbar ist. Man kann das System tatsächlich verändern, wenn man sich selbst einbringt. Letztlich war die logische Konsequenz aus diesen Überlegungen, in eine Partei einzutreten, um die Möglichkeiten zur Veränderung zu bekommen. Wir leben in einer Parteiendemokratie. Wer auf politischer Ebene etwas ändern will, muss hier mittun. Natürlich ist das kein Selbstläufer. Eine Parteienmitgliedschaft ist zunächst auch nur das, was ihr Name sagt. Auch als Mitglied einer Partei muss man sich aktiv bewegen, um Dinge in Gang zu bringen. Dass wir uns hierbei oft selbst im Weg stehen, ist leider auch ein Fakt. Die Distanz zwischen Politikern und Bürgern ist bereits so groß, dass selbst gute Arbeit gelegentlich nur noch schwer zu vermitteln ist. Immer häufiger stelle ich in der Diskussion mit dem Bürger fest: Man will gar nicht für etwas sein, sondern erst mal dagegen! Gegen das »Wie immer«, gegen Pauschalität im Urteil und vor allem gegen das Establishment. Denn das ist aus Sicht der Menschen hier kein Ostprodukt. Ja, auch Politik in Deutschland bleibt leider eine westdominierte Veranstaltung. Das wird selbstverständlich genau so wahrgenommen und ist schon deshalb derzeit wenig geeignet, Teil einer wie auch immer gearteten Lösung für die Probleme zu sein.

30 Jahre nach der Wende ist der Osten noch immer der Osten – ein Reservat, wo nach wie vor viele entscheidende Positionen in Ministerien nicht von Ostdeutschen besetzt sind und die großen Parteien mit Ausnahme der Linken auch weiterhin im Kern echte Westparteien sind. Die großen Landesverbände in den alten Bundesländern bestimmen in wesentlichen Teilen über Spitzenpersonal und Richtung. Das ist die Wahrheit. Auch in der SPD, der ich angehöre, ist das so. Da hilft auch nicht der Verweis auf eine Kanzlerin aus Mecklenburg und einen Bundespräsidenten a. D. aus dem Osten. Als meine SPD zum Beispiel über die Frage abstimmte, ob wir in der Großen Koalition verbleiben sollten, da stimmte der Osten fast komplett dagegen. Genutzt hat es wenig. Die katastrophalen Folgen treten jetzt ein, obwohl sie bereits damals sichtbar waren. Der Ostprotest verpuffte, wir sind eben schon rein zahlenmäßig unterlegen. Das wird sich auch nicht ändern, denn wir werden weder größer, noch werden wir mehr.

Wir könnten höchstens lauter und schwerer werden. Doch auch das gelingt uns nicht, weil uns dafür der Mut fehlt. Zudem haben wir uns auf politischer Ebene bereits ein bisschen an unsere eigene Bedeutungslosigkeit gewöhnt. Der Underdog hat seine Position. Ich habe schon oft von Bundestagsabgeordneten gehört: Da können wir nichts machen. Dafür sind wir zu wenige. Das setzen wir nicht durch. Die Schere im Kopf wird geführt von Vernunft und Disziplin. Was dabei stirbt, sind Hoffnung und Phantasie und eine Vorstellung von »was nicht ist, kann ja noch werden«. Auch das ist eine Momentaufnahme aus der Politik im Jahr 2019. Wenn wir also wirklich etwas ändern wollen, dann muss der Osten auch auf diesen Ebenen mehr Gewicht bekommen und mehr Rücksicht erfahren. In der SPD ganz klar mit der Besetzung der nun geplanten Doppelspitze mit einer starken Stimme aus dem Osten. In meinem inneren Ohr höre ich jetzt schon, dass das undankbar ist, angesichts all dessen, was sich bisher milliardenschwer über die ehemalige Zone ergossen hat. Deshalb will ich es ganz deutlich sagen: Es geht hier nicht um Geld. Es geht um Teilhabe, Mitbestimmung und Wertschätzung. Besonders Letztere ist wichtig, weil nur durch sie Identität entstehen kann, die Stolz und Selbstbewusstsein wachsen lässt. Die momentane Missachtung von außen produziert einen anderen Stolz, der aus Trotz und einem »jetzt erst recht« erwächst. Das produziert Widerstand und Rückzug, kein Vorwärts. Und es beflügelt das Neue, das einer Vergangenheit unverdächtig »Alternative« sein will.

Ich selbst akzeptiere das verbale Achselzucken mancher Abgeordneter nicht. Auch wenn ich jetzt reihenweise Protest generiere: Ich stehe dazu. Das habe ich schon oft in Gesprächen zu diesen Themen gesagt. Wer sich in ein solches Amt wählen lässt, geht freiwillig diesen Weg und hat dann auch die Pflicht, sich durchzusetzen. Dies gilt für meine Kollegen wie für mich. Auf uns Bürgermeister kleiner Kommunen und Städte wartet auch keiner auf den Fluren des Dresdner Landtags. Zu uns bringt niemand so wirklich freiwillig auch nur irgendwas. Auch wir müssen uns durchsetzen. Und auch für uns gibt es keine Erfolgsgarantien.

Als ich ins Amt kam, war ich parteilos, kannte niemanden und hatte einen Sack voll Probleme geerbt. Ich hatte das Versprechen abgegeben, dass wir jetzt endlich was bewegen wollen in unserer Stadt. Man kann weit mehr erreichen, als es den Anschein hat. Aber vieles geht nur über den eigenen Einsatz, persönliches Risiko und die Bereitschaft, falls nötig, die Konsequenzen zu tragen. Von vielen Abgeordneten Ost des Bundestags habe ich bislang nichts gehört. Wo ist das Bestreben, gegen Niedriglöhne im Osten massiv vorzugehen? Wo bleibt der ernsthafte Aufschrei, wenn es um die Angleichung der Lebensumstände geht? Und ich meine tatsächlich einen Aufschrei nach 30 Jahren deutsche Einheit.

Wohin hat uns diese Politik geführt? Dahin, dass es immer wieder um Infrastruktur geht. Dass man hier und da Bändchen durchschneidet und Sonderfördergebiete ausweist. Beinahe so, als müsse einfach nur alles hübsch werden, damit es gut wird. Natürlich ist Infrastruktur wichtig, und es war nötig, damit zu beginnen. Ich bin weder undankbar noch übersehe ich, was bei uns im Osten geschaffen worden ist, wie viel Transfergeld Trümmer beseitigt hat. Ich weiß auch, dass das im Westen schmerzliche Lücken erzeugt hat, dass dort mancherorts die Straßen schlechter sind als bei uns. Das alles geschah nur, weil man glaubte, dass diese massiven Investitionen und das einfache Ausrollen des bestehenden Systems in Richtung Osten alles heilen würde. Man rodet, legt Beete an und sät. Fertig. Doch die Saat ging nicht auf. Es fehlte an Beachtung, Mitbestimmung, Integration und der Einbeziehung von Millionen Menschen. Ja, es fehlte das echte Interesse an diesen Menschen, an ihren Erfahrungen und Lebensläufen. Darum hätte es gehen müssen. Nicht nur um Transfers und noch mehr schöne Straßen. Straßen machen keinen Aufbruch, keine neue Gesellschaft. Auf neuen Straßen rollen Umzugswagen besser in den Westen. Diese Straßen bringen bis heute diejenigen weg, die aufgrund der jahrzehntelangen Appendix-Demokratie keinen Glauben mehr daran haben, dass ihre Heimat eine Zukunft hat.

## Blick zurück: Bischofferode und die Folgen

Die Menschen im Osten haben nicht lernen dürfen, dass man diese Zukunft selber herstellen muss und das auch kann! Das ist ein ganz wichtiger Punkt. Wir haben Wissen und Möglichkeiten in den Osten importiert, weil wir in Straßen und Brücken dachten. Wir haben vorhandene Erfahrung missachtet, hinterfragt und schließlich infrage gestellt. Menschen mussten jahrzehntelange Erfahrung neu beweisen. Auch Gutes wurde ersetzt, weil man eben alles ersetzte. Wir wollten schnelle Zeichen des Fortschritts. Langfristig hat dies die Hypothek Ost aber nur vergrößert, denn wir haben für den Aufbau der Gesellschaft kein wirkliches Fundament gelegt. Schon der Start in das Nachwende-Politiksystem im Osten war begleitet von vielen Einschnitten, bei denen die Bürger bemerken mussten, dass die Entscheidungen nicht vor Ort, sondern auf anderer Ebene getroffen wurden. In einer Phase, in der Vertrauen in die Demokratie entstehen sollte, war das der denkbar schlechteste Start. Und die Geburtsstunde des Gefühls, dauerhaft die zweite Klasse gebucht zu haben.

Ich kann heute nicht einmal sagen, wann genau mir selbst das zum ersten Mal wirklich klar wurde. Da ich, bevor ich Bürgermeister wurde, als Journalist tätig war und in dieser Funktion häufiger Kontakt mit landes- oder bundespolitischen Angelegenheiten und den handelnden Personen hatte, war Politik für mich in der gesamten Nachwendezeit ein tägliches Thema. Ich übte mich in kritischer Draufsicht und in der Rolle des öffentlichen Kontrollorgans. Das ist die Rolle, die eine freie Presse in einem Land spielen soll. Sie soll die vierte Macht im Staate sein. Das war auch mein Anspruch.

Mein erster, sehr einschneidender Moment war die Begleitung des Hungerstreiks von Bischofferode im Sommer 1993. Kalikumpel hatten dort ihre Grube besetzt und protestierten gegen deren Abwicklung. Meine Zeitung hatte mich als Reporter entsandt, um direkt vor Ort einen Eindruck zu bekommen. Als ich dort ankam, war ich einer von Hunderten meiner Zunft. Die Welt hatte sich zusammengefunden, um die Verzweiflung der Kumpel zu zeigen. Die Bilder gingen tatsächlich um die Welt. Die Treuhand und das Bundesfinanzministerium hatten beschlossen, die Grube an Kali und Salz zu privatisieren, was der sicheren Schließung des Standorts gleichkam. Die Kumpel hatten das verstanden und versuchten zu retten, was ihre Existenz, ja ihr Leben und ihr Sein bedeutete – am Ende mit dem letzten Mittel, das dem zivilen Ungehorsam zur Verfügung steht. In ihrer ehemaligen Werkskantine verweigerten sie das Essen, nachdem die Politik sie aufgegeben hatte. Hungerstreik. Wie wir heute wissen, blieb dies ohne den entscheidenden Erfolg. Auch wenn diese Verzweiflungstat globale Aufmerksamkeit bekam und das nahe Ende mit einer Reihe von Sozialmaßnahmen ausschmückte. Das Ende blieb dennoch das Ende vieler Arbeitsleben. Und eben auch das Ende vieler Lebensläufe. Das Ende von Heimat und von Gebrauchtwerden. Der Kalibergbau in Bischofferode war ausradiert. Bis heute ist nicht klar, warum so entschieden wurde, und noch immer sind die damals geschlossenen Verträge Verschlusssache. Kein Wunder also, dass noch heute ein ganzer Landstrich die Gewissheit in sich trägt, man wurde als unliebsame Konkurrenz beseitigt.

Ich kann mich genau erinnern, dass dies der Moment war, an dem ich das erste Mal innerlich das Lager wechselte und nicht mehr nur Bericht erstattete, sondern das Gefühl bekam, dass diese neue Welt, in der wir alle Fuß zu fassen suchten, eine sehr schwierige war. Ich sah, was dieser Sommer 1993 mit den Menschen machte und mit dem Vertrauen in das neue System. Ganz deutlich wurde, dass die Politik vor Ort nicht das Zepter in der

Hand hatte. Ob es damals einen anderen Weg hätte geben können, kann ich nicht sagen, und auch nicht, ob stimmt, was die Menschen glauben: dass sie geopfert wurden, um Arbeitsplätze im Westen zu retten. Welche Gefühlslage dieses Ereignis aber produzierte, weiß ich seither sehr wohl. Es ist ein »Wir hier zählen nicht«.

Vielleicht wird irgendwann einmal aufgeklärt werden, warum es so kommen musste. Für das, was danach kam, wird dies keine korrigierende Wirkung haben. Ich erzähle die Episode deshalb, weil es das erste Mal war, dass ich die tiefe Enttäuschung hautnah erlebte, die die Menschen in dem Moment überkam, als sie erkannten, dass diese neue Welt für sie keinen Platz zu haben schien. Diese Welt, in die sie so viel Hoffnung gesetzt und Mut investiert hatten. Ich stelle das an den Anfang der Beleuchtung unseres politischen Orbits Ost, weil es dieses und ähnliche Ereignisse waren, die von Beginn an den Weg der Politik im Osten steinig werden ließen. Damals erlitt das Vertrauen in die neue Zeit bereits einen erheblichen Rückschlag.

Der Unterschied zu vergleichbaren Einschnitten im Westen – beispielsweise zu den gewaltigen Strukturwandelprozessen in den Steinkohlerevieren – war, dass dort die Zusammenhänge klar auf dem Tisch lagen. Alle Beteiligten kannten das System und seine Regeln. Auch im Westen hatten solche Prozesse schwerwiegende Konsequenzen, aber unter anderen Rahmenbedingungen. Zum einen war die westdeutsche Gesellschaft mit Ereignissen dieser Art eher vertraut, zum anderen wurden Gründe und Hintergründe transparenter dargestellt. Zudem wurde einem solchen Wandel die Zeit gegeben, die er eben braucht, um halbwegs menschlich zu sein. Die Folgen für den Einzelnen fielen freilich im Westen nicht viel anders aus als im Osten. Hier bei uns fehlten jedoch klare, nachvollziehbare Begründungen. Zudem war Bischofferode zu dieser Zeit beinahe überall und wurde durchlebt von einer Gesellschaft, die gerade die Hoffnung hatte, in ein System aufgebrochen zu sein, in dem man sich endlich frei entfalten und selbst bestimmen könnte und das vor allem anderen Wohlstand für alle ins Schaufenster der Zukunft gestellt hatte. Dieser Aufbruch in die versprochenen blühenden Landschaften endete auf dem harten Boden kapitalistischer Realität.

Der Blick zurück in diese Zeit ist wichtig. Was sich in Bischofferode abspielte, beeinflusste das Verhältnis zwischen den neuen Bürgern und dem ebenfalls neuen System. Dieses Verhältnis blieb von Beginn an distanziert, und daran hat sich bis heute nichts wesentlich verändert. Die Distanz hat etwas gemacht mit der Politik hier. Früh fand sie sich in der Rolle des Kümmerers wieder, der Schäden lindern und Härten abwenden muss. Und diese Rolle, ausgelöst und geprägt durch das unverantwortliche Versprechen des Altkanzlers Helmut Kohl vom Westen 2.0 in Echtzeit Ost prägt das politische Handeln seither. Wir, die Politik, wir müssen alles regeln. Ihr, die Bürger, könnt euch darauf verlassen.

Wenn man so will, war das der Startschuss für die Entstehung eines politischen Systems, das von der Masse der Bürger nicht grundlegend anders wahrgenommen wird als das der DDR. Ich sage bewusst »wahrgenommen«, denn natürlich ist diese Wahrnehmung falsch. Und trotzdem ist sie vorherrschend. Lange Zeit wurden die immer gleichen Muster gelebt: Der Minister kommt, die Schulkinder singen ein Lied. Große Autos, viel Tamtam. Danksagung für die Förderung A für das Projekt B. Geladene Gäste stoßen mit Sektgläsern an. Der Bürger klatscht hinter der Absperrung. Abfahrt der Karossen. Fertig. Das war das Bild, das Bürger von Politik hatten. Unerreichbare Gestalten, die mit ihnen immer nur dann redeten, wenn eine Wahl in Sicht war.

Ich weiß noch, wie wohltuend ich die Gegenmodelle empfand, die es natürlich auch gab (und gibt). Insbesondere in einem der-

zeit von Wandel gejagten Sachsen wächst eine neue Nähe. Die –
so lange ersehnt – sich nun in aller Ehrlichkeit an Trotz und Wut
abarbeiten muss. Schon damals gab es Boten dieser Nähe. Einen
ehemaligen Innenminister in Sachsen-Anhalt zum Beispiel,
Manfred Püchel, Sozialdemokrat und einer von denen, die die
mit dem Amt automatisch verbundene Distanz persönlich störte.
Als Innenminister verdonnert zu Personenschutz und Panzerka-
rosse, versuchte er aus diesem Muster auszubrechen, wann immer er konnte. Er besuchte mich einmal spontan in Halle an
einem Sonntagnachmittag. Er war auf einer Veranstaltung und
suchte einen entspannten Schwatz zwischendurch. Und so rollte
sein Tross in meine kleine Straße. Während der Personenschutz
im Auto wartete, tranken wir beide zusammen einen schnellen
Kaffee. Die halbe Nachbarschaft war in heller Aufruhr, ihn selbst
amüsierte das nur. Zuweilen trickste er seine Bewacher aus und
büchste am Wochenende im Kleinwagen mit seiner Familie aus,
um mal am richtigen Leben teilzunehmen.

Er war einer der wenigen, die sich selbst nicht so wichtig nahmen. Da er zudem eine kluge Politik vertrat, gehörte er auch zu
den beliebtesten Politikern des Landes. Nicht zuletzt, weil er den
Menschen Achtung und Respekt entgegenbrachte. Er ließ sich
ganz genau briefen, auf wen er wann, wo treffen würde, wenn er
an den Wochenenden von Feuerwehr zu Feuerwehr über Land
unterwegs war. Er überraschte sein Gegenüber mit diesem Wissen. Es war dieses Interesse am Einzelnen, das ihn groß machte.
Er strahlte damit das aus, was viele vermissen ließen, nämlich
Nähe, Augenhöhe und Nahbarkeit.

Einen weiteren Vertreter dieser Art traf ich zum Oderhoch-
wasser 1997. Ich war damals mehrere Wochen als Reporter in
der Region unterwegs und lernte hier Matthias Platzeck kennen.
Der damalige SPD-Umweltminister Brandenburgs fiel schon dadurch auf, dass er in Gummistiefeln rund um die Uhr bei den

Menschen da draußen war, ehrlich mitfühlend. Kein Meter des aufgeweichten Deiches, den er nicht selbst inspiziert hatte. Kein Meter, den er preiszugeben gedachte. Das war die Botschaft, die er aussandte. Mit einem großen, rot-weißen Schirm des Landes Brandenburg war er auch bei Regen draußen, immer im direkten Gespräch mit seinen Bürgern und unterwegs in einem auffallend kleinen Dienstwagen. Das war etwas ganz anderes als jene Stippvisiten mit dem Helikopter, die andere Politiker gerne absolvieren, um sich ein rasches Bild von der Lage zu machen. Der Deichgraf, wie man ihn fast liebevoll nannte, verkörperte hier das, was Bürger von Politikern in seiner Position erwarten: dass ein Verantwortlicher seine Verantwortung ernst nimmt, dass er nah bei den Menschen ist und eben »einer von uns«.

Allein der Umstand, dass dieses Anderssein, das doch eigentlich normal sein sollte, Gegenstand von Berichterstattung wurde, zeigt, dass etwas schieflief. Gekoppelt mit der Grunddistanz, die der noch junge Osten bereits in den Anfangsjahren zur Politik entwickelt hatte, waren diese Episoden für mich ein Alarmzeichen, sagten sie doch deutlich, dass das Richtige die Ausnahme von der Regel war. Es dauerte lange, bis sich die Verhaltensmuster der Politiker wandelten, auch hier im Freistaat. Ministerpräsident Michael Kretschmer (CDU), sein Vize Martin Dulig (SPD), Politiker einer nächsten, ganz anders tickender Generation, und viele andere bereisen derzeit beinahe pausenlos das Bundesland Sachsen, um das Gespräch mit dem Bürger zu suchen. Belastet mit der Hypothek aus den letzten 30 Jahren, sind diese gewaltigen Anstrengungen nicht mehr als ein Versuch, der zudem noch unter dem Wahrnehmungsvorbehalt der Bürger steht, dies alles sei überhaupt erst mit dem Dämpfer zur letzten Bundestagswahl ausgelöst worden.

Hier hatten – hauptsächlich, um denen da oben endlich einen Denkzettel zu verpassen – fast 30 Prozent die AfD gewählt, was

einem Erdbeben gleichkam. Dass Martin Dulig mit seiner sogenannten Küchentischtour bereits seit der letzten Landtagswahl
2014 regelmäßig durchs Land tourt, um mit Menschen ins Gespräch zu kommen, ist eine von vielen Tatsachen, die im breiten
Graben zwischen Politik und Bürgern versinken. Dass er dafür
von Teilen der CDU hinter vorgehaltener Hand als »Eventkas-
per« verunglimpft wird, sagt viel über deren falsche Sicht der
Dinge und ihr Verständnis von Politik alter Schule. Unterdessen
haben die Bürger das Gefühl, mit dieser Protestwahl etwas Großes in Bewegung gebracht zu haben, »die da oben« nun vor sich
herzutreiben. Dieses Gefühl, endlich wieder etwas bestimmen
zu können, euphorisiert so manchen Wähler und überschattet
jeden ernst gemeinten Versuch, an dieser gestörten Kommunikation etwas zu ändern. Es entwertet das ernsthafte Bemühen
um Dialog auch auf eine ganz eigene, nahezu fatale Art. Denn
eigentlich zeigen die Bemühungen doch, dass ebendiese bezwei-
felte Demokratie funktioniert, dass die Botschaft gehört und das
Problem zumindest erkannt wurde. Eine absurde Situation.

## Der Bürger – zu spät gehört und nie gefordert

Trotzdem ist nicht unbedingt falsch, was der Bürger empfindet.
Auch wenn inzwischen viel miteinander geredet wird, ist der
politische Orbit noch immer in sich geschlossen. Das hat eine
Reihe von Gründen. Da ist zum einen die beschriebene Entfremdung, die sich mehr und mehr verfestigt. Dass es schwer
ist, in einen Dialog zu kommen, liegt nicht nur an den Politikern. Die Vertreter der Parteien im Landtag, die Abgeordneten,
sind ja auch irgendwo zu Hause, haben Nachbarn und Freunde
und suchen das Gespräch. Das ist mühsam, denn die Bürger sind
zum einen enttäuscht und zum anderen nicht wirklich interes-

siert. Viele, auf die man jetzt bauen könnte, sind längst gegangen oder wurden verprellt, nachdem sie in der ersten Stunde gelernt haben, dass ihre Phantasien, ihre Ideen und ihr Wissen in dieser neuen Zeit nicht gefragt waren. So kommt es, dass Bürgersprechstunden oder überhaupt Bürgerveranstaltungen nicht eben überbucht sind. Setzt man voraus, dass es tatsächlich Probleme gibt, so ist diese Sprachlosigkeit ein bedenkliches Zeichen, weist sie doch darauf hin, dass der Bürger in seinen gewählten Vertretern keinen Ansprechpartner mehr sieht und er ihnen die Lösung seiner Probleme nicht zutraut.

Das ist auch in unserer Stadt so. Diese Haltung von »Die interessieren sich ja nicht für uns« griff gerade in den vergangenen drei Jahren mehr und mehr um sich und begegnet mir immer häufiger in Bürgergesprächen. Also habe ich mir überlegt, was man dagegen tun könnte. Da ich über die Zeit auch den einen oder anderen Kontakt nach Dresden aufgebaut hatte, kam mir der Gedanke, mit einem offenen Gesprächsformat auf diese gefühlte Abgeschiedenheit der Kleinstadt eine Antwort zu finden. Gemeinsam mit einem befreundeten Kameramann entwickelte ich das Gesprächsformat Livetalk#Politik. Die Idee ist ganz simpel: Wir holen regelmäßig Vertreter der Politik nach Augustusburg, um sie mit dem Bürger in hautnahen Kontakt zu bringen, offen und ohne Tabus. Nähe zu »denen da oben«, Politik zum Anfassen, Diskurs auf Augenhöhe. Ich frage alles, was vorher per Mail oder wie auch immer an mich übermittelt wurde, und natürlich stelle ich auch die Fragen, die ich selber habe. Ein Drittel des Gesprächs ergibt sich live aus dem Publikum. Nichts ist vorher abgesprochen. Wir diskutieren auf offener Bühne. Das Ganze wird live ins Netz gestreamt. Wir tüftelten ein technisches Set-up aus. Weil das Budget für solche Piratenprojekte immer nahe null liegt, war das eine echte Herausforderung. Der ehrenamtliche Kamerakollege investierte in Webtechnik. Ich selbst steuerte meine Kontakte und zwei Sessel aus meinem Arbeitszimmer bei. Ich baute eine Blogseite und hängte mich ans Telefon, um den ersten Gesprächspartner für das Format zu gewinnen.

Die Mühe wurde belohnt. Mit Martin Dulig, dem Vizeregierungschef und Wirtschaftsminister hatten wir einen Parteifreund und ein politisches Schwergewicht gewinnen können, der sich unserem Experiment stellen wollte. Ich freute mich riesig, dass wir mit einem solchen Gast starten konnten und ich war überzeugt, einen Weg gefunden zu haben, die Distanzen abzubauen. Das Ergebnis allerdings war ernüchternd. Obwohl das Thema, nämlich die schleppende Breitbanderschließung auf dem Land, ein gewisses Quotenpotenzial hat, hielt sich die Zahl der Zuschauer in Grenzen. Gerade mal zwölf Leute hatten sich gefunden, die das Gespräch suchten und die Möglichkeit nutzen wollten, den Vizeregierungschef direkt zu einem von ihnen selbst gewählten Thema zu befragen. Hinzu kamen fünf Besucher, die dabei sein mussten, weil sie selber dem politischen Orbit entstammten. Der SPD-Landtagsabgeordnete zum Beispiel. Zu allem Überfluss scheiterte auch der erste Livestream trotz aller Proben ausgerechnet am schwächelnden Internetzugang. Wir hatten nicht bedacht, dass eine Netzprobe am Vormittag nicht zwingend ausreichende Bandbreite am Feierabend bedeutete. Alles in allem führten wir ein gut einstündiges Gespräch, das auch in seiner Aufzeichnung später bei YouTube magere 200 Klicks fand. Ein eher ernüchterndes Ergebnis. Die wenigen, die im Anschluss obendrein mit dem durchaus nahbaren Minister noch ein Bier trinken konnten, hatten sicher ein unschlagbares Erlebnis. Der Rest aber blieb fern, auch und vor allem jene, die mir zuvor in den Ohren gelegen hatten, von ebensolchen Menschen wie dem Minister nicht wahrgenommen zu werden.

Als ich dann später einige Stadträte ansprach, warum sie denn nicht diese Möglichkeit des Nachfragens genutzt hatten, bekam ich zur Antwort: Du hast uns ja nicht eingeladen. Eine Antwort, die mich angesichts der Tatsache, dass ein stellvertretender Ministerpräsident unsere kleine Stadt für eine öffentliche Gesprächsrunde besucht, ein bisschen ratlos macht. Die folgenden Runden mit Holger Zastrow, Chef der sächsischen FDP und zu diesem Zeitpunkt schon absehbar auf Wiedereinzugskurs in den sächsischen Landtag, und Oliver Schenk (CDU), Chef der Dresdner Staatskanzlei und damit rechte Hand des Ministerpräsidenten, verliefen ähnlich. Eine Handvoll Zuschauer vor Ort. Ein paar Hundert Klicks im Netz. Viele davon von eher weit weg denn von hier.

An Gesprächsangeboten mangelt es derzeit wahrlich nicht. Doch inzwischen ist erkennbar, dass Gespräche allein die Distanzen nur bedingt aufbrechen können. Die Kanäle sind offensichtlich nachhaltig gestört. Die Gespräche tragen die Last, gewissermaßen durch einen AfD-Erdrutsch erzwungen worden zu sein, und stehen zudem im Kontext der im Herbst 2019 anstehenden Landtagswahlen. Und sie stehen eben auch im Schatten von Jahrzehnten, in denen Politik im Osten suggerierte, dass sie den Bürger in seiner Verantwortung und mit seiner Erfahrung nicht brauchte und deshalb nichts von ihm forderte. Tatsächlich ist das die größte Last, die auf den Angeboten von heute lastet. Ganz automatisch steht immer die Ehrlichkeit des Angebots infrage. Ob zu Recht oder zu Unrecht ist dabei zweitrangig. Als ich in die aktive Politik startete, war von dieser neuen Dialogbereitschaft noch nicht allzu viel zu spüren. Zwar ist die Position des Bürgermeisters auch in der sächsischen Politik per se geachtet. Es ist aber schwierig, für Probleme nicht nur Gehör, sondern in der Folge auch Lösungen zu finden. Oft ist es einer Art Zufallsgenerator überlassen, ob man ins Ziel kommt oder auf der Strecke bleibt.

Ich kann mich noch gut an den letzten Landtagswahlkampf

vor fünf Jahren erinnern, als der damalige Ministerpräsident Stanislav Tillich (CDU) bei seinen Touren über Land zu einem Treffen mit den Bürgermeistern unseres Landkreises einkehrte. Die Veranstaltung, zu der der Landrat alle Bürgermeister eingeladen hatte, trug den Namen »Dialog mit dem Ministerpräsidenten«. Solche Veranstaltungen waren damals wesentlich seltener als heute. Für mich war es obendrein der Erstkontakt mit der Dresdner Politik. In einem großen Saal des Freiberger Brennstoffinstituts warteten wir, die Vertreter des politischen Kleinstraums, also auf den Landesvater, der schließlich mit Karossentross und Polizeivorhut pünktlich eintraf. Im Präsidium nahmen der Landrat und der Chef der Landesdirektion den Regierungschef in Empfang, bevor dieser eine Rede hielt, in der es unter anderem um die Frage ging, ob wir denn bei künftigen Infrastrukturprojekten aus jeder »Birnenallee« zwingend eine Autobahn machen müssten. An dieser Stelle meldete ich mich zu Wort, denn ich hatte zu diesem Zeitpunkt in Augustusburg ein solches Projekt einer Bundesstraßensanierung, die vom dafür verantwortlichen Landesamt für Straßenbau gegen unseren Willen in einer Dimension betrieben wurde, die bei uns kein Mensch brauchte, was wir mehrfach vorgetragen hatten. Die Veranstaltung hieß ja Dialog mit dem Ministerpräsidenten, also meldete ich mich an dieser Stelle.

Jeder von uns kennt diese Zehntelsekunde, in der man merkt, dass man etwas Merkwürdiges getan hat. Diese Zehntelsekunde erlebte ich in diesem Moment sehr bewusst. Ein sichtbar irritierter Ministerpräsident und nicht eben wenige ebenso irritierte Augenpaare starrten mich an. Das war der Augenblick, in dem ich begriff, dass dies so nicht vorgesehen war. Ich hatte das Wort Dialog wohl ein wenig weit ausgelegt. Der MP reagierte dann doch souverän, fragte, wer ich sei und was ich vorzutragen hätte. Ich stand auf, fasste zusammen, was in wenigen Worten eigentlich nicht zu sagen war, und er bedankte sich. Ich setzte mich wieder und wünschte mich nach Hause. Doch tatsächlich nahm die Sache nicht den von mir befürchteten peinlichen Verlauf. Im Gegenteil. Der Ministerpräsident forderte mich auf, den geschilderten Sachverhalt der Staatskanzlei zu schreiben. Er würde sich der Sache dann annehmen. Ich schrieb einen langen Brief, in dem stand, dass wir keinen zwölf Meter breiten Straßenausbau im Außenbereich wollten und stattdessen mit einer schmaleren Straße und Tempo 50, dafür aber begleitet von einem Rad- und Fußweg leben könnten und dass das wohl auch um einiges billiger werden würde als die geplante Schnelltrasse.

Wenige Woche später wurde ich ins damals FDP-bestimmte Wirtschaftsministerium eingeladen. Dort musste das Landesamt für Straßenbau seine Pläne erklären und auch, warum man denn mit der kleineren Variante nicht leben könne. Am Ende dieses 20-Minuten-Termins hatten wir, was wir wollten: Tempo 50, Fuß- und Radweg und eine schmalere Straße. Zumindest auf dem Papier. Denn zur Wahrheit gehört auch, dass die besagte Straße bis heute, fünf Jahre nach dem Termin im Ministerium, noch immer nicht saniert wurde. Noch immer steckt das Verfahren in der Planfeststellung. Die könnte immer noch scheitern, sollten Umweltverbände Klage erheben, was leider auch zum Alltag gehört. Es weiß also keiner, wann die seit 13 Jahren von einer Wechselampel überwachte Einspurvariante endlich verschwindet, und auch nicht, wann endlich Fußgänger und Radfahrer die 500 Meter lange und einzige Verbindung zweier Ortsteile offiziell und legal wieder benutzen dürfen. Der Unglaube, dass es jemals wieder anders sein würde, schlägt mir beinahe täglich entgegen. Und einige Bürger regten inzwischen an, zum 15jährigen Jubiläum ein Ampelfest zu organisieren. So geht sächsisch gelegentlich.

Dieses Beispiel zeigt: Gespräche sind das eine, Ergebnisse etwas anderes. An Letzteren messen die Bürger jedoch unsere

Arbeit. Zu Recht, denn das ist, was zählt. Bleiben Lösungen aus, ist unsere Glaubwürdigkeit schwer beschädigt. Jede Woche werde ich mindestens einmal gefragt, wann diese Straße endlich saniert wird. Manchmal weiß ich gar nicht mehr, wie ich dem begegnen soll, denn auch ich höre seit Jahren, dass es bestimmt im kommenden Jahr losgehen wird. Und: Mir brachte die Episode persönlich noch etwas anderes ein. Wann immer ich mit einem unserer Vorhaben bei irgendeiner Behörde sitze und dieses mal wieder droht hinter einem Berg aus »heute nicht wegen gestern« zu verschwinden oder im Paragraphendschungel ergebnislos stecken zu bleiben, oder wenn etwas einfach nicht geht, weil das noch keiner so gemacht hat (was bei neuen Wegen öfter mal vorkommen kann), dann höre ich jetzt: Sie können sich ja wieder in Dresden beschweren. So wird die Suche nach Lösungen zu einem »Jeder gegen jeden«. Der Bürger streitet mit mir. Ich streite mit den Ämtern. Am Ende sitzen wir im Ministerium und streiten alle. Dabei sitzen wir alle im selben Boot.

## Mehr Selbstbestimmung für die Kommunen!

Was ich oben als Zufallsgenerator beschrieben habe, hat bei genauerer Betrachtung leider System. Und dieses reicht bis in den Landtag. Das gesetzgebende Organ des Freistaats ist ein Ort gewaltiger und stets wachsender Machtfülle. Diese Macht möchte man nicht teilen. Würde man das wollen, sähe Politik anders aus. Nehmen wir nur das von mir zuvor beschriebene Beispiel der Förderpraxis. Hält man nach unbestimmter Laufzeit endlich einen Förderbescheid in der Hand, dann findet man dort auch einen Passus, der sehr gut beschreibt, was ich sagen will. Sinngemäß heißt es dort: »Dieses Geld wird Ihnen ausgereicht, aufgrund des Haushalts, den die Abgeordneten des Sächsischen Landtags erarbeitet haben.«

Wird es das? Nein. Wird es nicht. Es wird uns ausgereicht, weil es unser Geld ist. Geld, das aus dem Haushalt des Freistaats kommt und das uns allen gehört. Geld, das man in Hunderte Förderprogramme verpackt hat, um … ja, warum eigentlich? Um die Kontrolle darüber zu behalten. Mehr ist es nicht. Kontrolle, weil es offenbar ein tiefes Misstrauen des Staats gegenüber seinen Bürgern gibt. Man vertraut noch nicht einmal uns, also den Städten und Gemeinden. Man traut uns nicht zu, dass wir damit vernünftig und regelgerecht umzugehen wissen.

Dabei wäre genau dieser Schritt so wichtig, also ein Stück Gestaltung und Verantwortung an die unterste Ebene, die kleinste und wichtigste Einheit der Demokratie, zurückzugeben. Was der Grund für dieses Misstrauen ist, ist unklar. Vielleicht ist es die Angst, dadurch die Direktionsgewalt und Deutungshoheit zu verlieren. Würde man daran etwas ändern, könnte theoretisch jedes Dorf, jede kleine und große Stadt machen, was sie will, also was die Bürger wollen und für richtig halten. Natürlich noch immer im Rahmen von Recht und Gesetz, aber eben zunächst selbstbestimmt. Fehler würden erst hinterher entdeckt, nämlich dann, wenn die Vorhaben vom Rechnungsprüfungsamt überprüft werden. Ein Gedanke, der in manchen Etagen des Finanzministeriums scheinbar Zähneklappern auslöst.

Aber: Wäre dies denn wirklich der Untergang des fiskalisch korrekten Abendlands? Ich denke nicht, denn wir hantieren nicht im luftleeren Raum, werden regelmäßig geprüft und auch von der Kommunalaufsicht des Landkreises überwacht. Außerdem sind wir Bürgermeister bei Verstößen gegen geltendes Recht unter Umständen haftbar, nämlich dann, wenn wir vorsätzlich Gesetze missachten oder sogar brechen. Nicht die Allgemeinheit würde also für vorsätzliche Schäden einstehen. Nein, wir haften persönlich – mit allem, was wir haben. Sie dürfen versichert sein, dass dies ausreichend abschreckend wirkt, um flächendeckenden Missbrauch von Mitteln zu verhindern. Und im Umkehrschluss gibt es – komplexe, gut überwachte Verfahren hin oder her – genügend Möglichkeiten, Regeln zu brechen, wenn man dies denn wollte. Deshalb bin ich mir sicher, dass sich dadurch eigentlich nichts ändern würde, außer dass wir schneller, direkter, demokratischer und effektiver würden. Rund 20 bis 27 Prozent der Fördersummen, so die Schätzungen, werden noch einmal durch deren Kontrolle verbraucht; das könnte man sich großteils sparen.

Unsere Bürger wären damit ganz automatisch näher an den Entscheidungen. Sie würden lernen, dass sie wieder Einfluss nehmen können. Wir würden Aufträge anders und einfacher vergeben können und würden auch wieder Firmen finden, die diese übernehmen. Es ist nämlich inzwischen kompliziert geworden, als Kommune einen Auftrag zu platzieren. Die Anforderungen an die korrekte Mittelverwendung zwingen uns teilweise zu haarsträubend aufwendigen Ausschreibungen für Leistungen aller Art. Bei manchen Förderprojekten sogar zu europaweiten Verfahren. Mindestens drei möglichst detaillierte Angebote müssen gebracht werden mit Leistungsverzeichnissen in jeder Position und jeder Menge Nachweisen zu Mindestlohn beim Auftragnehmer und so weiter. In Zeiten, in denen Firmen sich ihre Auftraggeber aussuchen können, sind wir damit der kleine, dicke Junge, den man beim Zwei-Felder-Ball zuletzt wählt.

Und auch hier verfehlen wir das Ziel. Denn wer es darauf anlegt, kriegt dennoch, was er will: Einstieg mit einem niedrigen Angebot und dann bei jeder Bodenwelle im Projekt einen Nachtrag platzieren. Das ist inzwischen eine weitverbreitete Strategie. Jeder Auftragnehmer weiß: Hat die Kommune das Projekt einmal begonnen, muss es ein Ende finden. Da wir Kommunen – fiskalisch gesehen – eigentlich beinahe unsinkbar sind, weiß auch jeder, dass er mit dieser Strategie durchkommt. Bei einem privaten Bauherren wäre so eine Vorgehensweise undenkbar. Eine Botschaft aus der Kategorie »Jetzt wird es mal 100.000 Euro teurer« wäre das sichere Aus für die Harmonie im Gesamtvorhaben.

Tatsächlich gibt es aber auch immer mehr Dienstleister, die sich an unseren Verfahren gar nicht mehr beteiligen. Nicht, weil sie nicht für ihre Stadt arbeiten wollen. Und auch nicht, weil sie keine Kapazitäten haben. Nein, weil sie keine Lust und keine Kraft haben, diesen Papierkrieg auf den vagen Verdacht hin und in der Hoffnung zu führen, den Zuschlag dann zu erhalten, wenn sie das günstigste Angebot abgegeben haben. Gerade Handwerksbetriebe, die erheblich unter Fachkräftemangel leiden, können dies oft nicht mehr leisten. Und derzeit ist so viel Arbeit da, dass sie das auch nicht müssen. So vergeben wir – wenn es denn überhaupt ein Gebot gibt – seit Jahren Aufträge an den günstigsten Bieter. Dieser kommt dann oft aus Sonstwo. Wertschöpfung bleibt damit nicht dort, wo sie bleiben könnte. Im Ort selbst.

Das höhere Ziel, das hinter den öffentlichen Ausschreibungen steht, wird dennoch nicht erreicht. Aller Mühe zum Trotz gibt es fast immer Nachträge, die das entsprechende Vorhaben Schritt für Schritt verteuern. Trotz des ganzen Aufwands, des zwingend vorgeschriebenen Einsatzes von Planern und Architekten selbst bei kleinsten Vorhaben explodieren mit schöner Regelmäßigkeit die Budgets der Maßnahmen. Wer versucht, es anders zu machen, landet schnell auf dem Boden der Tatsachen. Als wir beispielsweise mal einen Bauauftrag zu einem Pauschalpreis vergeben wollten, wurde uns das rechtsaufsichtlich untersagt. Mit Verweis auf die geltende Honorarordnung (HOAI), an die sich alle öffentlichen Bauherren halten müssen, und mit dem Hinweis, dass wir so nicht erreichen würden, dass die Maßnahme kostengünstiger werden könnte als geplant. Wer sagt Ihnen denn, so der Einwand damals, dass das Projekt dann nicht doch hätte billiger werden können? Ehrlich? Ich kenne nicht viele öffentliche Bauprojekte, die trotz des ganzen Aufwands das Ziel erreicht oder gar den geplanten Preis unterflogen haben. Schon eine Punktlandung hat Seltenheitswert. Was also soll das?

Und noch etwas fällt uns regelmäßig auf die Füße: Viele Unternehmen wissen zum einen, welche Fördersummen wir erhalten, da wir das veröffentlichen beziehungsweise nicht geheim halten können. Schließlich verfügen wir über offenzulegende Haushalte, in denen man unsere Budgets nachlesen kann. Wir beschließen öffentlich Ausschreibungen. Ergo decken sich Kostenangebote zumeist »sehr zufällig« mit diesen Summen. Wie also soll das alles, dieser ganze, von Aufwand für alle Seiten strotzende Weg zu einem sparsamen Einsatz unserer Mittel führen? Eine Frage, die wohl nur diejenigen beantworten können, die sich diese Verfahren ausdenken.

Wenn man mit Abgeordneten darüber spricht, wenn man den Wunsch äußert, sehr viel mehr Selbstbestimmung in die Kommunen zu tragen, hört man eine ganze Reihe von Begründungen, warum ein solcher Weg undenkbar ist. Die Gesetze gäben dies nicht her. Alles wäre so komplex, dass man es nicht so einfach ändern könne. Wahlweise lehnt es der Koalitionspartner ab. Dabei kann der Landtag sehr wohl Gesetze ändern und Komplexität beseitigen. Aber man tut es nicht oder bleibt dabei marginal. Bei der Aufstellung des Haushalts gibt es ein hartes Ringen um jede Position, auch mit dem Städte- und Gemeindetag, der Interessenvertretung der Kommunen im Land, wird um das sogenannte Finanzausgleichsgesetz hart gerungen. Hier wird verhandelt, wie viel des Finanzaufkommens direkt zu den Kommunen fließen soll und wie viel der Freistaat selbst in seinem Budget behält. Ein Ritual, das ewig währt und sich einreiht in ein höchst komplexes System aus Zuteilung, Misstrauen und eben Kontrolle.

Unter den Vorzeichen der Stimmung im Land und wegen des Superwahljahrs aus Kommunal-, Europa- und Landtagswahl bewegte sich bei den letzten Verhandlungen zugegebenermaßen einiges. Doch viele ältere Kollegen sagen mir, dass dies wohl immer so läuft und man deshalb jetzt fordern müsse, was man sonst nie bekommen würde. Darin steckt eine gewisse Tragik, denn unserer derzeitigen Landesregierung glaube ich gerade, dass man wirklich etwas ändern möchte. Seit dem Rücktritt Tillichs ist tatsächlich Bewegung in der Sache. Doch leider wird dies so kaum wahrgenommen werden. Wahljahr ist Wahljahr. Und das ist ein Hinweis, dass die verfahrene Situation nicht so einfach zu lösen sein wird. Die alten Muster kommen einfach nicht zum Erliegen. Bei allen Bemühungen um Veränderung beschloss der Landtag zuletzt, dass alle durch ihn geförderten Projekte als solche zu kennzeichnen sind. Mit einem ähnlichen Text, wie wir ihn bereits in den Förderbescheiden lesen dürfen. Wer künftig ein solches Schild nicht aufstellt, muss mit Abzügen bei der Fördersumme rechnen. Das klingt ein bisschen nach Trotz und kommunikativer Notwehr.

Dennoch, es gibt das sichtbare Bestreben, uns Kommunen künftig mehr einzubinden. Dafür gibt es gute Gründe. Immer häufiger organisieren sich Bürgermeister, um offenkundige Probleme in gemeinsamen Briefen zu benennen und offen in Opposition zu gehen. Regelmäßig finden inzwischen Runden statt, die von Landtagsfraktionen oder Ministerien initiiert uns Bürgermeister zum Gespräch bitten. Hier präsentieren die Dresdner Entscheider, was sie gerade versuchen, dem Koalitionspartner oder der Regierung abzuringen. Und natürlich will man hier auch hören, was uns bewegt. Diese Runden sind zunehmend offener, weil auch wir Bürgermeister inzwischen gelernt haben, dass wir eine Hausmacht haben. Dennoch gleichen diese Runden immer häufiger einer Selbsthilfegruppe. Alle beklagen die gleichen Probleme, die eben alle haben: schlechte Finanzausstattung, überbordende Bürokratie, was auch immer. Man stellt auch fest, dass man in der Regel mit seinen Problemen nicht allein ist. Doch am Ende hilft das nur sehr bedingt weiter. Wahlweise heißt es dann, man werde das Problem »mitnehmen«, oder man werde es »ansprechen«, oder aber, »man sehe das sehr lange schon genau so«. Selten gibt es am Ende greifbare Ergebnisse. Oft heißt es: Das müssen wir unbedingt wiederholen. Manchmal frage ich mich, wohin man die ganzen Probleme mitnimmt, denn auch von Landräten hört man dies sehr oft. Irgendwo muss es einen großen Raum geben, wo sich diese »mitgenommenen« Probleme stapeln.

## Wie wir gerade die Zukunft verpassen

Fakt ist: Wenn man eine Lösung haben möchte, dann geht das nur über endlose Gespräche, Hartnäckigkeit und Kilometer. In der Regel kämpft hier jeder für sich, manchmal kämpft man aber auch zusammen. Das von mir bereits genannte Beispiel des Breitbandausbaus und seiner Finanzierung ist so ein Fall. Ich weiß heute nicht mehr, in wie vielen Runden und wie viele Monate lang wir darauf verwiesen hatten, dass die Erbringung der geforderten Eigenanteile von zehn Prozent ein wirkliches Problem darstellten, und wir ohnehin schon mit der Aufgabe an sich überfordert seien. Keiner von uns hatte jemals zuvor ein solches Projekt umgesetzt, und niemand wusste, was genau auf uns zukommt. In nahezu jeder Runde im Landkreis und auch beim zuständigen Ministerium verwies man darauf, dass es anders nicht gehen würde. Wir sollten »mal machen« und nicht immer nach mehr Geld rufen. Einfach mal machen, das war das Motto des zuständigen Staatssekretärs. Meine Partei, im zuständigen Wirtschaftsministerium der Landesregierung mit dem Thema nicht nur betraut, sondern dafür verantwortlich, verwies darauf, dass man ja eine 98-Prozent-Förderung gefordert, der Koalitionspartner dazu aber Nein gesagt habe. Das war's. Ende der Debatte.

Als das Prozedere dann startete und wir mithilfe einer Planungspauschale aus Bundesmitteln herausfanden, was das alles kosten und wie unklar der Weg zum Ziel sein würde, da gaben viele Kollegen auf. Zu groß die Zahlen, Eigenanteile teils in Millionenhöhe, der genaue Kostenrahmen ungewiss. Viele gaben die Fördermittel zurück und wollten dann doch lieber das Feld der Wirtschaft überlassen, was eine Lösung des Problems unter Umständen auf niemals vertagen könnte und einen konsistenten Aufbau einer zukunftssichernden Gigabit-Infrastruktur unmöglich machte. Angesichts der Dimension einfach nur verständlich. In Sachen Zukunft eine Katastrophe.

In vielen Gesprächen mit Abgeordneten gab es immer wieder Verständnis für unsere Position. Doch mehr passierte nicht. Erst ein gemeinsamer Brief, den ich verfasste und dem sich viele Kollegen anschlossen, bewegte etwas. Ein Spitzengespräch zwischen dem Sächsischen Städte- und Gemeindetag (SSG) und dem zuständigen Wirtschaftsminister wurde anberaumt. Der Initiator des Briefes, also ich, wurde nicht eingeladen, obwohl viele der Kollegen das erwartet hatten. Man wolle die Runde nicht so groß machen, hieß es damals. Und so saßen wieder jene zusammen, die das Thema bisher auch verwaltet hatten. Tatsächlich kam die Lösung erst mit dem Wechsel des Ministerpräsidenten. Denn als Michael Kretschmer übernahm, war der Breitbandausbau eines der ersten Themen, die behandelt wurden, und zwar grundlegend, ja disruptiv. Es war zwar zu spät, um den Prozess noch in eine geordnete Bahn zu lenken, zu spät, um ein zukunftsfähiges Netz landesweit zu planen und dies dann auch konsequent als Landesprojekt umzusetzen, wie es der Infrastrukturriese Mecklenburg-Vorpommern gerade macht. Es war natürlich auch viel zu spät, um den Freistaat Sachsen zu einem Vorreiter in diesem

Bereich zu entwickeln. Aber wenigstens war es noch rechtzeitig genug, um das eine oder andere kommunale Ausbauprojekt zu retten.

Dies alles, was bisher passiert ist, stellt nur die Basis für den riesigen Komplex der Digitalisierung dar. Für viele Abgeordnete ist das Thema damit ausreichend bearbeitet. Doch der weit größere Teil liegt noch vor uns. Und im Gegensatz zu dem planbaren Teil, der sich aus Metern oder Kilometern Gräben und Glasfaser hochrechnen lässt, ist das, was die eigentliche Aufgabe ist, eine riesige Blackbox. Dass hier große Chancen, aber auch Herausforderungen auf uns warten, ist irgendwie zwar immer wieder Überschrift, angekommen ist es im politischen Orbit noch nicht wirklich. Und damit auch nicht die Erkenntnis, dass wir gerade eine Jahrhundertaufgabe nicht lösen und dabei eine Jahrtausendchance verpassen. Die regelmäßigen, groß präsentierten Digitalgipfel des Freistaats, immer ausgestattet mit bunten Präsentationsmappen aus Papier statt mit einem freien WLAN, können darüber nicht hinwegtäuschen und sprechen damit auch irgendwie eine eigene Sprache.

Beim letzten dieser Digitalgipfel, den ich besuchte, betrat der zuständige Staatssekretär als 3-D-Animation virtuell auf Leinwand den Saal. Etwas, das 1990 vielleicht noch spektakulär gewesen wäre, sollte im zweiten Jahrzehnt des 21. Jahrhunderts einen Saal voller Digitalarbeiter vom Hocker reißen. Es war der unfreiwillige Beweis dafür, dass man weit, weit weg ist vom Thema. Jeder weiß das, und alle finden sich damit ab, sieht man von den weiterhin regelmäßig stattfindenden Selbsthilfegruppen einmal ab. Bis heute wird auch der entscheidende Schritt zur 100-Prozent-Finanzierung als Initiative und Selbsterkenntnis des Freistaats verkauft. Derzeit freut man sich über die großen Zuwachsraten, die der Netzausbau in Sachsen aufweist, und verweist auf 700 Millionen Euro im Haushalt, die der Freistaat zusätzlich zusteuert. Das ist toll. Wirklich. Dabei vergisst man jedoch, dass dieser Zuwachs nichts weiter bedeutet, als dass wir gerade schneller hinterherlaufen. Auch ein Bild, das irgendwie zur Situation passt.

Realitäten sind zurzeit offenbar mehrfach vorhanden. Der Dresdner Freistaat, wie ihn einige Kollegen inzwischen nennen, hat eine. Wir haben auch eine. Die Middleware dazwischen ebenso. Jeder lebt in seinem Universum und verweist bei Fehlleistungen garantiert auf die Zuständigkeit des anderen. So erklären wir weiterhin sehr intensiv, was nicht geht, statt dieselbe Zeit darauf zu verwenden, dass etwas geht. Es ist für mich verblüffend, wie stabil die Trennlinien zwischen den Welten verlaufen. Trotz aller Kommunikation, trotz der immer weiter zunehmenden öffentlichen Debatte, der vielen Gesprächsrunden und gemeinsamen Termine scheint es kaum wirkliche Erkenntnisse zu geben.

Als zum Beispiel im Rahmen der Aufstellung des Doppelhaushalts endlich unser Ruf nach einer Erhöhung des Landesanteils bei den Kitapauschalen erhört wurde und wir wenigstens einen Teil dessen, was wir als Kommune jedes Jahr zuschießen, erstattet bekamen, da währte meine sehr große Freude darüber nur wenige Tage. Denn kurz danach machte der Landtag den Eltern ein Weihnachtsgeschenk und senkte den Mindestbeitrag, den diese zu leisten haben, um fünf Prozent. Das macht sich gut in der politischen Landschaftspflege, ist aber eine Zuwendung, für die die Kommunen aufkommen müssen. Sinkt der Elternbeitrag, steigt der Anteil der kommunalen Finanzierung im selben Umfang. Die Landespauschale bleibt konstant. Der Schenkende zahlt das Geschenk also gar nicht selber. So wurde die zuvor erhöhte Zuzahlung des Freistaats, die uns in den Kommunen eigentlich entlasten sollte, sofort um einiges relativiert.

Der daraufhin losbrechende Sturm der Bürgermeister wurde schließlich damit gekontert, dass es ja freiwillig sei, den Betrag auf diese Mindestzuzahlung zu senken. Das wäre, so verstieg sich der finanzpolitische Sprecher der CDU-Fraktion sogar in einem Brief an die Stadtchefs, ein »Beitrag zur Stärkung der kommunalen Selbstverwaltung«. Schließlich könnten die Städte und Gemeinden selbst entscheiden, ob sie dem folgen oder nicht. Zynismus, der kaum noch zu toppen ist. Die Eltern erwarten von einer erklärt familienfreundlichen Stadt wie der unseren eine Senkung auf den Mindestbeitrag. Während meine sozialdemokratischen Parteifreunde auf Landesebene diesen Erfolg feiern, muss die sozialdemokratische Stadtpolitik die Kuh vom Eis holen. Eine Zuzahlung für einen 9-Stunden-Vollzeitplatz in unserer Stadt ist mit 110 Euro monatlich ohnehin nicht übermäßig teuer. Fünf Prozent Senkung bringt den Eltern eine Jahresersparnis von etwa 60 Euro. Die Kommune aber müsste das Delta für alle ausgleichen, was am Ende rund 9000 Euro entspricht, die wir dem Haushalt insgesamt entziehen würden. Bei allem richtigen Bemühen um die Eltern und meiner persönlichen Zustimmung zur kostenlosen Kita: Verhältnismäßig ist das nicht. Denn für eine kleine Stadt ist das viel Geld und einiges von dem, was uns zuvor als Entlastung versprochen wurde. Und noch mal: Wir zahlen als Stadt bereits zu, weil wir natürlich für Familien etwas tun wollen. Weshalb man bei uns nahezu immer nur den Minimalbeitrag zahlen musste. Will man politisch die Eltern komplett freistellen, muss man das auch finanzieren und nicht zu Teilen den Bürgern der Kommunen entziehen. Da halte ich es, wie in einer guten Kneipe: Wer bestellt, bezahlt.

Ich glaube nicht, dass das, was nun hier ausgerufen wurde, der richtige Weg ist, mit dem Thema umzugehen. Zumal all jene, die zu wenig verdienen, bereits jetzt über den Landkreis unterstützt werden. Statt diesen Menschen wirklich zu helfen oder am Betreuungsschlüssel etwas zu ändern, also mehr Personal für eine bessere inhaltliche Arbeit zu ermöglichen oder die Kitagebühren landesfinanziert und generell abzuschaffen, setzen wir auf ein solches Placebo. Denn mehr ist es nicht. Ob das im Sinne der Eltern und im Sinne der Kommunen ist, darf bezweifelt werden.

Ich frage mich schon seit Jahren, warum man an der finanziellen Grundausstattung der Kommunen nicht grundlegend etwas ändert. Finanziell geht es dem Freistaat so gut wie noch nie. Dass die Mittel vorhanden sind, zeigt sich in einer ganzen Reihe von Wettbewerben oder auch Aufstockungen im Haushalt bei Dingen wie zum Beispiel der Feuerwehrausstattung. Doch an diese Mittel ist immer die Bewerbung oder der Antrag gekoppelt, was stets erneuten Aufwand produziert, den gerade kleine Kommunen kaum leisten können. Für manche Vorhaben, selbst wenn sie für die Zukunft entscheidend sind, ist es beinahe unmöglich, eine Finanzierung aufzubringen. Was keine Pflichtaufgabe ist oder in kein vorhandenes Förderprogramm passt, das fällt auch schnell mal hinten runter. Oder schafft es ans Licht der Öffentlichkeit, wenn man den Zufallsgenerator »Wettbewerb« bemüht und an irgendeiner Stelle ein Preisgeld einsammelt, um loslegen zu können. Mit der aktiven und bewussten Gestaltung von Zukunft hat das nichts zu tun. Es ist eher eine Art Lotto.

## Wir verlieren künftige Generationen

Seit drei Jahren arbeiten wir zum Beispiel an einem Konzept mit dem Namen #diStadt. Das steht für digitale Stadt, also für die grundlegende Modernisierung der gesamten Kommune. Digitalisierung ist in aller Munde, keiner aber weiß, was sie bedeutet. Zeit also, sich darum zu kümmern, denn hier steht die Politik in der Verantwortung. Wir haben in unserem Konzept #diStadt die verschiedenen Handlungsfelder beleuchtet, in denen Digitalisierung eine positive Rolle spielen kann. Wir überprüfen die Abläufe der Verwaltung und schauen, welche Dienstleistungen wir künftig digital per Website erbringen können. Wir haben uns über Gesundheitsversorgung und -überwachung Gedanken gemacht und ein Konzept entwickelt, das dafür sorgen kann, dass alte Menschen länger in den eigenen vier Wänden wohnen bleiben können. Wir wollen einen Co-Working-Space für die wachsende Zahl der Heimarbeiter bauen, damit diese zu Hause nicht vereinsamen und Heimarbeit als Fortschritt für die Vereinbarkeit von Arbeit und Leben ohne stundenlanges Pendeln wahrnehmen. Wir haben ein Konzept für eine Digitalschule entwickelt, die für alle offen beim Einstieg in die digitale Gesellschaft durch Wissensvermittlung helfen soll. Und wir wollen durch den Einsatz von neuer Technik damit beginnen, öffentliche Gebäude wie Rathaus, Kitas und Schulen energetisch sinnvoll zu steuern. Zudem haben wir die zuvor schon beschriebene Bürgerbeteiligungsplattform geschaffen, über die Bürger der Stadt sich ganz einfach mit Projektideen um eine Förderung durch ihre Stadt bewerben können. All diese Projekte haben wir selbst finanziert und umgesetzt. Eine Förderung gab es dafür nicht.

Diese Vorhaben werden in der Politik sehr wohl wahrgenommen. Immer wieder höre ich, wie toll wir als kleine Stadt den Vorreiter in Sachen Bürgerbeteiligung und Digitalisierung geben. Minister klopfen mir auf die Schulter oder erklären dies öffentlich. Zuletzt geschah das, als wir für die Bürgerbeteiligungsplattform tatsächlich den Politikaward 2018 gewonnen haben, weil wir uns in der Kategorie disruptive Kampagne bundesweit gegen Werbeikonen wie Jung von Matt oder Mediengrößen wie das ZDF durchsetzen konnten.

Doch die Wirklichkeit dahinter sieht anders aus. Konzepte sind das eine, ihre Umsetzung etwas anderes. Bis auf die Bürgerplattform, deren Finanzierung wir uns aus dem städtischen Haushalt wirklich herausgespart haben, fanden alle anderen

Ideen bisher keine Unterstützung. In etlichen Wettbewerben nahmen wir Anlauf, um die nötigen Mittel zu bekommen. In vielen Gesprächen versuchte ich, dafür zu werben. Minister, Staatssekretäre, Abgeordnete – alle finden unsere Ideen toll. Die öffentliche Anerkennung des Gedankens aber findet keine materielle Basis. Und so produzieren wir schöne Überschriften, die man auch gerne medial benutzt, um Fortschritt zu zeigen. Seht her, in Sachsen geht was. Doch genau genommen würde erst dann etwas vorwärtsgehen, wenn wir die Vorhaben umsetzen könnten.

Nun sind wir wieder in einen Wettbewerb gestartet, und tatsächlich haben wir hier endlich wirklich Geld gewonnen, statt »nur« warme Worte zu bekommen. 450.000 Euro Siegprämie aus einem Wettbewerb für Ideen im ländlichen Raum, ausgelobt vom Landwirtschaftsministerium, ermöglichen nun einen ersten Schritt nach Digitalien. Endlich ein Anfang in Sachen Zukunft.

Während wir uns hier freuen, weil wir für den Bürger endlich das Monster der Digitalisierung entzaubern können, kämpfen wir schon wieder um die nächsten Schritte: Geld, um die Verwaltung digital dem Bürger zugänglich zu machen und aus dem Dreikampf »Stempeln, Lochen, Abheften« auszubrechen. Hierfür gibt es zwar Fristen zur Durchführung, wie wir das finanzieren sollen, wissen wir jedoch noch nicht. Und bis das geklärt ist, wandern weiter Mappen von Schreibtisch zu Schreibtisch. Warten auf morgen.

In Zeiten atemberaubender Veränderung in kürzester Zeit dürfen wir aber genau das nicht: warten. So werden Chancen vergeben. Beispielsweise die Chance, positive Beispiele zu schaffen. Die Chance zu zeigen, wie man mit der Herausforderung der Digitalisierung ingesamt umgehen könnte wie in einer Art Labor, in dem man ausprobiert, wie man diesem gigantischen Prozess als kleine Stadt begegnen kann. Man könnte die positiven

Seiten der Digitalisierung sichtbar machen und in der Digital-schule durch Wissensvermittlung die Menschen vor dem schüt-zen, was negativ bei »Digitalisierung« mitschwingt. Man könnte den Menschen die Angst nehmen und tatsächlich Lösungen für die Probleme des ländlichen Raumes entwickeln, denn die Mög-lichkeiten hierfür sind endlos. Man könnte am Ende dem ländli-chen Raum wirklich eine Chance geben, denn die Digitalisierung ist eine solche. Entkopplung von Arbeit und Ort sind gerade für uns ein Thema. Arbeit haben wir vor Ort nur begrenzt, und sie auf dem Weg der Digitalisierung hierherzuholen, wäre möglich. Wir könnten das für andere Kommunen in gleicher Situation ex-emplarisch erarbeiten und Modelle entwickeln, wie das gehen könnte statt Menschen weiter in die urbanen Räume zwangsum-zusiedeln, weil sie hier keine Zukunft sehen. Wir bräuchten eine Million Euro auf drei Jahre, um dieses Testfeld zu eröffnen. Was wird es uns kosten, dass wir es nicht hinbekommen? Viel, viel mehr.

## Die abgehängte Region

Bereits jetzt sind wir Subventionsempfänger des Freistaats. Wenn wir nichts Neues aufbauen können, weil uns die Mittel dafür feh-len, dann wird sich diese Situation sogar noch dramatisch ver-schlechtern. Denn je weniger Einwohner wir haben, desto weni-ger Geld bekommen wir. Je weniger Geld wir bekommen, desto mehr Menschen werden gehen, weil wir keine Möglichkeiten mehr haben, das Leben für sie hier attraktiv zu gestalten oder die Grundfunktionen einer Stadt zu sichern. Eine Abwärtsspi-rale käme in Gang, die man mit regelmäßigen Wettbewerben zur Verbesserung des ländlichen Raums nicht stoppen kann. Da ich vermutlich nicht der Einzige bin, der das erkennt, kann das keine zufällige Entwicklung sein. Die Menschen hier spüren das ebenfalls, und genau das ist ein weiterer Grund, dass sie sich mehr und mehr vergessen fühlen. Während die Demografie im ländlichen Raum langsam zu kippen beginnt, weil wir fast eine komplette Generation bereits nach der Wende verloren haben, steht die nächste schon in den gedanklichen Startlöchern. Diese werden wir dieses Mal allerdings nicht an die westlichen Bundesländer verlieren.

Folgt man der zweiten sächsischen Wanderungsanalyse, die im Auftrag der Staatskanzlei erstellt wurde, träumen heute 70 Prozent der 16- bis 19-Jährigen vom Leben in Leipzig oder Dresden. Die Gründe, warum die Jugendlichen den ländlichen Raum verlassen wollen, sind fehlende Kultur- und Freizeitangebote sowie die Mängel an der Infrastruktur. Besonders stark ist der Wunsch, die Heimat zu verlassen, in Kommunen mit weniger als 100.000 Einwohnern. Für die Älteren, die Kinder und Enkel inzwischen beinahe gesetzmäßig ziehen sehen, ist das die endgültige Beerdigung von Heimat, weil es für sie bedeutet: Nach uns kommt nichts mehr. Eine Trauer macht sich breit, die am Bierstand beim Volksfest hörbar ist. Mensch damals, da war noch dies uns das. Aber heute?

Für den ländlichen Raum ist es langfristig das Todesurteil. Was dies mit Menschen macht, was es mit Familien macht, sollte klar sein. Ja, der ländliche Raum ist auch anderswo eine gesellschaftspolitische Problemzone. Doch anderswo ist anderswo. Und es steht nirgendwo geschrieben, dass man das nicht ändern kann, oder nicht wenigstens versuchen sollte, dem ernsthaft alternative Denkmodelle entgegenzusetzen. Mit Sicherheit sind das keine Wettbewerbe um Fördergelder. Hier wäre Mut gefragt. Mut, sich der Demographie entgegenzustemmen. Und vorher wäre es wichtig zu verstehen, dass diese Entwicklungen nicht gottgegeben sind.

Wer den derzeitigen und sich abzeichnenden künftigen Zustand wirklich ändern wollte, müsste die Kommunen aufwerten und müsste Möglichkeiten schaffen, Geld einsetzen und Regeln lockern. Zurück zur Basis. Alle Regelmaschinen volle Fahrt zurück. Das alles aber geschieht nicht oder nur in geringer Dosis, denn es würde zum einen wieder bedeuten, Macht abzugeben, und zum anderen käme es – zumindest auf den ersten Blick – auch einem Bedeutungsverlust gleich. Das politische System Landtag versteht sich als bestimmendes Zentrum. Hier werden die großen Linien gemacht. Hier werden Gesetze und Förderrichtlinien beschlossen, nach denen der Rest des Landes funktionieren soll. Prinzipiell ist dagegen auch nichts einzuwenden, wenn es nicht solche, hier geschilderten Schieflagen festschreiben würde. Offensichtlich ist doch, dass inzwischen Jahrzehnte zählende Landespolitik nichts Wirksames gegen diese Trends unternommen hat. Im Gegenteil: Über Jahre hinweg wurde Mangel verwaltet. Und weiterentwickelt. Immer größere Einheiten wurden gebildet, um Kosten zu sparen. Riesige Landkreise entstanden. Gemeinden wurden zusammengelegt. Das Schulnetz wurde ausgedünnt, und auch eine Polizeistreife hat inzwischen in manchen Gegenden auf dem Land den Seltenheitswert eines australischen Schnabeltiers.

Essenzielle Funktionen des Staats verschwanden von der täglichen Bildfläche. Sie wurden schlicht weggespart. Das signalisiert den Menschen ebenfalls eine Art Rückzug auf Raten. Als wir vor zwei Jahren mit dem Wohnmobil durch Rumänien reisten, da war ich einigermaßen irritiert, wie ein so armes Land gerade das so grandios anders machen kann. In beinahe jedem Ort bis ins Hochgebirge hinein fanden sich eine Schule und eine Polizeistation und auch meistens ein Laden. Im direkten Vergleich zu anderen deutschen Städten im ländlichen Raum steht Augustusburg noch relativ gut da. Wir haben immerhin noch zwei Dorfläden, die mit Herzblut betrieben werden. Es gibt einen Supermarkt, eine Grundschule und ein freies Gymnasium. Letzteres aber allein deshalb, weil die Stadt die damals gestrichene Oberschule mit sehr viel Geld in ebendiese freie Schule verwandelte. Ein Millionenaufwand, der sich als absolut richtig erwiesen hat. Bildung in der Stadt zu halten, sichert ihr Überleben und das ihrer Bewohner. Ohne Bildungsmöglichkeiten ist eine Stadt keine Heimat für Familien. Ohne Familien hat die Stadt keine Zukunft. Manche Busverbindung verdanken wir inzwischen dem Schülerverkehr, den der Verkehrsverbund als Grundfinanzierung für die normalen Strecken nutzt. Was wiederum bedeutet, dass die Busse in den Ferien nicht verkehren. Die nächste Polizeistation, die wenigstens temporär besetzt ist, liegt zehn Autominuten von der Stadt entfernt. Im günstigen Fall bedeutet das, es kommt relativ schnell Hilfe. In der Regel aber wartet man gerne ein bis zwei Stunden, je nach zufälligem Stand der Dinge.

Wenn Sie bei uns ein Auto an- oder ummelden wollen, fahren Sie 30 Kilometer und dann wieder zurück. Mit Ihren Bauvorhaben reisen sie schon etwas weiter, nämlich ins schöne, allerdings 35 Kilometer entfernte Döbeln. Der Elterngeldantrag muss nach Mittweida, was auch rund 20 Kilometer entfernt liegt. Damit der Landkreis Mittelsachsen, dem wir angehören, diese Strukturen, verteilt auf Döbeln, Mittweida und Freiberg, betreiben kann, zahlen wir als Stadt jedes Jahr eine Kreisumlage von 1,2 Millionen Euro. Damit haben wir einige Aufgaben wunderbar dezentralisiert und schicken nun dafür unsere Einwohner auf Reisen. Wohl dem, der diese mit dem Auto erledigen kann. Im ÖPNV wird jede dieser Besorgungen eine Tagesaufgabe. Amtsreisen können lang und wenig unterhaltsam sein. Als ich 2012 ein Kennzeichen meines Autos verlor, war das der Beginn einer zweitägigen Unternehmung. Zuerst musste ich zur Polizei, um den Verlust anzuzeigen, danach das erste Mal zur Zulassungsstelle, um den Vorgang zu platzieren.

Dann musste ich eine Versicherung an Eides statt besorgen, dass das Kennzeichen genau auf die beschriebene Art und Weise verloren gegangen war, was auch nicht unbedingt einen Vertrauensbeweis »Behörde – Mensch« markiert. Danach ging es noch einmal zur Zulassungsstelle in Freiberg, wo ich das Auto komplett neu zulassen musste. Zwei ganze Tage, 100 Kilometer. Man muss es mögen, das Leben bei uns.

Ich bin mir inzwischen sehr sicher, dass wir mit demselben finanziellen Aufwand andere, nähere Strukturen schaffen könnten. Wir müssen wieder hin zum Bürger, der schließlich unser Auftraggeber ist. Was früher im Rathaus erledigt werden konnte oder wenigstens noch in absehbarer Reichweite, findet heute sonst wo statt. Die Ansprechpartner sind unbekannt. Google sucht Gebäude und Zimmernummer. Und wofür das alles? Die letzte Kreisreform, die unter anderem vor 15 Jahren unseren Großlandkreis gebar, brachte nachweislich keine Einsparungen. Noch heute hat die neue Kreisverwaltung deutlich mehr Personal, als damals vorgesehen war, und stellt inzwischen sogar weiter ein.

Nicht wenige sind inzwischen auch innerhalb der Verwaltung der Meinung, dass eine Behörde dieser Größenordnung sich in unserer Rechtslage gut mit sich allein beschäftigen kann. Einen Bürger bräuchte sie dafür vermutlich nicht. Dies alles ist das Ergebnis der Strukturpolitik des Landes, die getrieben wird von Statistiken, die die Folgen dieser falschen Strukturpolitik aufzeigen. So wird die Flucht aus der Fläche, die eigentlich die Folge des Ganzen ist, zur Bestätigung der Richtigkeit des eingeschlagenen Weges. Die Expertokratie, also das Delegieren wichtiger Entscheidungen an externe Berater, die in diesem oder jenem Fachgebiet Studien betreiben, macht Schule. Schon fabulieren erste Forschungsinstitute, man müsse den ländlichen Raum aufgeben. Diese Institute beraten die Politik und machen aus einem Land eine große Exceltabelle mit Summen und Salden. Dass sich

Heimat nicht berechnen lässt, dass Menschen keine Position in einer Gleichung aus Gewinn und Verlust sein dürfen, spielt hierbei keine Rolle.

## Die vernachlässigte Bildung

Noch schlimmer und langfristig schwerwiegender macht sich der wachsende Mangel in der Bildung bemerkbar, dem wichtigsten Feld, das es im Baukasten der lebenserhaltenden Maßnahmen einer Region gibt. Der Freistaat Sachsen, der wie alle Bundesländer darauf beharrt, die Bildungshoheit zu behalten, kümmert sich um Inhalt und Personal. Die Kommune als sogenannter Schulträger darf Gebäude und Einrichtung liefern. Wir investieren seit Jahren immer wieder in diese Infrastruktur und schaffen es aus eigenen Mitteln dennoch kaum, hier wirklich gute Bedingungen zu schaffen. Trotz alledem kämpfen wir, weil Bildung für uns das Thema Nummer 1 auf der Prioritätenliste ist, obwohl die Förderquoten hierbei weit unter denen liegen, die wir für den Bau einer Straße bekommen, was an sich schon einigermaßen absurd ist.

Der Freistaat wiederum nimmt es mit seinen Aufgaben bei der Bildung nicht ganz so genau. In meinen sechs Jahren im Amt fehlte zu Beginn jedes Schuljahrs an unserer Grundschule mindestens ein Lehrer, obwohl wir als Stadt jedes Jahr statistische Zahlen über Geburten und Auslastung der Kita und in Folge der Schule liefern. Hochgerechnet gibt das für eine Schule einen Planungshorizont von rund sechs Jahren. Ziehe ich die bisherige Wegzugsquote von den Geburtenzahlen ab, habe ich eine sehr genaue Vorstellung, wie viele Schüler in sechs Jahren mit ihrer Zuckertüte auf der Matte stehen werden. Wenn ich das weiß, dann weiß ich auch, wie viele Lehrer optimalerweise zu diesem

Zeitpunkt ebenfalls dort sein sollten. Altersabgänge der bisherigen Mannschaft abgezogen, ergibt das einen Bedarf X. Es gibt in meinen Augen kaum einen Bereich, den man so gut vorausplanen kann. Und dennoch geht es seit Jahren schief. Bisher konnte mir noch niemand wirklich erklären, woran das liegt. Die Bürger können das längst nicht mehr nachvollziehen.

Bei einer Runde mit den zuständigen Staatsministern für Kultus und Wissenschaft, die auf Bestreben der Oberbürgermeisterin der benachbarten Stadt Chemnitz zustande kam und an der viele Bürgermeisterkollegen der Region teilnahmen, sprachen wir dieses Thema an. Es war deutlich geworden, dass junge Lehrer lieber in den Städten Leipzig und Dresden bleiben wollen, wenn sie dort ihr Studium absolviert haben. Das ist ja nicht ungewöhnlich, wenn man irgendwo im Durchschnitt sechs Jahre studiert und gelebt hat. Unser Ansatz: In der Region Südwestsachsen ist Chemnitz die zentrale Großstadt mit rund einer Million Einwohner und könnte sich ein solches Haftungsverhalten der Studierenden eventuell zunutze machen. Folglich forderten wir eine fest installierte dritte Ausbildungsstätte in Chemnitz. In Verbindung mit der dort ansässigen Technischen Universität böte sich zudem eine Ausbildung in den MINT-Fächern förmlich an. Die Uni selbst hatte ebenfalls Interesse signalisiert, diese Ausbildung übernehmen zu wollen.

Doch das Gespräch verlief wenig konstruktiv und eher zäh. In seinem Verlauf klärte unser Kultusminister mich darüber auf, dass ich als Schulträger ja gar nicht für diese Fragen zuständig sei. Ich antwortete, dass bei mir seit fünf Jahren die Elternvertreter auflaufen, um den Mangel an Lehrern zu beklagen, und ich schon deshalb eine gewisse Zuständigkeit empfinden würde. Die für die Ausbildung der Lehrer zuständige Wissenschaftsministerin meinte dann, sie würde unserem Vorschlag zustimmen, wenn es denn dafür eine politische Mehrheit geben würde. Mal abgesehen davon, dass sich Letzteres automatisch ergeben würde, ist das keine wirklich befriedigende Antwort. Und bis heute, über ein halbes Jahr später, gab es keine weiteren Rückmeldungen zu diesem Vorstoß. Während wir noch immer an der Lösung der Basics arbeiten, bleiben Bereiche wie beispielsweise die Digitalisierung unbearbeitete Baustellen. Hier kreisen erste, noch unkonkret gehaltene Papiere durch die Gremien. Und alles ist überschattet vom beginnenden Wahlkampf, der grundlegende Gesetzesarbeit täglich schwieriger macht.

## Dem Bürokratieapparat ist egal, wer über ihm regiert

Die Menschen empfinden diese zähen und ergebnislosen Prozesse als Beitrag zu ihrer gefühlten Entwurzelung, als Missachtung ihrer grundlegenden Interessen. Und sie machen zu Recht die Politik dafür verantwortlich. Das Misstrauen gegenüber »denen da oben« wird auch hieraus befeuert. Tatsächlich ist kaum zu verstehen, warum die Politik diese großen Weichenstellungen nicht vornimmt. Auch wenn der Freistaat gerade viel Geld bewegt, um bei Lehrern und Polizei die Lücken wieder zu schließen, schafft dies kein Vertrauen in die Institutionen. Denn das ist Reparaturbetrieb, wie es Teile der Landespolitik auch zugeben und sogar offen benennen.

Dabei treten die handelnden Parteien, die wie die CDU teilweise seit der Wende regieren, so auf, als wären sie nun lediglich für die Ausführung dieser Reparaturen zuständig und als trügen sie nicht auch die Verantwortung für die entstandenen Schäden. Unser Kultusminister, gerade erst neu im Amt, muss jetzt verantworten, was seine Vorgänger entschieden haben. Ja, das ist unfair und hart. Trotzdem arbeiten auch Minister nicht im luftleeren Raum als Autokraten. Sie setzen um, was Regierungskoalitionen und Landtagsmehrheiten fordern. Das Argument »Ich war's nicht« ist ergo kein glaubhafter Ansatz, selbst wenn er im Einzelfall stimmen mag. Dass Politiker sich so ihrer Verantwortung entziehen, stört die Menschen massiv und treibt sie unter anderem dazu an, den etablierten Parteien das Vertrauen zu entziehen. Die Politik wiederum kann es sich nicht leisten, Fehler zuzugeben, weil die Bürger inzwischen eine Nulltoleranz entwickelt haben. Denn auch der Ehrliche bekommt für seine Ehrlichkeit keine Blumen, sondern endet ebenso am Pranger wie alle diejenigen, deren Ausreden nicht tragen. So entsteht ein Teufelskreis aus Vertrauensverlust und Verantwortungsvermeidung.

Ich kann einfach nicht verstehen, dass die Landespolitik es vor diesem Hintergrund nicht ernsthaft in Erwägung zieht, Macht abzugeben, sich auf die großen Linien zu beschränken und diese in Ordnung zu halten und damit ein geordnetes Maß an Einfachheit in die Politik und unsere gesamte Arbeit zurückzubringen. Schon sehr oft habe ich das angesprochen. Immer wieder heißt es, das Problem läge beim Bund oder sogar bei der EU. Mancher Minister sagte mir im Vieraugengespräch auch schon so Sätze wie »Das bekomme ich in meinem Haus niemals durch«. Man gewinnt den Eindruck, dass es dem Bürokratieapparat inzwischen egal ist, wer über ihm regiert.

Dabei drängt sich der Weg zu mehr Autonomie, zu mehr Einbeziehung der Bürger in ihren Gemeinden geradezu auf. Es wäre ein Leichtes, den Kommunen mehr Spielraum, mehr Vertrauen zu schenken, um sich dann mit der frei gewordenen Kraft auf die großen Themen zu konzentrieren. Einen solchen Weg könnte der Landtag einschlagen, ohne mit dem Rest der Welt zu verhandeln. Dazu bräuchte es das Vertrauen in die gewählten Gremien vor Ort. Doch dieses gibt es offensichtlich nicht. Es herrscht die Angst vor, die Stadt- und Gemeinderäte dort draußen könnten plötzlich anfangen, mit dem Geld der Bürger irgendwelchen Unsinn anzustellen. Dabei übersieht die Landespolitik, dass nirgendwo die Kontrolle des Bürgers direkter funktioniert als in den Städten und Gemeinden. Der große Publikumsjoker würde längst mehrheitlich für mehr Selbstbestimmung votieren, aber wir entwickeln weiterhin unser Land von oben nach unten. Und stellen manches damit auf den Kopf.

Ja, es könnte einfacher sein. Doch wir machen es weiter kompliziert. Was daraus entsteht, diese hier nur auszugsweise beschriebene Gemengelage, führt dazu, dass wir permanent Probleme lösen, von denen wir bei einem anderen Herangehen wohl deutlich weniger hätten. Weniger Probleme würden das große, lähmende Kümmern zu einem gehörigen Stück endlich überflüssig machen. Statt sich ausschließlich um das bemühen zu können, was auf kommunaler Ebene nicht zu regeln ist, statt sich also auf die großen Linien der Politik zu konzentrieren, touren die Landtagsabgeordneten von Kommune zu Kommune. Das tun sie, weil sie zu Hilfe gerufen werden, um im Einzelfall um Lösungen für die Probleme zu ringen, die durch dieses Knapphalten und eine Politik nach Gutsherrenart überhaupt erst geschaffen wurden. Der Abgeordnete als solcher wird nämlich dann eingeschaltet, wenn eines dieser grundlegenden Probleme an irgendeiner Stelle überhandnimmt. Die Straße, die Brücke, die Schule.

Es ist ein bisschen so, als würde man sich selbst jeden Tag Arbeit schaffen. Es wird übersehen, dass das schließlich sogar die demokratischen Grundsätze verletzt und aushebelt. Nicht der Bürger oder der Stadtrat entscheiden am Ende, ob die Schule erweitert wird oder nicht. Wirklich entscheidend ist, ob der Förderantrag dazu anerkannt wird und ob er rechtzeitig vorlag – und ob der Landtag gerade Schule als Schwerpunkt ausgerufen hat. Wenn es ganz eng wird, hängt die Lösungswahrscheinlichkeit zuletzt daran, wie vernetzt oder hartnäckig der jeweilige Bürgermeister ist und welcher Abgeordnete an seiner Seite ins

Gefecht geht. Wenn das Ganze zum Erfolg führt, dann danken wir dem zuständigen Abgeordneten für seinen unermüdlichen Kampf in der Sache. Wer keinen kennt, der einen kennt, der zieht unter Umständen den Kürzeren.

## Schluss mit einem System, das nur Verlierer hervorbringt

Diese Mechanik haben außer mir auch andere erkannt. Am Ende wird das öffentlich aber niemand zugeben. Ich bin mir sicher, dass die Politik diese Beschreibung der Lage unter einem Berg von Maßnahmen, Fördermittelaufstockungen und sonstigen Reparaturaktionen beerdigen wird. Auf jeden Fall wird die gesuchte Lösung nicht Einfachheit heißen. Wir haben verstanden, heißt es nun immer öfter. Nein, haben wir nicht, möchte man rufen, denn eine wirklich grundsätzliche Änderungsbereitschaft ist nicht oder bestenfalls in Ansätzen erkennbar. Wir reden mehr. Das ist gut. Hier und da werden Mittel aufgestockt. Auch nicht verkehrt. Wir geben euch Entscheidungsmöglichkeiten zurück, das hören wir leider nicht. So zementieren sich Distanzen. Gerade bei uns im Osten ist das nur logisch, in einem Landstrich, der in so kurzer Zeit so viele Veränderungen bis in die innerste Privatsphäre hinein akzeptieren musste.

Wer aus einem Land kommt, in dem man sich beim »Eingaben schreiben« die Finger verbiegen konnte, meist ohne ein Echo zu erfahren, der findet sich jetzt in einem Land wieder, in dem er Briefe an den Bürgermeister, den Abgeordneten oder sonst wen schreibt und als Antwort zu hören bekommt, warum es gerade nicht anders geht. Es gibt jetzt mehr Ansprechpartner und mehr Antworten. Aber auch mehr Lösungen? Nein. Und während wir fortwährend die Menschen auffordern, sich einzubringen, sind wir gar nicht in der Lage, den Geist, den wir da rufen, auch zu bedienen. Was wiederum nur Unverständnis und Frust produziert bei denen, die der Aufforderung zum Sich-Einbringen gefolgt sind. Immer weniger Menschen finden folglich den Weg in ein Abgeordnetenbüro. Die wenigen politisch handelnden Personen im Ort kennen sich untereinander persönlich.

Wenn wir auch durch eine Umverteilung der Mittel und Möglichkeiten zurück in die Kommunen nicht alle Probleme lösen, könnte ein solcher Weg ein Anfang sein. Die Menschen könnten teilhaben, selber entscheiden, wo Prioritäten liegen sollen, und würden vor allem langfristig verlässlichen Plänen entgegensehen, die sie selber gemacht haben. Ich bin mir sicher, dass dies dazu führen würde, dass ein Mangel ganz anders akzeptiert werden würde, dass Einsicht wachsen würde, wenn nicht alles jetzt und sofort gelöst werden kann. Der Teilhabe, dem wichtigsten Motor der Demokratie, würde es auf jeden Fall eine Menge Treibstoff geben. Denn wo Menschen Möglichkeiten haben und wirklich etwas entscheiden können, dort werden sie sich einbringen. Sie werden Teil des Ganzen und haben die Chance, besser zu verstehen, was wie ineinandergreift und was wovon abhängt. So aber folgt die politische Agenda ihrem eigenen Kalender, der in Legislaturen denkt. Dementsprechend werden Reihenfolgen von Aufgaben und Arbeit festgelegt. Das beinhaltet, dass sich der Apparat meist dann verstärkt dem Wunschzettel der Menschen zuwendet, wenn eine Legislatur endet und eine neue vor der Tür steht. Das führt bei den Menschen zu einem fatalen Rückschluss: Alle vier Jahre interessieren die sich für uns. Wenn sie gewählt werden wollen.

Auch Abgeordnete leiden unter diesem System und seinen Regeln, und nicht nur, weil es Überlasten schafft. Sie stehen selbst unter einem Erfolgsdruck und sehen sich mit Erwartungen konfrontiert, die sie gar nicht erfüllen können. Viele Bitten von denen da draußen, die sich mit ihren Sorgen täglich melden, können unter diesen Rahmenbedingungen gar nicht gehört werden. Die Enttäuschung ist entsprechend groß, wenn man für seine Region oder seine Stadt eben nicht alle anstehenden Probleme lösen kann. Die Öffentlichkeit hat diesen Automatismus, es müsse sich nur der richtige Abgeordnete in der Region kümmern, ebenfalls längst verinnerlicht. So leiden auch die Abgeordneten selbst darunter, dass durch den schleichenden Prozess der zunehmenden Kontrolle und der Überwachung aller Mittel die Lösungsmöglichkeiten bei ihnen, der landeseigenen Förderbank und dem Landtag liegen. Vieles von dem, was als Problem an sie herangetragen wird, muss nun im Landtag und damit auch gegen die Interessen der eigenen Kollegen behandelt werden, denn diese haben zumeist ebenfalls regional bestimmte, sehr lange Aufgabenzettel.

So mancher Fachpolitiker stöhnt inzwischen, weil er unter der Last des Kümmerns seine eigentlichen Aufgaben, nämlich grundsätzliche Fachpolitik zu machen, kaum noch bewältigen kann. Dabei wäre das allein ein tagesfüllendes Programm, weil die Abgeordneten sich hierbei im Spagat befinden zwischen Gutachtern, Beratern, der Realität und einem Konvolut aus ständig die Politik korrigierenden Gerichtsurteilen. Zudem sind sie auf eine Ministerialbürokratie angewiesen, die Veränderung hin zur Einfachheit nicht zu ihrem Lebensziel gemacht hat. So steht die Expertokratie der Demokratie auf den Füßen. Zu verhindern, dass alles in einem Dschungel aus Regelwut und nationalen und europäischen Paragraphen erstickt, ist Aufgabe genug.

Viele Politiker bewegen sich, getrieben von übervollen Kalendern, in einem Hamsterrad aus Fraktionssitzungen, Expertenanhörungen, Ministerialrunden und Bürgerterminen. Das Rad dreht sich, bleibt aber auf der Stelle. Das System ist komplex, und die Lasten sind falsch verteilt. Am Ende kennt es nur Verlierer, weil der Wust an Aufgaben kaum noch zu bewältigen ist. Zur Belohnung für diesen 12-Stunden-Job sieht man sich obendrein nicht selten als einer von denen einsortiert, die sich ja nur am Futternapf halten wollen. Mitglied einer Altpartei, wie es nun heißt. Nicht wenige Menschen finden, dass diese – wie manches andere auch – beseitigt gehören. Nicht selten höre ich im direkten Gespräch mit Abgeordneten eine gewisse Sehnsucht heraus, wieder in einer Position sein zu wollen, in der man wirklich gestalten kann. Das meint beispielsweise, Bürgermeister zu sein. Ihr könnt ja noch was machen, heißt es dann oft. Natürlich entspricht das bloß eingeschränkt der Wahrheit, weil wir am anderen Ende dieser Aufgabenkette ziehen. Dass ein solcher Wunsch eigentlich einer Kapitulation vor dem selbst geschaffenen System gleichkommt, macht mich jedes Mal aufs Neue sprachlos.

Doch ganz ohne Hoffnung ist das Land noch nicht. Tatsächlich gibt es inzwischen so etwas wie einen kleinen, aber feinen Kurswechsel. Er setzte ein, als Ministerpräsident Stanislav Tillich (CDU) seinen Platz räumte und Michael Kretschmer dessen Posten übernahm. Kretschmer, der gerade bei der Bundestagswahl seinen Wahlkreis an einen namenlosen AfD-Mann verloren hatte, trat ein Erbe an, das man bei wachem Verstand eigentlich hätte ausschlagen müssen. Das Land ist gespalten wie nie zuvor. Demonstrationen bestimmen die öffentliche Wahrnehmung. Die Umfragewerte der CDU sind auf einem für Sachsen unvorstellbaren Allzeittief, und Kretschmer selbst startete im Land als weitgehend unbekannt und zudem mit dem Stigma behaftet, gerade eine Bundestagswahl verloren zu haben. Das sind nicht eben die Zutaten für eine potenzielle Erfolgsgeschichte. Doch der jungenhaft wirkende Landeschef aus dem Osterzgebirge agiert bei seinen Auftritten so nahbar und unkompliziert, dass mancher Besucher aufpassen muss, dass ihm nicht schon vor der Debatte seine Vorurteile abhandenkommen. Kretschmer schafft es momentan, die sich langsam in eine gefährliche Totalkonfrontation wandelnde Stimmung in Sachsen in so etwas wie eine große Debatte zu verwandeln und damit zumindest vorläufig einen drohenden Totalschaden der Gesellschaft zu verhindern.

Gemeinsam mit seinem neuen Kabinett ist er seit 13 Monaten nahezu pausenlos in seinem Bundesland unterwegs und bittet die Bürger zur Diskussion. Das »Sachsengespräch« gehört inzwischen zum festen Terminkalender der öffentlichen Agenda und füllt regelmäßig Stadthallen und Säle. Bestechend detailreich, immer frei sprechend, offen und überzeugend redet Kretschmer gegen die Wut an, die sich aufgestaut hat und die derzeit benutzt wird von einer AfD, die ihre Chance wittert, auf dieser Welle nicht nur in den Landtag einzuziehen, sondern ernsthaft und offen endlich den Umsturz praktizieren zu können. Inhaltlich muss man nicht alle Positionen Kretschmers vertreten, dennoch haben diese Diskussionen ein Ventil geöffnet. Vielleicht ist das endlich ein Anfang. Nach Jahren der königgleichen Ignoranz und pauschalen Abschätzigkeit seiner Vorgänger gegenüber extremen Tendenzen und später gegenüber Demonstrationszügen und Pegida-Aufmärschen in Sichtweite der Staatskanzlei ist das ein wahrer Paradigmenwechsel. Und nicht nur auf dieser Ebene. Auch gegenüber den Kommunen öffnet sich die Landesregierung. Vordran ein Ministerpräsident, der mal eben alle Bürgermeister der Gemeinden unter 5000 Einwohner einlädt, mit ihm und zwei seiner Minister einen Nachmittag lang eine offene Debatte zu den Problemen vor Ort zu führen, ohne Agenda und ohne Ausschluss unbequemer Fragen. Auch hier wieder zeigte Kretschmer eine bestechende Detailkenntnis, die man von einem Ministerpräsidenten so nicht unbedingt erwarten würde.

Nun könnte man sagen, dass das Kümmern einfach nur auf einer neuen Ebene angekommen ist und dass dies wieder nur ein verlogenes Manöver, nicht aber einen Lösungsweg darstellt.

Zumal auch dieser Ministerpräsident mit Blick auf die Landtags-wahl im Herbst 2019 um sein politisches Überleben kämpft. Aber das wäre ungerecht und stimmt in diesem Fall auch nicht. Denn Kretschmer hat den Kern des Problems erkannt. Es wird lang-sam sichtbar, dass seine Methode des »darüber Redens« tatsäch-lich ein tieferes Ziel verfolgt. Er will sich nicht kümmern. Er will Veränderung, und zwar in einem Tempo, das seine eigene Minis-terialbürokratie gerade an ihre Grenzen führt. Ob erhöhte Zu-schüsse, die ein drohendes Debakel beim Breitbandausbau im Land verhindern sollen, oder der Abbau einiger bürokratischer Hürden für Investitionen, die Kommunen tätigen – er will Lö-sungen in Echtzeit. Wegen dieser Glaubwürdigkeit ist er in Re-kordzeit von einem beinahe unbekannten Politiker zum derzeit beliebtesten Landespolitiker aufgestiegen. Begleitet wird er dabei von einem Koalitionspartner, der vieles davon schon lange er-kannt hat. Insofern herrschen auf oberster Linie Vertrauen und gegenseitiger Respekt: Kretschmer auf der einen, Dulig auf der anderen Seite, und dennoch gut zusammen.

## Der Aufstieg der AfD

Doch statt diesen spürbaren Aufbruch für eine geschlossene Er-neuerung zu nutzen, scheint indes Kretschmers Partei an einen Wandel nicht mehr zu glauben. Während er versucht, wichtige Weichen zu stellen, um nicht nur politische Kosmetik zu betrei-ben, herrscht in den Reihen seiner CDU nackte Panik. Zur an-stehenden Wahl drohen 20 Direktmandate verloren zu gehen, und zwar an eine AfD, die momentan alles versprechen kann und nichts beweisen muss. Die AfD erzeugt Überschriften und bedient Stammtische und könnte in manchen Regionen auch eine Milchkanne zum Kandidaten küren, ohne damit rechnen zu müssen, die Wahl zu verlieren. Während der sächsische Ministerpräsident gerade versucht, eine weitere Polarisierung der Bevölkerung zu verhindern und der AfD faktisch den Wind aus den Segeln zu nehmen, übt sich mancher Landtagsabgeordnete darin, ein besserer AfD-Kandidat zu werden, in der Hoffnung, er könne sich so über die Wahl retten.

Dass dies die christsozialen Kollegen in Bayern unlängst ohne Erfolg versucht haben, wird dabei genauso wenig beachtet wie die Tatsache, dass noch immer mindestens zwei Drittel der Bevölkerung den radikalen Positionen der neuen Extreme die kalte Schulter zeigen. Sinnbild dieser unausgesprochenen Zerrissenheit innerhalb der Partei ist die Wahl des neuen Fraktionschefs der Christdemokraten im Landtag. Mit Christian Hartmann wurde ein Abgeordneter an die Spitze gewählt, der sogleich nichts Besseres zu tun hatte, als zu verkünden, dass er eine Koalition mit der AfD nicht ausschließen wolle. Zwar war er später bemüht, dies vor dem Hintergrund des »nicht ausgrenzen Wollens« zu verorten. Im Kern ist das aber schon beinahe eine Art Kampfansage an die eigene Spitze. So zumindest konnte man es verstehen.

Tatsächlich ist der Kampf, den die Politik in Sachsen gerade gegen Rechtsaußen zu führen hat, eine komplexe Mission. Über Jahre und Jahrzehnte waren die Parteien in der politischen Mitte bis zur Unkenntlichkeit verschmolzen. Die Debatten um die Details, an denen sich die Parteien unterscheiden ließen, erreichten die Menschen nicht. Es waren eben bloß Details. Das stärkte die Ränder. Vor allem stärkte es den rechten Rand, der sich traditionell aus Unzufriedenheit speist und von einfachen Feindbildern geleitet wird. Mit der AfD bekam er schließlich ein Sprachrohr, das nicht ganz so schmuddelig und gestrig daherkam wie beispielsweise eine NPD. Für viele ist die AfD auch deshalb wählbar. Die Neuen, die nach eigener Wahrnehmung endlich »das wahre

Volk« und seine Probleme erkannt haben, geben sich als Anwalt der Konservativen. Und konservativ ist man in heutigen Zeiten gern. Die hiesige Politik wurde vom rasanten Aufstieg der AfD überrumpelt und reagierte, wie man auf Extreme hierzulande immer reagiert – mit Ausgrenzung und Reduktion auf das, was die AfD eben auch ist, rechtsradikal. Doch das ist der falsche Weg.

Zu lange hat man diese Partei zu bekämpfen versucht, indem man sie einfach stigmatisierte, statt sie inhaltlich zu stellen. Ein Ansatz, den ich noch nie geteilt habe, denn zum einen ist die AfD demokratisch legitimiert und zum anderen schwimmt sie als Schaumkrone auf der zuvor beschriebenen Welle aus Unzufriedenheit, mangelnder Wertschätzung und den politischen Fehlern der vergangenen Jahrzehnte. Konzepte und Inhalte sucht man weitestgehend vergebens. Und außer den üblichen Deutschtümeleien und teilweise rechtsradikalen Positionen, die man als konservativ und »für das deutsche Volk« verkauft, hat diese Partei derzeit nichts zu bieten.

Wer sie also bekämpfen will, der muss die Welle glätten, auf der sie schwimmt. Nicht mehr, aber auch nicht weniger. Ich habe mich schon immer dagegen verwahrt, die Anhänger und Sympathisanten der AfD einfach als Rechtsradikale abzustempeln, weil sie das zum überwiegenden Teil tatsächlich nicht sind. Ein solcher Stempel erzeugt Wut und bestätigt den Kurs derer, die davon profitieren. Es macht sie zu einer Art Märtyrer und stärkt damit ihre Position. Genau dieses Ausgrenzen nutzt die AfD, um sich als Korrektiv zu stilisieren, das bekämpft wird, weil es angeblich Wahrheit verkündet. Seht her, die haben Angst vor uns – und euch. Und jetzt geht's denen an den Kragen.

Dass dies funktioniert, habe ich selbst erlebt, als ich eine der vielen »Informationsveranstaltungen« der AfD besucht habe. Als in Augustusburg eine solche Runde mit Plakaten angekündigt wurde, da beschloss ich, auch hinzugehen. Ich wollte hören, was denn die Argumente sein sollen, die alles zum Besseren wenden. Außerdem sollte ein Bürgermeister sich informieren. Da ich zu den von mir organisierten, regelmäßig stattfindenden Politiktalks in der Stadt Politiker aus allen Parteien einlade, fand ich es nur konsequent, auch hier selber präsent zu sein. Tatsächlich war es die Teilnahme schon wegen der erstaunten Gesichter der Veranstalter wert, als ich erkannt wurde. Mit meinem Erscheinen hatte offenbar niemand gerechnet. Ich wurde also als »prominenter Besuch« begrüßt. »Eines muss man Ihnen lassen«, eröffnete die Landtagskandidatin Romy Penz diese Offerte an mich, »bürgernah sind sie ja. Im Gegensatz zu anderen.« Der halbdunkle Saal, der gefüllt war mit rund 60 Menschen, größtenteils im mittleren und fortgeschrittenen Alter, von denen vielleicht zehn aus unserer Stadt und der Rest aus dem näheren Umland angereist waren, raunte kurz. Ein paar Hände klatschten. Dann begann das Programm.

Obwohl ich schon erwartete hatte, dass es schwierig werden würde, übertraf das, was hier geboten wurde, meine schlimmsten Erwartungen um einiges. Ein Bürger meiner Stadt präsentierte per Stichwort-Powerpoint zunächst einen Mix aus Schlagzeilen zur Europapolitik mit sämtlichen Klischees vom zahlenden Deutschland und dem unser schönes Geld und unsere Renten verjubelnden Rest der Welt. Die übrige Veranstaltung ist schnell zusammengefasst: Klimawandel gibt es nicht. Dieselfahrverbote sind Mist. Bargeld wird abgeschafft, um den Menschen ihre letzte Freiheit zu nehmen. Griechenland verjubelt unsere Milliarden. Der zuständige AfD-Abgeordnete, der kurz zuvor bei der Bürgermeisterwahl in seiner eigenen Stadt gescheitert war, nahm schließlich die Kommunalparlamente aufs Korn und meinte, es müsse auch hier endlich »der Filz aufgebrochen« werden. Damit meinte er auch uns. Eine Stadt, die kurz zuvor für ihre beispielhafte Bürgerbeteiligung mit einem Preis ausgezeichnet worden war und in deren Stadtrat zwei freie Bürgerlisten locker die absolute Mehrheit stellen. Unsere Politik muss wieder für die Deutschen da sein. Das war der Grundtenor. Dass mindestens die Hälfte der Thesen in die Rubrik fragwürdig bis nachweislich falsch einsortierbar war, störte im Publikum niemanden wirklich.

Es überrascht auch nicht, dass die Analyse der Lage vieles benannte, was ich auf den vorangegangenen Seiten ebenfalls anführe. Unsere Probleme bestehen unbestritten und können als solche auch beschrieben werden. Eine Lösung musste an diesem Abend jedoch niemand bieten. Und deshalb tat es auch keiner. Genau das ist das Fatale. Die Parole, die die Lösung aller Probleme beinhalten soll, lautet: Wir sind neu. Wir sind die letzte Rettung! Diese Botschaft reicht aus und verfängt. Nahezu jede Steilvorlage wurde laut beklatscht. Hier werden Ängste bedient, der gefühlte Kontrollverlust wird bestärkt. Die angestaute Wut trägt das alles, und ein bisschen schwingt der Wunsch nach Rache mit. Jede Gegenrede wird im Vorfeld erstickt, weil sie entweder von den Altparteien oder aus der Lügenpresse stammt. Man stellt sich nicht, und man muss es auch nicht. Die Präsentation des Abends mit ihren gruseligen Halbwahrheiten quer durch alle Befindlichkeiten, die man wahrscheinlich mit ein bisschen Googeln ruckzuck als Fakes identifizieren würde, bleibt wegen »Urheberrechtsfragen« natürlich nicht öffentlich, noch nicht einmal für die Anhänger, die bei der Veranstaltung artig danach fragten. Der Autor habe schließlich lange für diese Präsentation recherchiert.

Doch dieser Abend ist mehr als düsterer Klamauk. Er zeigt viel mehr als nur ein trübes Theaterstück dieser Trittbrettfahrer der Wut anderer. Er macht Stück für Stück die Fehler sichtbar, die in den vergangenen Jahrzehnten politisch gemacht wurden. Er ist das Ergebnis entrückter, schlecht erklärter und träger Politik. Er ist ein Sieg über die hohe Komplexität der Welt, um deren Erläuterung sich niemand mehr ernsthaft bemüht. Dieser Abend ist der Beweis dafür, dass man die Menschen auf dem Weg in die neue Zeit zu wenig beachtet hat. Hier werden reihenweise Quittungen verteilt: für niedrige Renten, für den nicht erkannten und zu wenig gewürdigten, sehr persönlichen Schmerz, den viele seit langer Zeit in sich tragen, für niedrige Löhne, für Milliardentransfers gen Europa und für die Einwanderungspolitik.

Die Menschen applaudieren, weil ihre Erwartungen in die politische Wende nicht erfüllt wurden. Weil Politik im Jetzt nicht immer nachvollziehbar ist und sie sich und ihre Probleme in dieser Politik nicht wiederfinden. Brauchte es einen schlagenden Beweis dafür, dass wir sehr schnell ziemlich viel grundlegend anders machen müssen, an diesem Abend in Augustusburg – wie an so vielen ähnlichen Abenden überall – wurde er erbracht. Der Aufbau unserer Gesellschaft im Osten braucht einen wirklichen Neustart. Das jahrzehntelange Kümmern hat aller Mühe zum Trotz sein Ziel verfehlt. Im Gegenteil. Es hat Schaden angerichtet. Es hat Erwartungen erzeugt, die im Einzelfall unweigerlich nicht erfüllt werden können. Das Kümmern der Politik hat suggeriert, wir könnten uns jedes persönlichen Schicksals annehmen, und jetzt wird sichtbar, dass dies nicht möglich ist.

So seltsam es klingen mag: Man darf niemanden in diesem Saal an diesem Abend verteufeln, noch nicht einmal diejenigen, die Beifall spenden und heftig nicken. Ihre Anwesenheit und ihre Zustimmung zeigen, dass ihre Sorgen real sind. Für sie selbst auf jeden Fall, wenn auch vielleicht nicht faktisch in jedem Punkt. Wir müssen uns verstärkt der unbequemen Frage stellen, warum diese Runden Zulauf finden. Vor allem aber müssen wir uns fragen, was wir tun können, um die Welle tatsächlich glätten zu können.

Ganz klar wird, was nicht der Weg sein kann. Ansprachen, gerichtet an das »anständige Sachsen«, wie sie meine Partei gern hält, grenzen weiter aus. Und eine solche Wortwahl blendet aus, dass auch die eigene Politik hierhergeführt hat. Diese Wut, die hier versammelt sitzt, kommt nicht von ungefähr, und sie wird sich auch nicht einfach so auflösen. Jede weitere Anklage, Stigmatisierung oder ein weiteres Verdrängen in eine pauschale Ecke der Gesellschaft führen zu einer weiteren Spaltung und zwingen die vielen Unentschlossenen, sich für eine dieser Seiten zu entscheiden. Die Folgen wären dramatisch, denn eine in Lager zerfallende, sich unversöhnlich gegenüberstehende Gesellschaft wird keine gute Zukunft haben können. Dies zeigt uns unsere eigene Geschichte.

# 4

# Wir, die Medien

Es mag ein wenig seltsam anmuten, dass ein Bürgermeister unter der Überschrift »Wir, die Medien« schreibt. Doch da ich 15 Jahre meines Lebens in der Medienwelt tätig war, habe ich einen gewissen Einblick und auch eine andere Draufsicht zu Rolle und Arbeit der Medien, gerade hier bei uns im Osten. Diese Perspektive von innen ist nun durch eine ganz spezielle Sicht von außen ergänzt. Wenn man plötzlich der Gegenstand der Berichterstattung ist, liest man eine Zeitung ganz anders und insbesondere dann, wenn man in der Vergangenheit selber geschrieben hat. Mein Weg in die Medien begann 1993 in meiner Heimatstadt Halle als freier Mitarbeiter beim *Mitteldeutschen Express*, einem Boulevardableger des Kölner Verlagshauses M. Dumont-Schauberg. Ich hatte einen jungen Redakteur kennengelernt und ihn gefragt, wie man in diesen Job kommen würde. Er nahm mich mit in die Redaktion, und der damalige Lokalchef, ein Boulevard-Urgestein aus Köln, gab mir die Chance, gegen ein Zeilenhonorar von 80 Pfennigen mein Glück zu versuchen. Ein Einstieg in den Journalismus, wie er heute wohl kaum noch denkbar ist. Aber ich nutzte die Chance, denn ich hatte ein Ziel. Ich wollte schreiben.

Und das lernte ich. Die Prämissen des Boulevard-Journalismus waren kurz, auf den Punkt und klar zu formulieren. Offenbar hatte ich das verstanden, denn als das Blatt mangels wirtschaftlicher Tragfähigkeit eingestellt wurde, wechselte ich zur seriösen Mutter, der *Mitteldeutschen Zeitung*, um dort ein Volontariat zu durchlaufen. Nachdem ich die Hälfte absolviert hatte, wurde ich als Redakteur in das Ressort Reportage geholt, das bei Tageszeitungen in der Regel die begehrte Seite 3 mit Inhalt füllen darf. Das war nicht nur ein Riesenschritt für mich, sondern ich hatte damit einen Traumjob. Google war in weiter Ferne, die Auflagenzahlen der Zeitung stimmten, und wir fuhren tatsächlich noch zur Geschichte raus, recherchierten und hatten die nötige Zeit, um gute Arbeit abzuliefern. Das ist heute leider genau so unwahrscheinlich und selten wie mein Quereinstieg in die Branche.

Eine spannende Zeit begann, die mich lehrte, Menschen zu sehen, ihre Gedanken zu erfassen, ihre Beziehung zur Gesellschaft einzuordnen. Als das Internet allmählich die Zeitungslandschaft erreichte, bekam ich die Chance, das Onlineangebot der Zeitung aufzubauen. Ein bisschen Lokalfernsehen als Geschäftsführer eines Lokalsenders, an dem das Zeitungshaus beteiligt war, kam hinzu. Ich baute eine eigene Unit auf, die später auch im Gesamtkonzern mitentwickeln durfte. Wir waren spät gestartet und doch gut unterwegs, da kam die Stunde null. Die sogenannte Internetblase platzte und verschaffte jenen im Verlag Oberwasser, die dem ganzen Bit-Zirkus sowieso ablehnend bis wenig begeistert gegenüberstanden und nur darauf warteten, diesem Unsinn ein Ende zu bereiten. Die Mittel für den neuen Aufbruch schmolzen ebenso wie die Anzeigenerlöse im Print, und ein wirklich sinnvolles Arbeiten wurde unmöglich.

So verließ ich das Zeitungshaus und wechselte zum Mitteldeutschen Rundfunk als Marketingchef der beiden Sender *Jump* und *Sputnik* und lernte gute zwei Jahre lang, wie Radio geht. Damals wurde mir klar, dass die Öffentlich-Rechtlichen nicht meine Traumbaustelle sind. Alles in allem war meine Reise durch die verschiedenen Medienarten in vielerlei Hinsicht dennoch wegweisend für mich. Sie ermöglichte mir, Berater im Medienbereich zu werden. Ich entwarf zusammen mit anderen neue Konzepte für alte Produkte, was auch immer mit der Suche nach neuen Wegen und dem entscheidenden Kompromiss an der richtigen Stelle verbunden war. Diese Erfahrung bildet inzwischen eine wichtige Basis für das, was ich jetzt mache: eine möglichst transparente und moderne Politik im Kleinstraum und gezieltes Verändern alter Strukturen. Denn Politik ist die Suche nach Lösungen und neuen Wegen und immer auch nach dem Kompromiss. Vor allem aber muss man in der Politik erklären und vermitteln und am Ende für eine Sache streiten können. All dies habe ich während meiner Zeit im Journalismus und danach gelernt.

Schließlich beriet ich jahrelang Medienhäuser auf dem schweren Weg vom Papier zum digitalen Geschäft. Ich arbeitete für die *Frankfurter Allgemeine Zeitung*, die WAZ Mediengruppe, aber auch für die *Leipziger Volkszeitung* und andere lokale Medienhäuser in Ost wie West. Für unsere Lokalzeitung hier, die *Freie Presse*, die größte Lokalzeitung im Osten, durfte ich einen Workshop ausrichten zum Thema Facebook und Co als Konkurrenz, aber auch als Mittel, um die eigenen Themen zu transportieren. Damals wurde das eher belächelt. Es war, bevor in Nordafrika soziale Netzwerke dabei halfen, unantastbare, scheinbar auf ewig etablierte Diktaturen in Rekordgeschwindigkeit aus der Zeit zu fegen. Die Massen fanden plötzlich ganz eigene Kanäle, um Öffentlichkeit herzustellen, sie brauchten keine Sendelizenzen oder Druckmaschinen, um ihre Meinung im großen Stil zu verbreiten. Es war absehbar, dass dies nicht an Grenzen haltmachen würde. Wie das ausgehen würde, war ungewiss. Klar wurde aber schnell, dass sich das Interesse der etablierten Medien, sich ernsthaft in diese neuen Felder zu begeben, in Grenzen hielt. Damals war es schlichtweg unvorstellbar, dass die eigene Machtposition wanken könnte. Im Vordergrund stand zudem der Makel, dass man hier Inhalte quasi kostenlos hergeben sollte. Information wants to be free. So viel Freiheit für die eigene Leistung wollte keiner. Eine andere Idee, wie man die neuen Wege beschreiten und Profit organisieren könnte, hatte kaum jemand. Also ignorierte man diese Wege weitgehend. Ein Irrtum, wie sich inzwischen zeigt, denn noch immer laufen viele seriöse Häuser den Entwicklungen im Web hinterher. Und ein ganz wesentlicher Fehler obendrein.

Inzwischen wurde unsere ganze Gesellschaft vom Megatrend der sozialen Medien erfasst. Eigentlich eine logische Folge in einem der reichsten Länder der Erde, in dem es mehr Handys als Einwohner gibt. Dieser millionenstimmige, sich selbst zitierende Kanal wuchs quasi ohne Regeln, ohne Werte. Richtig ist, was geschrieben steht. Falsch ist, was nicht mir entspricht, was ich nicht verstehe, oder auch schlicht, was mir gerade nicht gefällt. Das wiederum hat einen erheblichen Einfluss darauf, wie sich die gesellschaftliche Meinungslage hierzulande entwickelt. Der schlimmste anzunehmende Fall ist eingetreten: Diese Netzwerke haben für ganze Bevölkerungskohorten zunehmend die klassischen und etablierten Wege der Information ersetzt. Algorithmen bestimmen, was ich sehen soll und was nicht. Bots, also nicht existente Personen, werden durch das Netz gejagt, um vermeintliche Nachrichten zu verbreiten. Richtig und falsch gibt es nicht mehr, jedenfalls nicht für diejenigen, die noch im reinen Lesemodus unterwegs sind.

Darauf waren die Menschen nicht vorbereitet. Eben noch von aufbereiteten Nachrichten unterrichtet, fanden sie sich in einer riesigen Zitatensammlung wieder. Millionen Quellen. Millionen Behauptungen. Die Überprüfung und das Gegenchecken waren plötzlich den Nutzern überlassen. Das ist, als wolle man mit einer frisch bestandenen Seepferdchenprüfung den Ärmelkanal durchschwimmen.

Aber es kommt noch schlimmer. Etliche Menschen – selbst in meinem persönlichsten Umfeld – beziehen ihr »Wissen« ausschließlich aus diesen stetig auch jedweden Unsinn wiederkäuenden Meinungsaggregatoren, die zudem auch noch – wie wir seit dem letzten US-Wahlkampf ganz sicher wissen – neben allerlei normalem Unsinn auch geschickte politische Meinungsmache kolportierten. Ganze Troll-Fabriken machen wahr, was gut bezahlt ist. Im Netz mischt sich dies unerkannt in die Zwischentöne ein, verstärkt Trends, platziert Gerüchte und Fakes. Alles verkocht sich zu einem nur schwer zu verwertenden Brei: seriöse Nachrichten, Erfundenes, Hassparolen und – wie zur Beruhigung vom alles steuernden Algorithmus eingestreut – ein paar niedliche Katzenfilmchen. Ganze Altersgruppen versinken im Wirrwarr der stetig alles und jeden zitierenden Maschine und suchen sich aus diesem Jahrmarkt der Wahrheiten ihre ganz eigene heraus. Meistens liegt die der eigenen Komfortzone sehr nahe. So glauben inzwischen auch knallharte Nazis, dass sie keine sind, weil ihr zuvor fein vorsortierter digitaler Freundeskreis das genauso sieht. Auch manch linksradikaler Zeitgenosse ist der irrigen Auffassung, dass morgen auf dem Alex der Kommunismus ausgerufen wird, oder dass jeder, der nicht von Enteignungen träumt, in der rechten Ecke wohnt. Wer hier zu vermitteln sucht, wird schnell schiffbrüchig oder erstickt im Shitstorm.

Was solche Lagerbildungen unkritisch und regellos zulassen, spaltet die Gesellschaft und tötet Fakten. Es ist das, was ich eine digitale Bombe nenne. Die gewaltigen Folgen dieser Entwicklung haben Medien und Politik hierzulande komplett unterschätzt, obwohl sie eine Vorgeschichte hat. Dass das Ansehen der klassischen Medien so schnell so erheblichen Schaden nehmen konnte, kommt nicht von ungefähr und ist tatsächlich zu Teilen hausgemacht. Die Netzwerke konnten diesen Turbo so ungestört entfalten, weil ihnen das Feld überlassen wurde. Politik und Medien haben darauf viel zu spät und teilweise bis heute nicht wirklich reagiert. Und, was noch schwerer wiegt: Über allem schwebt der stille Verdacht, ausländische Interessen könnten hier mitregieren. Denn die Betreiber dieser Netzwerke, die Verfasser der Algorithmen, sind allesamt nicht aus dem eigenen politischen Beritt. Sie sitzen in den USA, in Russland oder sonst wo außerhalb der hiesigen politischen und rechtlichen Hemisphäre.

Mein journalistischer Hintergrund ist Segen und Fluch zugleich. Ja, ich kann deshalb vielleicht halbwegs dagegenhalten im digitalen Kampf um das Argument. Und ein gewisses Maß an Erklärtalent habe ich aus dem Beruf ebenfalls mit rübergenommen. Das ist wichtig, weil man in der Lokalpolitik immer auch gut erklären können muss. Und Fluch? Weil es kaum eine schlimmere Hypothek gibt, als wenn man als Journalist die Seiten wechselt und in die Politik geht.

## Von den Medien in die Politik

Bereits ganz zu Beginn meines Weges in die Politik bekam ich zu spüren, was dieser Seitenwechsel zu bedeuten hat. Eigentlich war meine Kandidatur für das Amt des Bürgermeisters eine Art Unfall und ein Stück weit auch Notwehr. Als die Wahl des neuen Bürgermeisters in unserer Stadt anstand, hatte ich gerade den digitalen Markt verlassen und wollte eigentlich mal etwas anderes tun. Nach Jahren der konzeptionellen Arbeit, die mein Leben im Wesentlichen ins Auto verlagert hatte, war ich aus meiner Firma ausgeschieden und hatte damit begonnen, ein Hobby in die Tat umzusetzen. Ich mietete in der Altstadt von Augustusburg ein leer stehendes Café an, um hier eine Kaffeerösterei zu gründen, und war damit beschäftigt, diesen kleinen Betrieb zum Laufen zu bekommen. Nebenher hatte ich noch das eine oder andere Beratungsmandat, suchte mir aber die Themen aus und kombinierte diese Arbeit mit der neuen Aufgabe. Zu diesem Zeitpunkt lebte ich zwar beinahe seit zehn Jahren hier, hatte aber wegen meiner intensiven Auswärtstätigkeit wenig von dem mitbekommen, was in Augustusburg funktionierte oder was eben auch nicht. Da ich nun aber anfing, Teil meiner Stadt zu werden, bekam ich zu sehen, wie es um diese stand. Ich redete mit Leuten und sah die Stadt schnell mit anderen Augen. Und was ich sah, machte mich nicht froh. Wir blieben hier weit hinter unseren Möglichkeiten, und es war auch nicht zu erkennen, wie sich das jemals ändern könnte. Als Unternehmer, der natürlich vom Wohl und Wehe seiner Stadt anhängig ist, gab mir dies zu denken.

Damals kam ich noch nicht auf den Gedanken zu kandidieren. Als Zugereistem stünde mir das irgendwie sowieso nicht zu, dachte ich. Als dann aber nach dem ersten Wahlgang der aussichtsreich an zweiter Position liegende Kandidat aufgab, weil er anonym bedroht worden war und die Wahl daraufhin annulliert wurde, war über Nacht alles anders. Konnte man akzeptieren, dass 25 Jahre nach der Wende wieder irgendwelche Netzwerke in die freie Politik eingriffen? Nein. Das wollte ich nicht hinnehmen. Nicht hier bei uns. Nicht wieder so, wie ich es überwunden glaubte.

Ich sammelte die 40 Unterstützerunterschriften, die man als parteiloser Kandidat braucht, um für die Wahl zugelassen zu werden, und startete meine Kandidatur. Die Skepsis der Presse war groß. Schon bei den Vorstellungen der Kandidaten bekam ich das zu spüren. Obwohl ich ja schon einiges an Erfahrungen und Fähigkeiten erworben hatte, reduzierte man mich gern zwischen den Zeilen immer auf den »Kaffeehausbesitzer«. Es war nicht einfach, ernsthafte Botschaften zu senden, was aber wichtig ist, wenn man in einer Stadt kandidiert, aus der man nicht kommt und in der einen keiner kennt und in einer Gegend, in der man ohnehin eigentlich nichts wird, wenn man nicht von dort ist. So begann etwas, das bis heute andauert, nämlich der Kampf, Positionen unverfälscht transportieren zu können. Damit ich an dieser Stelle nicht falsch verstanden werde: Es geht mir bei den Medien nicht um unkritisches Jasagen oder die sogenannte Hofberichterstattung, sondern darum, dass ich in meiner Rolle irgendwie die Möglichkeit brauche, meine Positionen überhaupt zu erklären – bevor diese dann gerne diskutiert und kritisiert werden können.

Ich richtete einen Blog ein und begann zu schreiben. Darüber, was meine Ziele und Ideen sind. Der Blog ist offen für jeden, auch für jede Kommentierung. Transparenz, so hörte ich es aus den ersten Bürgergesprächen bei meinen Wahlkampfspaziergängen durch unsere Stadt und deren Ortsteile, war das, was die Menschen vermissten. Neben dem Gehörtwerden, was offenbar auch über lange Zeit nicht vorgekommen war. Ich setzte um, wovor ich zuvor viele Redaktionen als Berater gewarnt hatte: Ich errichtete einen digitalen Infopoint. Ganz ohne Kosten, ohne Druckmaschine und ohne alles, was man früher gebraucht hätte, um Positionen und Ziele zu erklären oder an Diskussion teilhaben zu können. Zudem ohne Kostenschranke, weil das in der Welt der Blogs kaum vorkommt und irgendwie auch keinen Sinn machen würde, wenn man denn gelesen werden möchte. Das funktioniert bis heute, wobei inzwischen der Facebook-Account beinahe wichtiger geworden ist als der Blog selbst.

## Politik und Deutung

Ich wurde genau das, was ich den Lokalredaktionen jahrelang als das Bild vom »schlimmsten Feind« gemalt hatte: eine relevante Quelle, die gelesen und zu einer eigenen Größe wird und damit ein Gegengewicht bildet zu dem, was bisher über lange Jahre alleinig Deutung brachte. Musste man früher noch darauf hoffen, dass im berechtigten Fall tatsächlich ein Dementi oder eine Richtigstellung erfolgt, kann ich mich heute selber zu Wort melden, wenn ich es für richtig halte. Viele Bürger finden das gut. Für einige ist es Selbstdarstellung. Wieder andere halten es für populistisch. Ich halte es für richtig. Aus heutiger Sicht möchte ich mir gar nicht vorstellen, in welchen Zwängen früher Amtsträger waren, die ausschließlich vom Wohlwollen der etablierten Medien abhängig waren. Und so bekommt man eine Ahnung davon, warum derzeit Medien und Politik in einem Atemzug abgestraft werden. Denn – dies wird niemand ernsthaft bestreiten – wer als Einziger Öffentlichkeit herstellt, der macht selbst Politik. Und diese Allianz, freiwillig oder nicht, beabsichtigt oder nicht, kritisch und unabhängig oder nicht, diese Einheit aus Politik und ihrem Transporteur, die jahrzehntelang im Westen funktionierte, weil sie anderen Regeln folgte und überwiegend Distanzen wahrte, diese Einheit wurde bei uns im Osten für die Medien zur Last.

Bereits in den Anfängen unserer neuen Zeitrechnung Ost lernten die Menschen, dass sie sich meist nur in der Rolle des Opfers wiederfanden, dass Fragen nicht gestellt und zu wenig kritisch begleitet wurde, was ihr Leben nun bestimmte. Im Osten, der seine eigenen Erfahrungen mit den Medien und deren ganz speziellem Verhältnis zur Partei- und Staatsführung gemacht hatte, musste das über kurz oder lang zu einem Problem werden. Und so kam es. Jeder individuelle Fehler in den Redaktionen wurde und wird als Absicht definiert. Die Mär der gelenkten Presse, der Lügenpresse entstand auf diesem Weg. Die Menschen erinnerten sich, dass Medien benutzt werden können und ihrerseits wiederum gewichten können, was und wer in welchem Umfang Öffentlichkeit erhält. Was Arbeit einer Redaktion ist, wird inzwischen häufig als »gelenkt« angesehen, ob es stimmt oder nicht. Das Dilemma, in dem die sogenannten Etablierten stecken, hat eine lange Geschichte.

Auch wenn es absurd klingen mag, muss man bei allem Übel, den die ungefilterten neuen Kanäle mit sich bringen, dennoch dem Himmel dafür danken, dass es sie gibt. Bei allen Fehlern und der derzeitigen massiven Manipulationsgefahr haben sie dennoch auch eine demokratisierende und pluralisierende Wirkung. Sie sind zwar tatsächlich der gefährliche Stimmungsturbo, der befeuert von unkritischen Teilen halbseidener Quellen zerstörerisch und polarisierend wirkt. Sie verändern sich aber auch. Langsam, aber stetig. Mehr und mehr wachsen neue Plattformen, die der Gesamtentwicklung die Stirn bieten. Freiwillige Organisationen machen Faktenchecks und versuchen, der wildesten Fake News Herr zu werden. Im Moment ist es nicht mehr als ein Anfang, aber wenigstens ist es das.

Die neuen Plattformen lassen eine gigantische Aufgabe für die gesamte Gesellschaft, die Politik und die Medien langsam sichtbar werden. Zum einen muss die Gesellschaft, müssen wir alle lernen, mit der Fülle dieser Möglichkeiten sinnvoll und sicher umzugehen, zu werten, zu hinterfragen und Regeln des Diskurses einzuhalten. Zum anderen muss Politik bei der Gestaltung der Bildungswege dafür sorgen, dass die kommenden Generationen Medienkompetenz vermittelt bekommen, damit sie im großen weiten Content-Meer nicht zu manipulierten Opfern werden, die am Ende mehr Rechenleistung als die erste NASA-Mondmission in der Tasche haben, aber nicht mehr können, als bunte Bilder auf Instagram posten. Und – last but not least – müssen die etablierten Medien den eigentlichen Wert des Journalismus wiederentdecken, nämlich den, der Leuchtturm in schlimmster Brandung zu sein, verlässlich, glaubwürdig, sachlich kritisch und über jeden Zweifel erhaben. Das soll keine pauschale Schelte sein, und schon gar nicht an denen, die den Beruf ausüben. Vielmehr geht es mir um strukturelle Defizite der Verlage, gekürzte Personalschlüssel, den Rückzug aus der Fläche, den Verlust der Nähe. Die Entwicklungen der letzten Jahre zeigen uns deutlich, dass Sorge angebracht ist und die Medien einen erheblichen Anteil daran haben, dass im gesellschaftlichen Diskurs etwas schiefgeht.

## Die Ostpresse nach der Wende

Warum aber greift all dies bei uns im Osten tiefer und ist auch grundlegender als anderswo? Wer das verstehen will, muss zum Anfang zurück in jene wilden Wendezeiten, in denen ein gesamtes Land vom Volkseigentum in Privatwirtschaft verwandelt wurde. Die Zeitungen im Osten, damals gab es pro ehemaligem Bezirk eine, waren davon ebenso betroffen wie jeder andere Betrieb der volkseigenen Planwirtschaft. Wie dies genau vonstattenging, darüber gibt es viele Legenden in unterschiedlichen Varianten. Mir berichtete ein hochrangiger Verlagsmanager von einer Runde im Kohl'schen Kanzleramt, an der die westdeutschen Verlage teilnahmen, wenn sie denn Interesse an einer Erweiterung ihrer Aktivitäten in den neuen Ländern hatten. Und dieses Interesse war da, denn der Markt versprach das zu werden, was man gemeinhin als Goldgrube bezeichnet. Die hohen Auflagen der ehemaligen Bezirkszeitungen der SED waren von traumhafter Haushaltsabdeckung. Zudem stand der Aufbruch in ein neues Konsumzeitalter bevor, was einen boomenden Werbemarkt versprach. Und außerdem, das darf nicht unterschlagen werden, waren die Zeitungen ein wichtiger Transformator für Politik. Es war also auch im Sinne der regierenden Partei, die Zeitungen möglichst wohlwollend in die richtigen Hände abzugeben in ebenjenen Zeiten, als alles für die Zukunft des Ostens entschieden werden sollte. Auch das ist leider die Wahrheit.

Das alles waren Gründe zuzugreifen. Und so wurde der Markt verteilt. Man zog Grenzen, die noch heute gelten. Es gab kaum Konkurrenz, was für den Anzeigenverkauf gut, aber für guten Journalismus besonders gefährlich ist, weil ohne Konkurrenz, ohne Wettbewerb jedes Produkt in seiner Entwicklung früher oder später einschläft. Neben konkurrenzbefreiten Gebieten entstanden auch ungeteilte Machtbereiche, die niemand infrage stellen konnte. Die neuen Eigentümer hatten noch einen weiteren Bonus im Blick: Für jede investierte Mark winkte Fördergeld. Und so wanderte die Informations- und Meinungsmaschine Ost geschlossen und sauber sortiert in die Hände der westdeutschen Medienkonzerne.

Ich weiß nicht, ob es auch andere Wege hätte geben können. In meinem Zeitungshaus zum Beispiel hatte die Belegschaft bereits zur Wende basisdemokratisch eine Geschäftsführung gewählt und damit einen Weg gewiesen, den man hätte gehen können. Das tat man aber nicht, sondern man tat, was alle taten. Wie im restlichen Bereich der Wirtschaft. Wie überall, so wurde auch bei uns zunächst die Führungsmannschaft an oberster Stelle weitestgehend neu besetzt, meistenteils mit Importen aus dem Westen, ergänzt durch einige Kader »Ost«, die inzwischen auch gewendet waren. Nein, ich will hier keine dieser endlosen Ossi-Wessi-Debatten wieder aufleben lassen, die wir alle über Jahrzehnte bis zur geistigen Nulllinie geführt haben. Ich war nie ein Anhänger dieser pauschalen Aburteilung nach Geburtsort. Und sicher war es teilweise wichtig, neue Sichten und vor allem Grundregeln des freien Journalismus auf diesem Weg zu transportieren. Dennoch – davon bin ich heute überzeugt – wäre in dieser Situation damals mehr Verständnis füreinander erwachsen, hätte man in jener sensiblen Stunde null, die für die Menschen hier alles Gelernte auf den Prüfstand stellte, mehr Ost in den Medienaufbruch des neuen Gesamtdeutschlands integriert. So aber fanden sich oft erst auf zweiter und dritter Ebene Menschen, die eine Sozialisation im Osten vorweisen konnten.

Nun kann man anführen, dass insbesondere in den Redaktionen die alte Staatsnähe gebrochen werden musste. Man kann aber genauso gut sagen, dass dies der Leser, der Abonnent, der Kunde in einem Selbstreinigungsprozess hätte klären können. Stattdessen wurde pauschal getauscht. Eine Bluttransfusion im Meinungsbereich. Ungerecht und im Einzelfall oft nicht gerechtfertigt. Damit einher ging eine Art Entwurzelung der Menschen. Nicht geografisch, sondern im Kopf. Von heute auf morgen hielten sie zwar per Order eine freie Presse in den Händen, vorbereitet aber waren sie nicht. Das Umschalten von Verlautbarung auf Schlagzeile und Story war eine extrem bedeutende Verwandlung, die viele überforderte. So fanden sie sich und ihr Fühlen in den Inhalten der Medien oft nicht wieder. Ein Lernprozess, wie denn nun damit umzugehen sei, wurde zur persönlichen Aufgabe. Weil trotz aller Indoktrination der Medien in der DDR die Glaubwürdigkeit gerade von Zeitungen weit oben stand, war die schöne neue Welt nur schwer zu entschlüsseln.

Gestern gab es noch ellenlang abgedruckte Parteitagsreden, heute las man Schlagzeilen und Kommentare und bekam das Versprechen, dass jetzt kritisch und unabhängig gearbeitet würde. Gerade das spiegelte sich aber in der täglichen Arbeit sehr oft so nicht wider. Wie auch? Ein Austausch der obersten Etage konnte keinen Prozess der Erneuerung des Denkens einer ganzen Redaktion bis in die letzte Lokalebene ersetzen. So wurde der

Wechsel ein Vorgang auf Kommando. Man tauschte ein Extrem gegen das andere. Ich hatte damals ältere Kollegen, die lange darauf gewartet hatten, endlich frei zu arbeiten, und die nun diese neuen Strukturen wieder als Bevormundung empfanden, weil Debatte kaum stattfand. So entstand nicht gerade das Umfeld, das freien Journalismus blühen lässt. Die Konsequenzen waren schließlich die, die verordneten Veränderungen beiwohnen. Man tat oft wieder, wie einem geheißen wurde. Mit dem Gefühl, auch hier übernommen worden zu sein. Es war nicht eben das, was eine gerade startende Gesellschaft als Diskussionsbühne für den Erneuerungsprozess benötigt. Und der Leser ahnte von all dem nicht einmal etwas. Verheerend.

Die Menschen draußen hatten ohnehin eine große Aufgabe zu bewältigen. Für sie, für die Kommentare bisher eine Art offizielle Vorgabe der Denkrichtung bedeuteten, war der Schwenk in die mediale Neuzeit ein großer kultureller Bruch. Man lernte diese Neuzeit lesen, musste begreifen, dass die eigene Meinung ein kostbares, wachsendes Gut ist, das sich mit dem, was in der Zeitung stand, zu messen hatte, um am Ende eine Position zu werden. Doch damit tut man sich schwer, wenn man aus einem System kommt, das freies Denken und kritische Meinungsäußerung bestrafte und sich damals zudem eigene Zeitungen hielt. Auch zu DDR-Zeiten musste der Leser schon ermessen, was eine Nachricht wirklich wert war. Doch das war einfacher, war doch klar, aus welcher Richtung die »gemachten Nachrichten« kamen, beispielsweise ein Bericht von 200 Prozent Planübererfüllung bei der LPG XY, der sich angesichts leerer Gemüseregale schnell von selbst entzauberte. Jetzt hingegen war die Lage vergleichsweise unübersichtlich.

Und so blieb es aus, dass die breite Masse durch kritische Auseinandersetzung mit dem medial Vermittelten zu einer eigenen Position fand. Das neue gedruckte Wort: Für einen Teil der

Menschen war es Anlass zu einer geheimen Debatte. Für andere das, was Wahrheit meint. Dass das problematische Folgen haben würde, hätte man schon damals erkennen können. Leserbriefe – daran kann ich mich erinnern – hatten Seltenheitswert oder wurden abgetan, Besuche von Lesern in den Redaktionen erst recht. Wenn doch jemand kam, dann wurde oft der Volontär vorgeschickt, um »Erna Bumke« – so das Synonym in unserer Redaktion damals für »die klassischen Leser« – und ihr Anliegen abzuarbeiten. So verpasste der Osten, jedenfalls auf der öffentlichen Ebene, schon früh einen wichtigen Moment und die Chance der gesellschaftlichen Debatte. Die gedieh dennoch, aber – wie man es gewohnt war – im Verborgenen. Dort fanden sich schon sehr früh Sorgen, Unzufriedenheiten und Wut wieder. Aber dort gab es keine Antworten. Das war der Beginn eines langen Weges, der schließlich jetzt seine Kanäle gefunden hat. Mit Pegida brach nichts plötzlich aus. Vielmehr ist das, was wir jetzt erleben, nur der Moment des Sichtbarwerdens.

Die damalige Situation der Medien wurde zur Geburtsstunde eines schleichenden Glaubwürdigkeitsverlusts, der bis heute stetig zunahm. Damals – davon bin ich überzeugt – begann eine Entfremdung zwischen der eigenen Lebenswirklichkeit und dem Bericht, der gelesen, gehört, gesehen wurde. Vielleicht nicht immer und auch nicht bei jedem Thema. Und auch nicht jeden Tag oder in jeder Redaktion. Aber doch signifikant. Die Wandlungskräfte der Redaktionen konnten aus sich heraus so nicht funktionieren, weil der Rahmen dafür fehlte. Das Umsetzen großer, vorgegebener Linien war wichtiger. Doch diese waren eben nicht geerdet, hatten keine Wurzeln. Schließlich konnte dies auch gar nicht anders sein, hatte doch der gesamte Prozess der Wiedervereinigung eher okkupierende statt integrierende Momente. Die neue Ordnung wurde ausgerollt wie ein neuer Teppich. Und Bericht muss Abbild von dem sein, was passiert. Auch die Leitlinien der Medien kamen gedanklich aus einem anderen Land. Bewusstsein wurde von oben nach unten verordnet. Diese Methode hat in unseren Breiten lange Zeit Macht begründet.

## Das gedruckte Wort muss kein wahres sein

Das konnte nicht gut gehen. Wie groß der Vertrauensbruch inzwischen ist, kann man heute täglich heraushören, wenn man mit Menschen spricht. Das Wort der Lügenpresse ist keine Erfindung der Propaganda des Anti-Establishments. Es ist gefühlte Realität und nicht selten auch erlebte Wahrheit zugleich. »Ach die Zeitung«, winkt man dann ab. Kleinste Fehler oder eine Meinung außerhalb des Mainstreams lösen häufig den Reflex »Staatspresse« aus, insbesondere dann, wenn es politisch wird. So objektiv grundlos der Verdacht auch sein mag: Wenn das Vertrauen weg ist, dann reicht ein falsch gesetztes Komma, um den Zweifel zu befeuern. Das ist eine Entwicklung von vielen, die derzeit unsere Gesellschaft haltlos werden lassen.

Ich selbst erinnere mich noch sehr gut an ein Erlebnis aus der Anfangszeit, also dem Anfang der 90er. Damals absolvierte ich mein Volontariat in der Lokalredaktion der Kleinstadt Köthen in Sachsen-Anhalt. Köthen ist eine ländliche Kleinstadt, in der man damals in einer Art Mikrokosmos sehen konnte, wie täglich große Schritte unternommen wurden, um aus der Stadt langsam ein Abbild westdeutscher Vorbilder werden zu lassen. Alles veränderte sich, während die Menschen oft nicht Schritt halten konnten. Fassaden wurden bunt, Straßen schön. Doch die Menschen, die auf ihnen fuhren, blieben nicht selten Gäste des Wandels, auch weil der ökonomische Zusammenbruch Teilhabe einschränkte. In jener Zeit waren Lokalredaktionen personell noch gut besetzt, und wir kümmerten uns um viele Themen.

172

Wir waren selten kritisch. Eher war es die ungefährliche Art der Lokalberichterstattung, die sich eben über neue Fassaden oder tolle Feste und Vereine freut. Es war eine Zeit, in der die Leser uns glaubten, und zwar sowohl die, die früher auch schon geglaubt hatten, was in der Zeitung stand, als auch die, die die Systempresse damals gemieden hatten. Das hatte auch damit zu tun, dass viele Hände auch viele Geschichten schreiben, viele Köpfe viele Recherchen bewältigen konnten. Die Präsenz in der Fläche, in der die Zeitung erschien, war gegeben. Und die Nähe zu den Menschen damit zumindest prinzipiell auch. Die Zusammenstellung von neuen und älteren Kollegen brachte eine halbwegs pluralistische inhaltliche Mischung der Themen und Sichtweisen hervor. So fanden sich alte und neue Geister wieder. Es war ein Potpourri aus einem bisschen Jetzt, einem kleinen bisschen Vergangenheitsverklärung und einem ganz winzigen bisschen kritischer Auseinandersetzung. Alles in allem eine Situation, aus der man etwas hätte machen können.

Wenn sich nicht allzu oft beinahe komplett unkritische Wiedergaben ellenlanger Interviews beispielsweise von Politikern im Blatt befunden hätten, die nicht eine hinterfragende Passage hatten. Nicht selten wurde in der täglichen Blattkritik, in deren Rahmen die Redaktion am kommenden Tag das Werk des Vortags kritisch bewerten sollte, dies geflissentlich übersehen. Statt darüber zu sprechen, dass mal wieder eine Pressemitteilung des Landrats komplett übernommen worden war, ohne eine einzige Frage dazu zu stellen, diskutierte man per Telefonschalte mit der Zentrale gerne sehr lange darüber, wie groß eine Überschrift nach Layoutvorschrift sein darf, oder eben nicht. Besserung wurde gelobt. Dann »nichts zur Seite fünf, schöner Text auf der Sieben …«. Während man also in den Zentralredaktionen die Leitungspositionen neu besetzt hatte, um im überregionalen Teil, dem sogenannten Mantel der Zeitung, dem gedachten Premiuminhalt Linie zu geben, mit dem man beim politisch interessierten Teil der Gesellschaft Meinung machen konnte, wurde das Lokale gern nur kurz kommentiert. Dort aber war die eigentliche Relevanz verborgen. Dort geschahen die Dinge, die der Leser überprüfen konnte, weil sie Teil seiner Welt waren. Dort war man auch schnell ertappt, wenn etwas nicht stimmte. Und das kam vor. Dennoch hatten wir lange den Vertrauensvorschuss, den man als Zeitung kurioserweise eben hatte, obwohl man aus DDR-Zeiten doch gelernt hatte, dass das gedruckte Wort kein wahres sein muss.

In dieser Zeit wurden unter anderem die großen Abwasserzweckverbände gegründet, die dabei helfen sollten, die marode oder nicht vorhandene Infrastruktur auf modernen Standard zu bringen. Hierbei wurden, wie bei vielen anderen Prozessen, westdeutsche Standards zum Vorbild genommen. Also auch bei der Berechnung der Anschlussgebühren, die in den Straßendörfern der Region, die in landwirtschaftlicher Tradition zumeist aus großen Grundstücken bestanden, nicht selten fünfstellige Beträge ausmachten. Statt hier Lösungen zu suchen, die sich den regionalen Gegebenheiten anpassten, wurde so geplant, wie man es in der anderen Republik gelernt hatte. Vorangetrieben wurde das Ganze von Beratern, die von dort kamen. Die verängstigten Bewohner trieb dieses Vorgehen auf die Barrikaden, weil kaum einer ohne Weiteres über die geforderten Mittel verfügte. Angst machte sich breit, die Menschen fürchteten, sich ihr eigenes Zuhause nicht mehr leisten zu können. Heimatlosigkeit, das Gefühl, unbehaust zu sein, das ist eine Urangst und deshalb geeignet, tatsächlich sichtbar zu werden.

Natürlich berichteten wir darüber. So kam es, dass ich eines Abends in einer Einwohnerversammlung saß. Es waren so ziemlich alle Anwohner gekommen, um mit den Vertretern des Abwasserzweckverbands zu sprechen und gegen die Praxis zu pro-

testieren. Die Stimmung war extrem angespannt. Jahrzehnte
später habe ich diese Stimmung wieder so erlebt, als es in einer
der Versammlungen hier in meiner Stadt um Flüchtlinge ging.
Das Bier auf dem Tisch befeuerte die Anspannung zudem. In
der Vorberichterstattung hatten wir tatsächlich einen Fehler bei
der Wiedergabe der Berechnungsformel für die Anschlüsse gemacht, was die Lage noch schlimmer darstellte. Nun versuchte
der Vertreter des Abwasserzweckverbands verzweifelt, den sachlich richtigen Kontext zu erläutern. Der Saal kochte, und schließlich stand ein alter Mann auf, der mit zitternden Händen den
ausgeschnittenen Artikel in den dunstigen Raum hielt. »Hier
steht«, sagte er, »dass es anders ist.« – »Ihr seid Lügner!«, rief er
den Herren vom Abwasserzweckverband entgegen, was sich bei
mir einbrannte, denn ich wusste, dass wir bei der Zeitung den
Fehler gemacht hatten. Die Botschaft an diesem Abend lautete:
Was in der Zeitung steht, ist wahr.

## »Du machst doch so was«

Natürlich passieren Fehler überall dort, wo gearbeitet wird. Wenn
diese aber systematisch abgetan werden, dann wird Ungenauig-
keit zum Plan. So erlebte ich in meinen Zeiten in der Redaktion
immer wieder, dass sich teils schwere Fehler irgendwie von selbst
erledigten, ohne dass das wirklich Konsequenzen nach sich zog.
Auch der inhaltliche Anspruch war sehr davon abhängig, ob man
motivierte Journalisten in den Reihen hatte, die gerne ein wenig
weiter gingen, die Diskussion suchten und in der Sache begrün-
dete, kritische Fragen stellten. Genau das wurde aber nicht nur
nicht gefordert, sondern in unserer Redaktion hatte es lange den
Touch, dass es etwas Schmuddeliges war, wenn wir Problemen
auf den Grund gingen.

Ich selbst habe das sehr oft erlebt: Kollegen, die in der Wirtschaftsredaktion saßen, keinen offiziellen Schnittchen-Termin mit den großen Industrie- und Wirtschaftsplayern des Landes verpassten, kritische Hinweise zu diesen aber mit spitzen Fingern auf meinen Schreibtisch fallen ließen mit den Worten: »Du machst doch so was.« Meist waren es Kollegen, die die alte Journalistenschule der DDR durchlaufen hatten. Auch hier will ich kein Pauschalurteil fällen, aber ich habe so einiges erlebt. Es geht mir hier nicht um die einzelnen Personen, sondern vielmehr darum, dass meine Redaktion um all dies wusste und es akzeptierte. Und so blieben die unbequemen Themen, die wir setzen sollten, zwar offiziell ein begehrtes Gut, zu einem Ziel wurden sie nicht. Der Plan war, dass es diesbezüglich eher keinen Plan gab. Das verstärkte das Problem in Sachen Glaubwürdigkeit, denn: Die Unabhängigkeit des Wortes wurde so zu selten unter Beweis gestellt. Recherchen – beispielsweise zum Skandal rund um die Raffinerie von ELF Aquitaine – wurden von anderen erledigt, während unsere Hauptredaktion keine 30 Autominuten vom Ort des Geschehens entfernt lag.

Dennoch gab es außer mir noch weitere Kollegen, die »so was« recherchierten, und mit diesen Geschichten schmückte man sich gelegentlich nach außen. Im Kollegium intern wurde man damit eher zum Außenseiter. Ich kann mich gut erinnern, wie sich das auf mich als damals noch sehr jungen Journalisten auswirkte. Ich berichtete in jener Zeit intensiv über die Ungerechtigkeiten, zu denen es bei der sogenannten Vermögensauseinandersetzung in der Landwirtschaft flächendeckend kam. Viele Landwirte konnten nach der Wende ihr Eigentum zurückbekommen, das sie einstmals durch die Zwangskollektivierung der Landwirtschaft verloren hatten. Dem entgegen standen die großen Ex-LPG-Betriebe, die nun in verschiedenen Rechtsformen in die Neuzeit starteten. Oft hatten die alten LPG-Chefs das Zepter übernommen und malten denen, die ihr Land zurückwollten, Horrorszenarien aus. Sie orakelten nicht selten den zumeist alten Menschen vor, dass sie mit Austritt aus der LPG massenhaft deren Altschulden mit übernehmen müssten. Rechtlich war diese Behauptung nicht zu halten, löste aber bei vielen der alten Menschen Angst aus. Viele ließen sich überreden, ihr Land für oftmals sehr wenig Gegenwert abzugeben, wenn man so der – imaginären – Schuldenfalle entkäme. Dieses Thema wurde in Sachsen-Anhalt, einer Region, die über große Agrarflächen verfügt, zum Brennpunkt, zumal sich um die Interessen der Kleinbauern kaum jemand kümmerte. Das Gespenst des massenhaften Betriebssterbens wurde an die Wand gemalt. Der Bauernverband, zu diesem Zeitpunkt ein weitgehend von Altgenossen besetztes Gremium, vertrat massivst die Interessen der LPG-Nachfolger, die sich mehr und mehr zu Großbetrieben in Einzelhand entwickelten. Schon waren Betriebe mit Tausenden Hektar keine Seltenheit. Betriebe, die in manchen Regionen die größten Arbeitgeber und zugleich damit auch die größte Macht auf dem Land wurden.

Ich schrieb über diese Vorgänge, und es dauerte nicht lange, bis ich – damals noch Volontär – vom Bauernverband zu einem Termin geladen wurde. Was ich als Gespräch einstufte, geriet zum Tribunal. Ein einzelner Stuhl wartete auf mich, aufgestellt vor einer quer gestellten langen Tafel, an der zahlreiche Funktionäre versammelt waren. Man hielt mir einen Vortrag, wie ich es nur aus DDR-Veranstaltungen bei der Freien Deutschen Jugend kannte, wenn man mal wieder ein ungeschriebenes Gesetz übertreten hatte. Als ich mich verteidigte, redete sich der Wortführer in Rage und endete mit der Aussage: »Fühlen Sie sich nicht so sicher. Wir wissen, dass Sie in Ihrem Haus nicht unumstritten sind.« Ich fuhr ziemlich verdattert in die Zentralredaktion nach Halle zurück und berichtete meinem Chef vom Dienst, was mir passiert war. Der fand die Geschichte zunächst nicht bemerkenswert. Erst beim Chefredakteur, der aus dem Westen stammte, bekam die Sache das Gewicht, das sie in Wirklichkeit hatte. Er war empört, denn er folgerte, dass der Bauernverband offensichtlich nicht nur Kontakte bis in die Redaktion hatte, was ja noch normal wäre. Er ahnte, dass diese Kollegen noch immer alten Loyalitäten folgten statt Teil der öffentlichen Kontrolle zu sein. Der Rechercheur des Übels galt ihnen nicht als Aufklärer, sondern als Querulant. Am kommenden Tag hielt mein Chefredakteur vor der versammelten Redaktion einen Vortrag, dass es so etwas nicht geben könne. Meine Genugtuung, den Rückhalt der Chefredaktion zu haben, war das eine, die weitere Distanzierung vieler, zumeist älterer Kollegen war das andere. Heute denke ich, dass auch diese Haltung trotzige Folge des Übernommenwordenseins war und dass darin ein Grund liegt, warum auch gut dotierte Schreiber nicht im Jetzt ankommen konnten.

## Das Internet zündet den Turbo

Das alles hätte man ändern können, doch tatsächlich wollte man nicht. Auf den Chefposten waren die Personen ausgetauscht worden und konzentrierten sich auf die Ausrichtung des Blattes, während sich in den Redaktionen nur wenig und langsam änderte. Als mit dem aufkommenden Internet der wirtschaftliche Druck auf die Häuser zu wachsen begann, war es für ein Umdenken zu spät. Denn da kam das nächste Problem schon über Nacht um die Ecke: der drohende Verlust der wirtschaftlichen Unabhängigkeit. Das Sterben der Rubrikenmärkte im Anzeigenbereich hatte begonnen. Während weite Teile der Zeitungslandschaft die Herausbildung von ImmobilienScout oder ähnlichen Plattformen im Netz als vorübergehende Erscheinung abzuhaken versuchten, rollten die den Markt auf. Einen Markt, der in vielen Zeitungshäusern einen wesentlichen Teil der Einnahmen ausmachte und in Rekordzeit zusammenbrach. Binnen weniger Monate rutschten die Erlöse aus den Anzeigenrubriken in den Keller. Die erfolgsverwöhnte Branche hatte keine Antwort. Man versuchte, eher halbherzig und gegen die internen Widerstände in den Häusern, eigene Angebote zu entwickeln, die jedoch unter Ressourcen- und Reichweitenmangel litten. Das Netz zündete da bereits den Turbo, der sich in den Zeitungshäusern zum Jobkiller entwickelte, denn das Einzige, was man dort diesem Trend entgegenzusetzen wusste, waren radikale Sparmaßnahmen. Redaktionen wurden zusammengelegt, mehr und mehr zogen sich Zeitungen aus der Fläche zurück und versuchten mit weniger Redakteuren und mehr freien Mitarbeitern, diesen Rückzug irgendwie auszugleichen. Die Nähe zum Leser herzustellen, wurde für die verbliebenen Mannschaften zur beinahe unmöglichen Aufgabe. Die Perspektive auf die Dinge vor Ort wurde unscharf, die Vielfalt der Themen zog sich zusammen. Die Zahl vermeidbarer Fehler stieg.

Parallel zu dieser Entwicklung wurde das, worüber man berichten sollte, zudem komplexer. Für »komplex« reichten jetzt oft die Ressourcen nicht mehr aus. Wenn wenige Redakteure mehrere Lokalseiten »füllen müssen«, wie es inzwischen intern heißt, dann ist hier wenig Platz für die aufwendigen Arbeiten. Darunter litten wiederum die Redakteure. So verloren viele Ausgaben das Besondere, büßten das Extra ein, was den Leser auch mal überraschte. Manchmal blieb nicht einmal das Erwartbare, denn auch hier nahmen die Ungenauigkeiten zu, was dem Umstand geschuldet war, dass die Zeit für einen gut recherchierten Artikel oft nicht mehr reichte.

Die Folgen waren und sind dramatisch. Immer mehr Menschen wandten sich von den Zeitungen ab. Sinkende Glaubwürdigkeit, der Mangel an Präsenz der eigenen Erlebniswelt in der

Zeitung und der Hang zu einer harmoniedefinierten Berichterstattung hatten zwei fatale Konsequenzen. Die Menschen konnten selbst im ländlichen Raum auf ihre Zeitung verzichten, weil sie die kostenlosen Anzeigenblätter als gleichwertig wahrnahmen und sich mit deren Berichterstattung zufriedengaben. Kritische Berichte erwartete dort niemand und vermisste sie deshalb auch nicht. Und das Netz erledigte mehr und mehr den Rest. Die weitgehend unkritische Berichterstattung ließ die Politik oft unbefragt hantieren. Entwicklungen wie das Erstarken extremer Tendenzen in Chemnitz konnten lange Zeit weitgehend einfach geschehen, ohne sich mit einer weiten und breiten Debatte der Öffentlichkeit konfrontiert zu sehen, weil niemand hinsah, schrieb oder Politik zum Handeln bewegte. Die Vierte Gewalt im Staat? Die Kontrollinstanz für Politik, die korrigierend eingreifen sollte? Sie blieb zu leise, zu zaghaft und geriet unter Kostendruck für eine lange Zeit ins Hintertreffen. So war die Krise längst geboren, als die letzte und wahrscheinlich schlimmste aller Katastrophen über die angezählten Riesen hereinbrach: die Geburt der sozialen Netzwerke, der Blogs, Tweets und Netzportale. Während dort jeder zum Sender, Meinungsmacher und Behaupter wurde, ließen die Zeitungen dieses Feld lange so gut wie unbestellt. Wer im Netz etwas kostenlos liest, kauft keine Zeitung. Die journalistische Kompetenz blieb – wenn überhaupt digital vorhanden – zunehmend hinter der Bezahlschranke gefangen. Meinung entstand nun draußen vor der Tür. Ein Diskurs findet inzwischen kaum noch statt. Die digitalen Kommentarspalten der Nutzer der Zeitungsportale bleiben übersichtlich gefüllt, während dieselben Themen bei Facebook und Co überkochen. Die Meinungsführer von einst werden geschnitten.

Was ich hier im Zeitraffer und aus eigener Sicht zusammengefasst habe, zeigt die Misere, die sich auftat, als eine Gesellschaft in Ausbildung, flankiert von einer irrlichternden Presse, die nahezu verzweifelt Wirtschaftlichkeit und Deutungshoheit zurückzugewinnen sucht, in die Neuzeit wechselte. Es mag nicht alles überall so verlaufen sein. Ein Bild aber zeichnet sich deutlich ab: Die großen Medienhäuser sind auf Sinnsuche. Der Einfluss von einst, als Politik von Reichweite abhängig und die Wirtschaft beim Transport von Werbung ausschließlich auf die klassischen Wege setzte, ist dahin. Längst hat das Netz die Regie übernommen. Quellen interessieren kaum noch jemanden. Kaum ein junger Mensch lernt noch, dass eine Quelle ganz entscheidend für die Bewertung des Inhalts ist. Hinzu kommt, dass viele der etablierten Quellen ihre Glaubwürdigkeit eingebüßt haben. Die wachsende Kritik von außen, dass sich die etablierten Medien zu weit von den Menschen und deren Themen entfernt haben und einmal wieder zu nah am System sind, hat zu einer spürbaren Veränderung der Prioritäten, beispielsweise bei den Zeitungen, geführt. Zunehmend werden im Kleinen ohne jede Not Überschriften zugespitzt. Die großen Debatten aber, die gesellschaftspolitisch zwingend notwendig wären, fehlen beziehungsweise finden sich nur noch in den überregionalen Blättern wie in der ZEIT oder der *Süddeutschen Zeitung*. Und die haben auf dem Land die Häufigkeit einer lila Kuh in bäuerlicher Bodenhaltung. Als wolle man die Defizite der vergangenen Jahre mit Macht ausmerzen, gibt man sich jetzt kritisch vor Ort, und zwar in nahezu jedem Kontext. Die schwierigen Themen der Gesellschaft bleiben weiterhin immer dann unscharf, wenn man vermutet, die Masse der Leser mit differenzierter Betrachtung zu verprellen. Viele meiner Kollegen werden hinter vorgehaltener Hand bestätigen können, dass dies alles gerade in der Berichterstattung über lokale Politik zunehmend schwierig ist.

## Vertane Chancen: Chemnitz und die Folgen

Am Beispiel der Ereignisse rund um die Tötung eines Deutsch-Ku-
baners am Rande des Chemnitzer Stadtfests im August 2018 wird
deutlich, wie schwer sich lokale Redaktionen tun, schwierige
Fragen zu stellen. Während im Nachgang rechte Gruppierun-
gen die weitgehend noch unaufgeklärte Tat, die unter anderem
von einem syrischen Asylbewerber verübt worden sein soll, für
ihre Zwecke benutzten und über Nacht Tausende Menschen zu
Demonstrationen, angeführt von rechten Größen wie Björn Hö-
cke, auf die Straße brachten, blieb die hiesige Presse eher vage.
Und während im Netz Videos kursierten, die einen durch die
Stadt marodierenden Mob und Jagdszenen auf Ausländer zeigten, während Besuchergruppen der zahlreichen Gegendemos
von gewaltbereiten Schlägern angegriffen wurden, da wurde per
Kommentar infrage gestellt, dass es Jagdszenen gegeben habe. Es
begann ein Diskurs, was denn »Jagdszenen« seien. Während weiterhin die Lage eskalierte und man sich im Klein-Klein der Wort-
findung zwar mit Berechtigung gegen eine Flut pauschalisierter
Vorwürfe wandte, die Chemnitzer Demonstranten seien allesamt
rechte Gewalttäter gewesen, blieb es die Sache überregionaler
Medien, die großen Zusammenhänge zu beschreiben. Eine Differenzierung in der Debatte einzufordern, sich dagegen zu ver-
wahren, jeden Demonstranten pauschal ins Lager der Rechten zu
bugsieren, war ein richtiger Ansatz. Doch er mutete seltsam an,
denn neben diesem wichtigen und ausdrücklich richtigen Ruf
nach Differenzierung mangelte es zugleich an einer wirklich klaren Analyse der zweifelsohne ebenso vorhandenen rechten Extreme. Auch las man von wenig Bemühen, den Ursprung dieser
rechten Kräfte und ihre Historie zu beleuchten.

Die Medien vor Ort haben eine Chance vertan, die sie in dieser Krise hätten ergreifen müssen. Aber ihre Berichterstattung

blieb erkennbar verunsichert bei dem, was man nun ohnehin sehen konnte. Dabei wäre es an der Zeit gewesen, einen längst fälligen Diskurs anzustoßen in einer Stadt, die für eine weltweite Öffentlichkeit zum exemplarischen Schauplatz wurde und in der es – wie auch im gesamten Rest des Ostens – aufgestauten Redebedarf gibt. Obwohl es Gesprächsformate mit den Lesern gab, die später sogar ausgezeichnet wurden, die Diskussion blieb im Jetzt. Eine Runde mit der Kanzlerin und das Sachsengespräch mit dem halben Kabinett waren zwar wichtige Zeichen, wirklich gelöst wurde dadurch nichts. Der notwendige Diskurs über das, was über eine lange Zeit entstanden ist und warum, blieb aus. Ein Nachdenken und Sprechen über die Quelle der Wut, die zu all dem führte, droht nun im Schatten einer reinen Extremismusdebatte wieder unter dem Radar zu verschwinden. Was im Kommunal- und Europawahlkampf mit Freude von den extremen Rechten zum Anlass genommen wurde, ebendieses Vakuum mit Schlagzeilen zu füllen: »Die Stadt gehört uns!«, durfte man nun im Vorbeifahren lesen. Oder: »Wir sind die Wende.« Den schlimmsten Exzess lieferte die Gruppierung »Der III. Weg«. Hier fanden sich über Nacht Plakate an Laternen mit der Aufschrift »Reserviert für Volksverräter«. All dies findet in Teilen der Bevölkerung seine Akzeptanz, weil niemand grundlegend die Ursachen dieser Wut und die Hintergründe der Enttäuschung wirklich aufarbeitet. Stattdessen ermittelte die Staatsanwaltschaft. Die Politik war empört. Die Medien berichten zurückhaltend und übersachlich. Die breite Mehrheit der Öffentlichkeit schweigt weitgehend. Und alles zusammen sorgt dafür, dass nach wie vor eine Minderheit den Ton angibt. Jedenfalls in der Öffentlichkeit.

Wer heute die Worte »Chemnitz« und »rechte Gewalt« googelt, der findet unter den ersten zehn Treffern kaum einen Artikel der lokalen Zeitungen. Wohl aber Stücke der *Süddeutschen,* der ZEIT oder Verweise auf Sendungen des *Deutschlandfunks*. Dabei wäre es spätestens jetzt an der Zeit gewesen, als führende Tageszeitung vor Ort die Hintergründe der rechten Nachwendeentwicklungen aufzugreifen. Als ein paar Wochen später im Chemnitzer Stadion der Tod eines stadtbekannten Hooligans mit einer langen Karriere als Rechtsextremer vor einem Spiel offenbar mit Absegnung des Vereins öffentlich gewürdigt wurde, da war es mit dem *Freitag* wieder zunächst eine überregionale Zeitung, die zwei Autoren aus Chemnitz die Möglichkeit dafür gab, Hintergründe auszuleuchten und die Geschehnisse einzuordnen. Gründlich recherchiert zeigten die beiden Autoren, wie eng verwoben Stadtpolitik und Fußball dabei zusahen, wie die Hooligan-Szene sich unter Führung einer Lokalgröße der Sicherheitsbranche am Schlachtruf HooNaRa (Hooligans, Nazis, Rassisten) erkennbar rechtsradikal zu einem akzeptierten und offensichtlich als nützlich eingestuften Teil der Stadtgesellschaft entwickeln konnte. Der Ordnungsdienst dieses Mannes sicherte jahrelang Spiele des CFC ab, bewachte kostenlos Stadtfeste und kam auch bei Veranstaltungen der *Freie Presse* zum Einsatz.

Erst jetzt folgte ein Stück, das bemerkenswert klar und deutlich hinterfragte, warum die Stadtspitze zu all dem so lange geschwiegen hatte. Der gesamte Text kam ohne das Wort »Nazi« aus und zeigte dennoch ein reales Bild. Ob dies nun die große, gesellschaftlich notwendige Debatte nach sich ziehen wird, bleibt abzuwarten. Ob die Medien im Freistaat der Verantwortung, eine solche Debatte anzustoßen und diese zu begleiten, nachkommen werden, bleibt ebenfalls abzuwarten. Bislang sind es einzelne Gruppen der Zivilgesellschaft, die diese Rolle versuchen zu übernehmen und die mit Konzerten und Kampagnen wie »#wirsindmehr« und »Chemnitz ist weder grau noch braun« versuchen, die verheerenden Wochen vergessen zu machen und eine breite Mehrheit zu aktivieren. Das wiederum nehmen

Rechte zum Anlass, um den Aktivisten vorzuwerfen, nun linke Extreme damit zu stützen, was neue Auseinandersetzungen provoziert. Die wirkliche Debatte, die Einordnung des Ganzen und der sachliche Diskurs, der ausdifferenziert vielleicht ein Ansatz wäre, kann auf dieser Ebene nicht entstehen.

## Punkten beim täglichen Kleinkram

Im Lokalen gäbe es sehr viele Themen, die grundlegend diskutiert werden müssten. Nach einem Wahlergebnis von durchschnittlich 30 Prozent für die AfD im ländlichen Raum bei der Bundestagswahl im September 2017 würde man vermuten, dass eine Zeitung vor Ort sich flächendeckend auf die Suche nach den Gründen hierfür begibt. Noch zumal der Rest der Republik damit begonnen hat, Sachsens Entwicklung aus der Ferne zum bestimmenden Thema im Land zu machen. Das führte lediglich dazu, dass sich die Reihen der Kritisierten weiter schlossen. Doch nach einer kurzen Welle der üblichen Kommentierung einer Wahl zogen wieder Gleichmut und Alltag in die tägliche Berichterstattung ein, die mit »knackigen Überschriften« versucht, beim alltäglichen Kleinkram zu punkten.

Als wir in Augustusburg zum Beispiel in einem hochkomplexen Verfahren einen Übertrag eines Grundstücks an unser stadteigenes Seniorenhaus regelten, da titelte die Lokalzeitung: »Warum das Seniorenhaus den Eigentümer wechselt«. Juristisch gesehen war dies in der Tiefe des Raumes zwar korrekt, aber eigentlich nur ein formaler Akt und ganz und gar nicht das, was diese Schlagzeile suggerierte, nämlich ein möglicher Verkauf des Hauses durch die Stadt an irgendwen. An diesem Tag war Aufruhr unter der Belegschaft der Einrichtung, und auch viele Bürger waren zunächst massiv verunsichert. Zwar fand sich im Text eine Auflösung der Frage, aber die Überschrift hatte sofort heftige Reaktionen ausgelöst. Geschäftsführung und Bürgermeister hatten jedenfalls eine Menge zu erklären. Die Reaktion des Redakteurs sprach eine eigene Sprache. Es bedürfe keines besonderen Intellekts, dem Text selbst zu entnehmen, was wirklich gemeint wäre, erklärte er der Geschäftsführerin des Seniorenheims am Telefon.

Das ist kein Einzelfall. Ein paar Tage zuvor hatte die Zeitung darüber berichtet, dass eine Tagesmutti, die sich bei der Stadt um Zulassung beworben hatte, sich nun doch nicht ansiedeln wolle. Sie hatte nicht genügend Eltern finden können, die das Angebot nutzen wollten. Die Zeitung stellte uns einige Fragen dazu, in denen sie mutmaßte, dass demnach unsere Kinderzahlen, mit denen wir unsere Bedarfsplanungen erstellen, nicht stimmen würden. Als wir dies verneinten und argumentierten, dass es für eine solche Entscheidung ganz viele, individuelle Gründe geben könne, war das Thema zunächst vom Tisch. Als ich in der nächsten Stadtratssitzung routinemäßig darüber sprach, wie weit die Verhandlungen über den lange geplanten Neubau unserer neuen und größeren Kindertagesstätte vorangekommen sind, titelte das Blatt: »Stadt hält an Kita-Neubau fest«. Zum einen impliziert das, es gäbe einen Grund, am Bau zu zweifeln, und zum anderen suggeriert die Formulierung, dass das Projekt infrage gestanden hätte. Beides stimmt nicht. In der Öffentlichkeit aber entstehen solche Fragen, entsteht eine solche Anmutung, und Bürgerreaktionen spiegeln dies auch wider. Plötzlich musste ich Fragen dazu beantworten, ob denn die Stadt darüber nachdenken würde, das Projekt fallen zu lassen. Es gab dafür noch nicht einmal ansatzweise einen Grund. Was nach Kleinigkeit aussieht, ist es nicht. Jeder, der weiß, wie schwer es ist, große Teile einer Stadt konsistent und richtig zu informieren, der weiß auch, wie schwer solche Zungenschläge, Kunstgriffe oder Unterschwelligkeiten wiegen.

Während wir uns also in solchen Diskussionen verlieren, werden die schwerwiegenden Schieflagen unserer gesellschaftlichen Situation, in der sich der gesamte Freistaat befindet, nur selten zur tragenden Säule der journalistischen Arbeit. Der Diskurs bleibt auf jene Bühnen beschränkt, die die Landespolitik oder andere bieten. Natürlich wird berichtet, wenn der Ministerpräsident mit seinem Dialogformat Sachsengespräch nahezu unermüdlich seine Runden durchs Land dreht. Eigene Recherchen zu den Fragen, die den deutschlandweit besorgten Blick nach Sachsen eröffneten, allen voran die Frage, warum sich alles so entwickeln konnte und wo diese Extreme ihren Ursprung haben, bleiben aber selten. So bleibt der moderierbare, sauber recherchierte Diskussionsraum weitgehend unbenutzt. Für den Rest der Republik ist es ein Rätsel, warum das so ist. Eigentlich wäre eine mediale Plattform exakt das, was Öffentlichkeit in die Debatten bringen kann und soll, offen für alle Beteiligten, nach klaren Regeln organisiert und auf Fakten und Inhalte konzentriert. Eigentlich wäre dies gerade ein Muss. Angst vor dem Leser? Angst, erneut einer zu großen Nähe zur Politik beschuldigt werden zu können? Ich weiß nicht, woher die Zurückhaltung kommt, Fakt aber ist, dass eine wichtige Stimme im Diskurs dadurch entweder sehr leise ist, oft aber weitgehend fehlt.

## Die Gefahr der verschenkten Debatte

Diese gefühlte Nichteinmischung der etablierten Medien, die auch ein Maß an Verunsicherung ahnen lässt, drängt die Debatte einmal mehr in andere Kanäle zurück. Denn die Diskussionen finden natürlich dennoch statt, suchen sich aber in den sozialen Netzwerken andere Formate. Dort wird im Schutz der Anonymität und beinahe bar jeden Widerspruchs »diskutiert«.

So entstand beispielsweise Ende Oktober 2018 auf Facebook eine geschlossene Nutzergruppe namens Oculatus Deutschland, die inzwischen 4300 Mitglieder zählt. Auf dieser Plattform kursieren zahlreiche Videos der rechten Bewegung Pro Chemnitz von den Demonstrationen in Chemnitz. Eines davon weist 2700 Kommentare und 1000 Likes aus. »Widerstand!« und »Ganz Deutschland schaut zu, die Bilder gehen um die ganze Welt. Ihr seid die Sieger!« sind noch die harmloseren Kommentare. »Ach, wir haben Kettensägen, Sensen und, und, und das Werkzeug setz ich ein«, lautet einer der härteren Gangart. Dazu runden zahlreiche Bekundungen aus ganz Deutschland aus der Rubrik »Endlich geht's los« das Bild ab.

Dann gibt es da noch die unzähligen Kommentare, die die unvermeidliche Scheinparallele zu den Ereignissen 1989 ziehen, im Duktus: Wir haben es schon mal gemacht, der Osten ist klüger, und das haben wir schon einmal bewiesen. Die Diskussion, wenn man das so nennen will, brodelt weiter, köchelt im eigenen Saft vor sich hin und produziert eine merkwürdige Melange aus Wutbürgern, Rechtsextremen, Hooligans und rechten Parteien. Gelesen habe ich darüber offiziell nirgendwo etwas. Demnach gab es dazu auch keine öffentliche Debatte. Weiß es niemand? Oder will es niemand wissen?

Tatsächlich sind Gruppen wie diese, wenn sie denn ohne Gegendiskussion bleiben, ein schwerwiegendes Problem. Ohne größere kontextualisierte Diskussion fehlt die Einordnung für all jene, die selbst fündig werden, indem sie im Netz darüber stolpern oder darauf aufmerksam gemacht werden. Nicht jeder, der sich hier aufgefangen und gehört fühlt, ist ein Rechter. Im Gegenteil. Doch die zunehmende Entpolitisierung der Gesellschaft führt eben auch dazu, dass man sich oftmals unbekümmert denen anschließt, die scheinbar die eigenen Sorgen hören, die gleich klingen wie man selbst, ihre Ängste artikulieren und

Änderung versprechen. Ich bin überzeugt, dass es so auch bei den Demonstrationen in Chemnitz lief. Ohne eine zeigefingerfreie Einordnung der Sache lässt sich das dann auch nicht erkennen.

Die rechten Strukturen besetzen diese Kanäle, wo sich Angst und Wut artikulieren, und drücken damit dem Ganzen ihren Stempel auf. Sie nutzen die Mobilisierung, um Bilder vermeintlicher Stärke zu erzeugen. Der Protest dagegen – ob er aus der professionellen Politik, den Medien oder der Gesellschaft kommt – pauschalisiert meist und trifft deshalb alle. So wird jeder, der sich hier mit seinen Sorgen wiederfindet, indirekt und oftmals unfreiwillig zu einem Anhänger politischer Kreise erklärt, die er selbst in Gänze nicht überblickt, manchmal nicht einmal kennt. Die pauschale Kritik aber wirkt verbindend, denn die Wut eint. Ihr wollt mich nicht hören. Ihr stempelt mich zum Nazi. Ihr lügt. Eine verhängnisvolle Treibjagd hat begonnen, die den Extremen in die Karten spielt.

Dies wird vor allem in den Netzwerken deutlich. Hier treffen in den entsprechenden Gruppen mit homöopathischen Ausnahmen nur jene aufeinander, die der gleichen Ansicht sind. Filterblasen entstehen, weil hier verlässlich jeder weggeklickt wird, der eine andere Meinung vertritt. Oder er wird rücksichtslos niedergeschrieben. Halbwahrheiten, Gerüchte und Fake News werden so schnell zur Wahrheit. Problem Nummer eins dabei: Eine angenommene Wahrheit, kritiklos geteilt von Tausenden, ist am Ende irgendwie auch eine. Problem Nummer zwei: Wichtige demokratische Prozesse der Diskussion von gefühlten und realen Problemen finden so inzwischen gar nicht mehr oder nur noch einseitig, sich selbst bestätigend außerhalb des größeren gesellschaftlichen Systems statt.

Vor allem die Jüngeren sind davon betroffen. Beobachtet man die offiziellen Runden von Sachsengespräch und Co, so sucht man jüngere Leute eher vergebens, wenn man von den wenigen absieht, die sich ohnehin schon politisch engagieren. Problem Nummer drei: Das Vertrauen der gerade jungen Menschen in die etablierten Instrumente unserer Demokratie ist gestört. Auch das Vertrauen in die Medien. Vielleicht war es noch nie da, weil es gar nicht wachsen konnte, was auf einen Mangel an politischer Bildung verweist und auf das Ignorieren der Themen dieser Klientel durch die Politik. Was die Sache nicht besser macht. Ein Beispiel dafür ist die Diskussion um Umweltschutz und Klimaziele. Von der Politik verschoben ins Kleingedruckte des Koalitionsvertrags, sind diese Themen nun der Mobilisator der jungen Massen, weil es relevant ist und weil es um Zukunft geht. Eine Revolution aus dem Kinderzimmer. Die Politik ist sprachlos, hatte sie doch nicht damit gerechnet, dass diese Gruppe derart zu mobilisieren wäre. Viele Medienvertreter hingegen kommentieren das nun wiederum so, als hätten sie jahrzehntelang die Politik jeden Tag gefragt, wann denn endlich die Energiewende kommen würde. Glaubwürdig geht anders.

Durch die fehlende politische Bildung der Jugend droht ein Desaster. Denn für diese Altersgruppen sind die Funktionsweise und Bedeutung von Demokratie und Staat großteils fremdartige Dinge. Das ist zwar eher ein Grundversagen der Bildungspolitik, nimmt aber die Medien nicht aus. Sie haben definitiv ihren Anteil auch an dieser Entwicklung. Hier rächt sich nämlich der zögerliche Umgang mit der Transformation der eigenen Produkte weg von Papier und Print, hin zu digitalen, zielgruppengenauen und damit auch verständlichen Angeboten, die auch jüngere Menschen erreichen und begeistern können.

Der digitale Transfer der verlässlichen Medien-Marken als glaubhafter Leuchtturm im undurchschaubaren babylonischen Stimmengewirr des Netzes wurde viel zu spät und bestenfalls halbherzig vollzogen. So stießen eben andere in diese Lücke. Vor allem die sozialen Netzwerke, die inzwischen Millionen Menschen suggerieren, sie würden sie informieren und dabei all jenen nur das verabreichen, was sie selber in diesen Netzen publizieren. So wird der weitgehend nicht hinterfragter Meinungsturbo inzwischen oft zur einzigen Informationsquelle. Und in dieser Absolutheit wendet sich etwas eigentlich Demokratisierendes gegen die Demokratie an sich. Denn im Netz hat jeder recht. Sei es noch so falsch und er noch so in der Unterzahl.

Selbst im politischen Kleinstraum, wie ich gerne mein Tätigkeitsfeld der Lokalpolitik bezeichne, wo getätigte Aussagen jederzeit und nahezu mühelos auf ihren Wahrheitsgehalt geprüft werden können, selbst hier greift diese Spaltung der sozialen Netzgemeinde. Wenn man bis eben noch glauben konnte, dass es nur die großen, politisch komplexen und unübersichtlichen Themen sind, die im Sumpf von Fake News schnell versinken können, weil sie eben nicht auf Anhieb zu prüfen sind, so ist man spätestens jetzt eines Besseren belehrt. Auch hier, in der lokalsten Ecke des weltweiten Diskussionsforums, greifen nahezu dieselben Phänomene. Allerdings in anderem Gewand: Offen wird hier selten widersprochen oder diskutiert, und wenn, dann unter falschem Namen oder – wie ich es inzwischen nicht selten höre – per Zurechtweisung außerhalb des Internets. So hörte ich nicht nur einmal, dass Bürger oder auch Freunde, die den einen oder anderen Post von mir als Bürgermeister positiv kommentierten, im wahren Leben dafür als »Schleimer« oder Ähnliches bezeichnet wurden. Wer kann es ihnen verübeln, wenn sie sich daraufhin aus den Diskussionen im digitalen Nirwana heraushalten.

## Posten, was passiert

Wer also nicht will, dass diese Netze sich verselbstständigen, der muss sie nutzen und versuchen, ein wenig gegenzuhalten. Für mich ist das Alltag. Nahezu jeden Tag poste ich, was in der Stadt passiert, was wir vorhaben und wohin die Reise gehen soll. Auch sonstige politische Themen stelle ich hier eingeordnet zur Diskussion. Ich habe damit angefangen, weil man auf diesem Weg tatsächlich viele Leute erreichen kann. Und ich bin überzeugt davon, dass es ebenso wichtig ist, diese Öffentlichkeit, Transparenz und auch Ansprechbarkeit zu schaffen, wie eine gute Politik zu machen. Ich tue das nicht hauptsächlich, um viele Likes zu bekommen, sondern um zu hören, was die Menschen von dem halten, was wir mit ihrem Geld so anstellen. Ich möchte, dass die Bürger, die sich sonst weitgehend aus der Stadtentwicklung heraushalten, wissen, was bei ihnen zu Hause gerade diskutiert oder beschlossen wird. Doch dieses Angebot hat Tücken, denn eine wirkliche Diskussion ist – wie oft auch im richtigen Leben – kaum möglich.

Das erste Mal bekam ich das zu spüren, als 2015 die Flüchtlingswelle auch bei uns im Freistaat ankam. Wir wurden vom Landkreis informiert, dass wir uns auf die Aufnahme von Flüchtlingen vorbereiten sollen. Über einen Schlüssel hatte der Kreis errechnet, was jede Kommune an Aufnahme leisten sollte. Nach erster Prüfung war klar: Zwei Busse mit Geflüchteten würden wir in Augustusburg zu erwarten haben, eine Zahl an Menschen, die wir nicht einfach so über Nacht unterbringen können. Dass dies am Ende so gar nicht kommen sollte, konnte zu diesem Zeitpunkt niemand wissen. Also machten wir uns einen Notfallplan. Wir entschieden, unsere Mehrzweckhalle, eine alte Sporthalle, die auch für andere Veranstaltungen genutzt werden kann, für jegliche Nutzung zu sperren, um sie gemeinsam mit dem Roten

Kreuz als eine Art Erstaufnahmelager herzurichten. Das Ziel war, den Menschen ein geordnetes Ankommen zu ermöglichen und Sicherheit auf allen Seiten gewährleisten zu können. Von hier aus, so unsere Gedanken, wollten wir dann die Menschen im Ort verteilen, in Abstimmung mit der Stadtgesellschaft und so, wie wir es für richtig hielten. Dies, so waren wir überzeugt, hätte uns die Möglichkeit gegeben, selbst zu entscheiden, wer in welche zur Verfügung stehende Wohnung umziehen würde. Zudem recherchierten wir den momentanen Leerstand und organisierten über unsere Wohnungsverwaltung Termine mit den betroffenen Nachbarn, um im Vorfeld per Gesprächsrunde Sorgen und Befindlichkeiten ausräumen zu können und auch um zu informieren, wie das Prozedere ablaufen sollte.

Schon die ersten Informationen lösten eine zumeist anonyme Protestwelle aus. In Facebook-Nachrichten wurde ich als einer beschimpft, der jetzt den Vergewaltigern Tür und Tor öffnen würde. Eine Diskussion des Themas im Netz erwies sich als unmöglich, denn die Behauptungen überflügelten deutlich die Fakten. Zudem sammelte sich Protest gegen die Sperrung unserer schönen Halle für diesen Zweck. Nichts davon fand im direkten Gespräch mit mir statt. Selbst eine große und öffentliche Bürgerversammlung in genau dieser Halle, bei der ich mit rund 300 Anwesenden über unsere Pläne und die Ängste der Bürger diskutierte, konnte die anonymen Hassattacken nicht stoppen. Die Stimmung an diesem Abend machte mich eher stolz, denn die Stadtgesellschaft zeigte sich zum überwältigend überwiegenden Teil sachlich und offen und verwies die wenigen anwesenden Krakeeler recht schnell in ihre Schranken. Damals wurde sichtbar: Es gibt euch, aber ihr seid nicht die Mehrheit. Es war ein wirklich spannender Abend, der sich bei mir einbrannte. Aber er hielt auch noch eine Botschaft für mich bereit. Ein mit schwarz gekleideten Gestalten besetzter Van mit auswärtigem Kennzeichen stand vor der Mehrzweckhalle und war Stunden später, als ich wieder zu Hause ankam, demonstrativ schräg gegenüber meines Hauseingangs geparkt. Das sollte mich offenbar daran erinnern, dass man wusste, wo ich wohne.

Am Ende kam alles anders. Die Busse erreichten uns nicht, und den wenigen Geflüchteten, die wirklich bei uns ankamen, stand zu jeder Zeit eine weit größere Unterstützergruppe zur Seite, die mit viel Einsatz und Engagement die Lücken schloss, die der Landkreis als verantwortliche Unterbringungsbehörde regelmäßig öffnete. Zwischenfälle gab es keine. Dennoch kam es hier zu einem Bruch mit Teilen der Stadtgesellschaft, der bis heute nicht verheilt ist. Dieser Bruch kommt immer mal wieder bei anderen Themen hoch, zumeist im Netz. Der, der die Ausländer herholen wollte, kann eben für manchen gerade jungen Menschen keiner von hier sein. Dass die Zusammenhänge anders waren und obendrein meine persönliche Einstellung zur Sache angesichts der Gesetzeslage unerheblich ist, wird bis heute nicht verstanden. Nicht dagegen gewesen zu sein, bedeutet gegen die eigenen Leute zu sein. Widerspruch unzulässig, Erklärungen sinnlos.

In jener Zeit übernahm bei uns eine Facebook-Seite mit dem Namen »Die Seite der Augustusburger« die Oppositionsrolle und machte offen Front gegen unser Vorgehen als Stadt. Getrieben durch das Asylthema wurde offen über fast alles geschimpft, was wir entschieden haben. Wohlgemerkt als Stadt und Stadtrat. Personifiziert war das aber ausschließlich in mir als Bürgermeister. Als ich in meinem Café gemeinsam mit unseren Flüchtlingsunterstützern eine Willkommensparty organisierte, damit sich Bürger und Neubürger auf einer freundlichen Ebene begegnen konnten, da wurde das Café-Logo mit arabischen Schriftzeichen versehen und als Ausländertreff im Netz markiert. Was eine Stigmatisierung zur Folge haben sollte, löste Protest bei vielen Nutzern aus. Und so ruderten die Macher der Seite wieder zurück. Ein kleines Zeichen der Hoffnung, dass wenigstens in den lokalen Winkeln der Netzwerke eine Art Selbstkorrektur greifen kann.

## Geborgen unter Gleichgesinnten

Auch wenn die Episode mit den Flüchtlingen, die dann doch nicht kamen, inzwischen Geschichte ist: Diese Wochen schafften eine Kluft zwischen jenen, die sich als echte Augustusburger bezeichnen, und mir, einem Zugereisten, der zwar schon 15 Jahre hier lebt und dennoch kein »Echter« ist. Die Auswirkungen spüre ich noch heute, wenn ich sehe, wie viele, die damals hier aktiv waren, heute auf der Straße reagieren. Obwohl die Themen, die die Menschen damals umtrieben, sich in Luft auflösten, ist die Distanz spürbar. Immerhin lässt sie sich im direkten Gespräch oft überbrücken, wenn sich eines ergibt. Dann wird deutlich, warum die Mechanismen der Netzwerke so gefährlich sind, wie oberflächlich dort die Behandlung der Themen bleibt und wie gering die Chancen wirklich sind, auf diesen Kanälen argumentativ Probleme lösen zu können.

Warum ich das schreibe? Weil es schlagartig verdeutlicht, dass wir ein Problem haben, wenn ein Bürgermeister, der auf nahezu allen Kanälen erreichbar und ansprechbar ist und auch so ziemlich alle Fragen beantwortet, trotzdem nicht direkt adressiert wird. Es braucht offenbar den Umweg über die Gruppe, über Internetseiten und soziale Netzwerke. Die Menschen suchen Geborgenheit im Gleichgesinntsein, Absicherung durch die Gruppe. Sie suchen nicht den Diskurs, sondern Selbstbestätigung, die keinen Widerspruch und schon gar keine Lösung wünscht, es sei denn, es ist die selbst erdachte. Es ist die Position, die man für richtig hält und die man halten möchte, weil man sich längst von dem verabschiedet hat, was derzeit Konsens ist. Das ist kein Vorwurf an Einzelne. Dieses Verhalten ist über Jahrzehnte gelernt. Es bildet ein Muster, das sich sogar vererben kann.

Tatsächlich sind wir damit beim Kern des Problems angekommen. Heimlich, unbemerkt schleichend sind nämlich »wir« alle »die Medien« geworden. Jeder ist Sender und Empfänger zugleich, ohne sich immer darüber im Klaren zu sein, was das bedeutet. Während bei den klassischen Medien die direkte Konfrontation des Betroffenen mit einem Problem oder einer Frage Regel und Pflicht ist, entfällt das in den sozialen Netzwerken, in den Blogs und auf den Internetseiten komplett. Jeder schreibt, was er denkt. Mit der Sicht und Einsicht, die er hat. In den allermeisten Fällen geschieht dies in Unkenntnis der Fakten und Begleitumstände. Meist findet ein Kommentator mindestens noch fünf weitere, die das auch so sehen. So tut sich selbst hier, im übersichtlichen Orbit einer Kleinstadt, in der jeder jeden kennt und alles überprüfbar ist, ein Paralleluniversum auf, das sich seine eigene Wirklichkeit schaffen kann und zugleich Teile der Gesellschaft davon befreit, sich auf den mühsamen Weg von echter Auseinandersetzung und Diskussion zu begeben. Doch ohne diese Fähigkeit, sich auf die Positionen der anderen einzulassen, sie zu durchdenken und gegen die eigene Sicht aufzuwiegen, wird Gesellschaft auf Dauer keine Kompromisse schließen können. Am Ende dieser Prozesse werden plötzlich Mehrheiten zur Nebensache. Kleine Gruppen machen Staat, wenn sie nur laut genug und massenkompatibel sind. Der schwere und doch so wichtige Weg der Mehrheitsfindung, das Rückgrat der friedlichen Gesellschaft, wird immer seltener beschritten. Die Lebensversicherung des Kompromisses als Basis eines stabilen Miteinanders läuft aus.

Natürlich beschreibt dies noch immer Anfänge. Aber gerade

sie zeigen, wie gefährlich der weitere Weg ist. Der Bedeutungsverlust der klassischen Medien, die sinkenden Auflagen und Reichweiten haben dieser neuen Entwicklung nichts entgegenzusetzen. Die Politik, die viel zu lange in einem eigenen Orbit operierte und sich auf das Mittel der Presse verlassen hat, steht dem ebenfalls weitgehend unbewaffnet gegenüber. Selten, dass politische Statements, die zwar richtig, aber wenig massentauglich sind, in den Netzwerken länger als einen Tag überleben oder nennenswerte Reichweiten generieren können. Das gelingt nur noch, wenn die These, der Inhalt Streit produziert.

Gerade im beginnenden Wahlkampf hier in Sachsen kann man dies intensiv beobachten. Die Polarisierung schreitet voran. Befeuert oft von einer hechelnden Meute, die jeden Fortschritt im digitalen Orbit zerreißt. Falls es überhaupt einmal so etwas wie Diskurs in dieser Netzwerkkultur gibt, dann treffen Extreme aufeinander, die sich Zeile für Zeile unversöhnlich gegenüberstehen und auf ihren Positionen beharren. Eine wirkliche Debatte kann sich nicht mehr durchsetzen. Dass in diesem unversöhnlichen Umfeld auch klassische Medien mehr und mehr nach der verkaufenden Schlagzeile schielen, macht es nur noch komplizierter.

## Die kommenden Gefahren

Die mangelnde Fähigkeit der Einordnung ist nicht allein verantwortlich für all das, was jetzt passiert, befördert aber die Entwicklungen zumindest. Das große, öffentliche Schweigen, das seine Wurzeln noch in Zeiten ohne eine eigene, digitale oder klassisch etablierte und für alle offene Meinungsarena hat, wird automatisch zur Zustimmung. Dies geschieht unabsichtlich, denn die Schweigenden sind sich dieser Wirkung nicht bewusst. Öffentlich Position zu beziehen, um Fehlentwicklungen als solche erkennbar werden zu lassen, ist nicht Tagesgeschäft, ebenso wenig wie eine verbindende, ausgleichende Debatte. Man schweigt am Kaffeetisch die Gräben zu, die inzwischen auch Familien teilen. Ein Scheinfrieden ist wichtiger, als klare Worte zu sprechen. Und allmählich tun sich unübersehbar auch geschichtliche Parallelen auf, die Grund genug sind, damit man sich ernsthaft Sorgen machen muss. Schon einmal, zu Zeiten der Weimarer Republik, war die Gesellschaft so tief gespalten und von extremen Positionen bestimmt. Wir alle kennen die Folgen. Heute scheinen die Situation und der Trend ähnlich zu liegen.

Der Druck von außen wächst. Durch den Mangel an Differenzierung bei der öffentlichen Betrachtung der politischen Lage in Sachsen. Durch die lange schon ausbleibende Auseinandersetzung mit den Problemen in den hiesigen Medien. Durch das Stigmatisieren der Teilnehmer der Protestzüge von Pegida und Co als rechte Extremisten durch überregionale Politik und Teile der überregionalen Presse. Und natürlich auch durch die Gegenreaktionen, die das Gleiche mit der linken, teils ebenfalls extremen Szene machen. Nicht zuletzt verstärkt durch den Umstand, dass dies alles nun im Digitalen ungebremst, nicht eingeordnet und ohne Regeln einfach da ist, dauerpräsent und für jeden offen aufeinanderprallt. Durch all das werden viele Menschen aus dem eigentlich unpolitischen Lager langsam aber sicher gezwungen, sich einer der Seiten anzuschließen. Das Netz treibt diese Entwicklung mit unglaublicher Geschwindigkeit an. Rund um die Uhr, sieben Tage die Woche laufen diese Prozesse. Sie machen aus Zweiflern Fragende, aus Fragenden Kritiker und aus Kritikern Opposition.

Wer sich gestern noch fragte, ob Ausländer wirklich seine persönliche Sicherheit gefährden, lernt heute in diesem Räderwerk sehr schnell, dass dies so ist. Und morgen glaubt er daran, dass er gefährdet ist und niemand ihn schützen kann. Ob diesem Prozess Fakten zugrunde liegen, ist unerheblich. Allein die schiere Zahl derer, die dieser Meinung sind, reicht aus, um sich anzuschließen. Denn nichts funktioniert hier besser, als Ängste zu verstärken. Würden Sie nun versuchen, diesen Menschen zu erklären, dass dem nicht so ist, dass Statistiken und Fakten etwas anderes sagen, Sie würden nicht mehr durchdringen. Egal wie klar, real und vor allem belegbar Ihre Argumente sind.

Ich erlebe dies hier in den virtuellen Räumen rund um unsere Stadt immer wieder. Ich entdecke in Diskussionsverläufen an vielen Stellen Menschen, die ich glaube zu kennen, die ich aus persönlichen Gesprächen ganz anders in ihren Meinungen verortet hätte und die sich plötzlich mit radikalen Äußerungen hervortun und dann – daraufhin angesprochen – wieder komplett anders zeigen. Dies zeigt einen letzten, gefährlichen Aspekt der Netzwerke auf. Der digitale Fußabdruck in der Welt der Echtzeit, der spontanen Meinungsäußerung, spiegelt oft nur einen Moment, einen Teilaspekt oder eine Reaktion, quasi im Affekt. Diese Meinungsäußerung zeigt eben nicht den gesamten Menschen im kompletten Kontext. Das ist jedoch den wenigsten bewusst, weder dem einzelnen Kommentator selbst noch all jenen, die an den Diskussionen teilnehmen. So ist auch nur wenigen klar, dass es damit gefährlich ist anzunehmen, dass Ergebnisse und Zustimmung einen belastbaren Ausschnitt aus der Wirklichkeit darstellen.

Nicht selten vermag man im direkten Gespräch die virtuelle Konfrontation aufzulösen, weil sich hier der gesamte Kontext der Äußerung offenbaren und deshalb einordnen lässt, und wahrscheinlich auch deshalb, weil menschliche Kommunikation zu 55 Prozent aus Körpersprache, zu 38 Prozent aus Stimmlage und nur zu sieben Prozent aus Worten besteht, was die digitale Kommunikation per se infrage stellt. Ist das beruhigend oder eher Grund zur Sorge? Ich denke, es ist eher Letzteres. Denn zum einen ist es auch in einer noch so kleinen Stadt unmöglich, mit jedem Bürger zu sprechen. Zum anderen haben die Netzwerke inzwischen eine solche Reichweite, dass es eigentlich keinen Haushalt in der Stadt gibt, der davon nicht erreicht wird. Davon können die klassischen Medien nur träumen.

Ich selbst versuche, dem inzwischen zu begegnen, indem ich regelmäßig kurze Filme online stelle. Über Blog und Facebook-Kanal erreichen diese 90-Sekunden-Trailer eine Menge Leute. Zugriffsraten von 2000 bis 15.000 Aufrufen sind der Schnitt. Diese Videos haben einen entscheidenden Vorteil: Sie decken die gesamte Spanne der Kommunikation ab. Man sieht und hört, wer spricht, und vor allem wie. Mein Ausweg aus dem Dilemma der verkürzten Digitalkommunikation. Viele meiner Kollegen belächeln, was ich auf diesen Kanälen tue. Ich sage: Wer diese Kanäle missachtet, der wird in naher Zukunft große Schwierigkeiten haben, mit seinen Bürgern den Kontakt zu halten. Sinkende Auflagen der klassischen Medien, deren begrenzte Möglichkeit, die immer komplexeren Abläufe in der Politik darzustellen, werden in naher Zukunft sinnvolle und verständliche Kommunikation in der erforderlichen Breite und Tiefe unmöglich machen. Das klassische Interview in der Zeitung wird bald nur noch eine Ergänzung sein. Nicht mehr. Die eigene Website und der eigene Social-Media-Kanal ist somit nicht nur für Unternehmen ein Muss. Es wird für die Politik eine Überlebensfrage werden, sich dieser Möglichkeiten zu bedienen.

# 5
# Wir, die Veränderer

Was nun? Das ist die entscheidende Frage. Natürlich könnte man jetzt sagen, das sei alles individuell beobachtet. Man könnte meine Beispiele einzeln hinterfragen und filetieren und sagen, meine Sicht auf die Dinge blicke nur auf bedauerliche Einzelfälle, auf Verfehlungen Einzelner, die nicht repräsentativ sind. Ja, man könnte das gesamte Buch in der Luft zerreißen und einfach weitermachen wie bisher. Ein bisschen Kosmetik hier, ein wenig Veränderung da und Ende der Geschichte. Alles gut.

Alles gut? Ich glaube nicht. Ganz im Gegenteil. Ich denke, diese Beispiele und Beobachtungen sind beliebig durch andere an anderen Orten ersetzbar. Ich bin mir sicher, dass die gewaltigen Veränderungen, die gerade die gesamte Gesellschaft auf allen denkbaren Ebenen erfasst haben, nicht einfach so wieder aufhören werden. Nur, weil Politik nun ein bisschen mehr mit den Bürgern redet. Ich bin sogar überzeugt, dass dies alles nur der Anfang eines Anfangs ist. Eines Anfangs, der nach grundsätzlichen und vielleicht bisher nicht denkbaren Antworten verlangt. Der tief greifenden Umbau und Anpassung fordert. Umdenken wird für uns alle zur Pflicht. Ein gewaltiger Prozess liegt vor uns auf allen Ebenen des Denkens, Handelns und Entscheidens.

Wir sollten uns empören. Über uns selbst – nicht über die da drüben oder die da oben oder die da unten. Über die natürlich auch, aber in erster Linie wir uns über uns selbst. Veränderung kann nur beginnen, wenn wir nicht die anderen, sondern uns selbst verändern. Wir sollten erzürnt sein über den Verlust an Werten, den wir alle über die Jahre schleichend akzeptiert haben, weil es das Leben einfacher macht, wenn man sich mehr auf sich konzentrieren kann, anstatt das große Ganze, das Komplexe zu erfassen und einzubeziehen. Freilich ist es einfacher, nichts zu verändern und lieber zu ertragen, solange für einen selbst noch alles in Ordnung scheint.

Das, was gerade in Deutschland passiert, ist das Ergebnis eines langen, zufriedenen Schlafes der Mehrheit. Reihenhaus, Hobby, Urlaub irgendwo. Alles war gut und reichte aus, den Frieden zu bewahren. Doch während wir in unserem großen Kaufhaus der Träume in der Warteschlange standen, um unsere inzwischen beinahe ausschließlich auf Konsum ausgerichteten Wertvorstellungen zu erfüllen, hat sich alles verändert. Die digitale Evolution, getarnt als bunte Spielwelt, reserviert für und angeblich begrenzt auf junge Leute, hat die Demokratisierung aller Möglichkeiten zur Folge. Meinungen können öffentlich gemacht werden, ohne dass man die historisch geprägten Netzwerke und Mechanismen braucht. Ungefiltert befeuert und ermöglicht durch das Netz wurde die Welt, wie sie bisher war, aus den Angeln gehoben. All unsere Fehler und Defizite wurden sichtbar: die weitgehend ungebremst angewachsene Komplexität, unsere massive, aber nutzlose Regelungswut und dass wir uns selbst jahrelang in unseren Möglichkeiten beschnitten haben. Weil wir uns kümmerten und bekümmern ließen, statt über Ermöglichung nachzudenken. Ja mehr noch: Uns ist die Fähigkeit abhandengekommen, Möglichkeiten zu entdecken und diese mutig zu entwickeln, Dinge anders und neu zu denken, ohne vorhandene Gleise mühsam umzubiegen. Wir passten den Fahrplan ein wenig an und tauschten gelegentlich das Zugpersonal aus. Und während wir noch dachten, es sei schon nicht so schlimm, wurde plötzlich alles sichtbar, durchbrach eine Oberfläche, die sich wie eine nur mäßig durchlässige Membran zwischen Politik und Bürger geschoben hatte.

Und – auch wenn es die Dimension dieses Buches übersteigt – so will ich doch der Vollständigkeit halber darauf verweisen, dass noch etwas passiert. Weit unter dem Radar des eigenen Orbits und erst spürbar seit 2015, dem Jahr, in dem ferne Kriege und noch fernere Armut plötzlich Gesichter bekamen, die unseren schläfrigen Frieden störten, hat die neue Transparenz nämlich auch dem Rest der Welt die Augen geöffnet und gezeigt, wie wir hier leben. Unser Wohlstand wurde in Echtzeit sichtbar und zeigte auf, dass unser Überfluss großem Mangel gegenübersteht, dass es einen Ort gibt, an dem Mindesthaltbarkeitsdaten Lebensmittel in Massen vernichten, die andernorts nicht einmal produziert werden können. Wir hier wussten das schon lange, aber jetzt weiß es auch jedes Dorf in Afrika. Eine Brücke der Erkenntnis entstand, eine schiefe Ebene, die Massenflucht auslöst, weil Menschen leben wollen, statt einfach zu verhungern, nur weil sie am falschen Ort geboren sind. Ob wir das einsehen und akzeptieren, ist bestenfalls zweitrangig. Wir können uns einreden, es wegwählen zu können. Helfen wird uns das nicht. Denn kein Zaun, keine Mauer kann Überlebenswillen aufhalten. Im Gegenteil. Es wäre nur die Aufforderung, alles infrage zu stellen. Sind wir wirklich bereit, an der Garderobe der Weltgeschichte unsere Menschlichkeit abzugeben wie einen Mantel, den wir gerade nicht brauchen?

Wir haben also nicht nur unsere Probleme zu lösen. Da ist noch viel mehr. Wir werden teilen lernen müssen. In einem Maß, das wir uns nicht vorstellen können und das die Dimension der 10-Euro-Patenschaft für ein niedliches afrikanisches Kind zur Beruhigung unseres Daseins um ein Vielfaches übersteigt. Und als sei dies alles nicht genug, haben wir mit »Fridays for Future«

die nächste Generation im Nacken, die uns daran erinnert, dass wir all das bitte auch so lösen müssen, dass es übermorgen noch einen bewohnbaren Planeten gibt. Ist das der Ausgangspunkt für ein »Weiter so«? Hier, bei uns im Osten ganz sicher nicht. Ehrlicherweise nirgends, auch nicht anderswo im Land, wo die Wiesen grüner und der Himmel blauer zu sein scheinen. Denn jeder – egal ob in Ost oder West – wird sich beim Lesen an irgendeiner Stelle in diesem Buch erkannt haben. Es wird künftig noch viel mehr dieser Dinge geben, die uns jeden Tag blockieren. Das wird weit über das hinausgehen, was hier in diesem Buch aufgezeichnet ist.

Der einzig mögliche Schluss ist, dass wir erkennen, dass wir keine weiteren Reförmchen brauchen. Wir brauchen radikale Ansätze, die sich aus Demokratie, Gerechtigkeit, Wertewandel und Nachhaltigkeit speisen. Und wir brauchen eine komplett neue Form des Zusammenlebens, die auf Kompromissen basiert und Überfluss durch Bedarf ersetzt. Das Leben bedeutet mehr, als jeden Tag fremde Menschen mit Dingen zu beeindrucken, die wir von Geld kaufen, für dessen Erwerb wir uns und unsere Ressourcen überlasten und die wir eigentlich nicht benötigen. Reduzieren wir uns auf das Wesentliche. Kein Mensch braucht ewiges Wachstum, das es sowieso nicht geben kann, weil alles auf unserem Planeten nun mal endlich ist.

## Demokratie ist keine Party, zu der man eingeladen wird

Zurück in den Kleinstraum. In das hier bei uns. Denn hier liegt tatsächlich die Kraft, alles zu verändern. Wo aber fangen wir an? Sinnvollerweise wohl bei uns selbst, dem Bürger, der gern Verantwortung in alle Himmelsrichtungen verteilt. Der zunehmend mit sich beschäftigt ist und insgeheim über jene lacht, die sich engagieren. Der das Wir meist zu Weihnachten entdeckt, weil es zur heimeligen Jahreszeit gehört, mal an andere zu denken, wie das Lametta an der Tanne. Wir müssen damit anfangen, die weiten, die anstrengenden Wege zu gehen. Es nutzt nichts, jeden Tag Probleme zu benennen, sondern wir müssen sie lösen. Das beginnt bei uns. Und hier zunächst mit der Erkenntnis, dass eine Gesellschaft jeden von uns braucht, dass ein Zusammenleben in einem Dorf oder einer Stadt nur dann wirklich lebenswert ist, wenn wir alle dazu etwas beisteuern, wenn wir uns mit unseren Möglichkeiten einbringen. Hier hat jeder etwas zu geben. Die Stunde am Wochenende, in der die Nachbarn den Park nebenan in Ordnung bringen, weil es die Stadt nicht schafft oder nicht macht. Macht sie es einfach nicht, kostet es eine Stunde, um bei der Verwaltung nachzufragen, warum das so ist. Wenn die Stadt auf die Nachfrage nicht reagiert oder eine merkwürdige Antwort liefert, die man nicht akzeptieren kann, kostet es eine weitere Stunde, um im öffentlichen Stadt- oder Gemeinderat das Problem anzusprechen. Das sind zwei Stunden, die so viel besser investiert sind, als wenn man das Problem einfach nur zum Stammtisch trägt, wo es zwar Zustimmung gibt, aber eben keine Lösung. Die Erkenntnis, dass die da im Rathaus alle doof sind, macht den Park schließlich auch nicht schöner. Und schließlich gibt es noch eine weitere Option: Man kann auch selbst zur Harke greifen. Auch, wenn einem dieser Park nur indirekt gehört. Es gibt Menschen, die genau das machen, aber es werden weniger.

Die Wiederentdeckung dessen, was wir selber tun können, ist ein wichtiger, ja entscheidender Schlüssel. Über Jahre ist dieses Tun, diese Teilhabe mehr und mehr den eigenen Interessen gewichen. Das müssen wir wieder ändern. Auch wenn es beschwerlich ist und sich jenseits des eigenen Aufgabenbergs weitere Aufgaben auftun. Ja, diese Entwicklung hat sicher auch damit zu tun, dass wir immer mehr gefordert sind. Die Arbeit vereinnahmt einen wesentlich größeren Teil des Lebens, als das früher der Fall war. Und dann gehört auch die andere Seite dazu, die dieses Engagement fördert, akzeptiert und annimmt und so Teilhabe möglich macht. Oder eben nicht, aber auch das haben wir Bürger selbst in der Hand. Gerade in den Kommunen, wo Einfluss durch Wahlen von Ortschafts-, Stadt- und Gemeinderäten oder eben auch des Bürgermeisters nicht an politischen Listen scheitert, sondern wo unabhängig von Parteibuch und Fremdbestimmung Personen gewählt werden. Hier, wo man also ganz direkt bestimmen kann, wer einen vertreten soll, hier entscheidet sich viel. Hier kann man Interessen bündeln, Mitstreiter für Ideen finden und gewinnen und wirklich Einfluss nehmen. Wir müssen diese Möglichkeiten wahrnehmen, statt nach dem Kümmerer zu rufen.

Erst dann, erst wenn wir dies alles selbst tun, ist Kritik das nächste Mittel. Hier müssen wir wieder lernen, Kompromisse nicht als Niederlage zu begreifen, sondern als das, was sie sind: von Mehrheiten getragene Entscheidungen. Da, wo Mehrheiten entscheiden, ist auch für eine Mehrheit eine Lösung zu finden, selbst wenn diese im Einzelfall nicht die von einem selbst bevorzugte ist. Das ist es, was Demokratie ausmacht: Konsens. Den kann es aber nur dann geben, wenn auch die Unterlegenen eines fairen, demokratischen und transparenten Prozesses das Ergebnis eines solchen anerkennen. Nur so können wir eine Gemeinschaft leben, die ein friedliches Miteinander auf Dauer garantiert.

Wenn ich auf meine Stadt sehe, so kenne ich sehr viele engagierte Menschen, die trotz Arbeit, Familie und allem anderen noch immer die Kraft haben, sich darüber hinaus für das Wir einzusetzen, die sich Abende um die Ohren schlagen, um für die Stadtgesellschaft Veranstaltungen zu organisieren, Arbeitseinsätze zu planen oder auch in Ortschaftsräten oder im Stadtrat mitzuarbeiten. Es gibt Bewohner, die sich intensiv um Kindersport oder Geflüchtete kümmern. Aber – und das kann ich nicht verschweigen – diese Menschen werden immer älter und auch immer weniger. Sehen wir von der Feuerwehr ab, die wichtig ist und in der sich viele Jüngere stark engagieren, dann fehlen uns ganze Altersgruppen. Die 30- bis 40-Jährigen bleiben bis auf wenige Ausnahmen beinahe komplett jeglichem Engagement fern. Wenn es darum geht, Forderungen an die Gesellschaft zu stellen, der sie ihren Einsatz und ihre Kräfte verweigern, sind sie aber da. Diese Schieflage stellt mittelfristig wirklich ein Problem dar. Wir müssen das ändern. Dieses Buch ist deshalb auch kein Angriff, sondern eher ein Hilferuf.

Was ich hier feststelle, ist offensichtlich und es ist nicht auf Augustusburg begrenzt. Wer seine Interessen wahren will, muss mitmachen. Verantwortung für die eigene Zukunft lässt sich nicht delegieren. Demokratie ist keine Party, zu der man eingeladen wird. Sie ist eine, die man selber ausrichten muss. Sie lebt von Beteiligung, vom Mitmachen. Und man muss sie einfordern, jeder von uns. Erst wenn man das getan hat, dann folgt der Protest. Nicht andersherum. Nirgends ist dies einfacher, als auf der lokalen Ebene, denn hier beginnt alles. Wir haben bei uns in der Stadt viel dafür getan, um Aufbruch und Teilhabe zu ermöglichen. Eine eigene Internetplattform gibt Bürgern die Gelegenheit, selber Projekte vorzuschlagen und gemeinsam mit der Stadt umzusetzen. Viele Gesprächsformate bieten die Gelegenheit, sich in die laufende Entwicklung einzubringen. Das ist alles noch ausbaufähig, wird allerdings bislang von den Bürgern in eher noch überschaubarem Ausmaß genutzt. Aber es beginnt. Mit der Ermöglichung der Teilhabe. So können wir alle etwas tun. Wir als Stadt. Wir, die Bürger.

Ohne dieses Zusammen-etwas-Tun werden wir in den kommenden Jahren weder eine gute Politik machen können, noch werden wir alles am Leben erhalten können, was eine kleine Stadt wie die unsere so lebenswert macht. Die vielen kleinen Feste, die die Orte zusammenhalten beispielsweise. Der Maibaum, das Osterfeuer, das Kunstfest. Alles lebt von allen. Es ist keine Einbahnstraße, und es ist auch nicht die Aufgabe der Politik, sich um all das zu kümmern. Die Politik muss ermöglichen, nicht veranstalten. Das müssen wir wissen.

Zwingende Voraussetzung für das Gelingen ist aber auch der Wille, zu einem wirklichen Miteinander zu kommen. Ein echtes Miteinander besteht nicht aus wilden Beschimpfungsattacken, Wutkommentaren und bösen Briefen. Es besteht aus dem Erleben von etwas Gemeinsamen und dem Miteinander-Streiten im positiven Sinn. Nur das wird es uns möglich machen, in Zukunft gute Wege zu gehen. Es muss hauptsächlich darum gehen, nicht für den Einzelnen alles, sondern für möglichst viele das Möglichste zu erreichen. Das ist die Aufgabe, die wir als Bürger zu lösen haben. Wir müssen das gestalten und dahinterstehen. Meine Stadt tut Dinge, die ich nicht verstehe? Dann sollte ich fragen, warum das so ist. Die Politik im Land gefällt mir nicht? Dann sollte ich den Abgeordneten zur Rede stellen, um zu erfahren, warum die Dinge sind, wie sie sind. Davon ist niemand freigestellt. Es sei denn, Demokratie ist ihm egal. Was aber bedeuten könnte, dass man eines Tages in einem Land aufwacht, das einem nicht mehr gefällt, weil andere bestimmt haben, was künftig wichtig ist und was nicht.

## Wir haben den Verlust des Miteinanders zugelassen

Die Entwicklungen der vergangenen 30 Jahre sollten gerade uns im Osten diese demokratischen Prozesse gelehrt haben. Nach der großartigen Wiedervereinigung, die wir vor 30 Jahren erzwungen haben, sollten wir nun wissen, dass ohne Mittun nichts einfach so kommt, wie man es gerne hätte. Das eigentliche Geschenk, nämlich frei zu denken und gestalten zu können, haben wir zu großen Teilen nicht angenommen. Oder wir haben nach den ersten Versuchen der vergeblichen Teilhabe aufgehört, uns weiter einmischen zu wollen. Zu wenige haben sich allen Wirren zum Trotz auf den Weg gemacht, um die Chancen zu ergreifen. Jetzt sind wir sauer, dass bei uns vieles nicht so läuft, wie wir es gerne hätten. Zusammenhalt der Gesellschaft zum Beispiel, der vielen fehlt und den wir nicht bewahren konnten. Das warme Miteinander, das irgendwann dem Rennen nach viel mehr oder dem Kampf ums Überleben zum Opfer fiel. Das alles ist nicht weg, weil ein System so ist, wie es ist. Das ist verschwunden, weil wir es zugelassen haben. Es ist nun an uns allen, dies zu korrigieren. Denn nett zueinander zu sein und zusammenzuhalten, wurde von niemandem verboten. Jedenfalls kann ich mich nicht entsinnen, je von einem Entsolidarisierungsgesetz gehört zu haben.

Wir dürfen stolz sein auf das, was wir erreicht haben. Das ist ein wichtiger Punkt der Erkenntnis. Stolz sein ist erlaubt, solange Stolz nicht eine Metapher dafür ist, andere auszugrenzen und sich über jemanden zu erheben. Ich meine Stolz, der darauf fußt, dass wir erkennen, dass wir etwas vollbracht haben, dass wir etwas wert sind und dass wir es schaffen, auch persönlichen Schmerz hinten anzustellen, wenn es um die Gestaltung der Zukunft geht. Wir haben unglaubliche Brüche durchlebt und erfahren. Wir haben Jahrzehnte der Arbeit, des stetigen Wechsels und des Lernens durchlebt. Wir haben wirklich etwas geschafft.

Wer noch vor Augen hat, wie es 1989 in unserem Land aussah, der kann das bestätigen. Für den überwiegenden Teil der Menschen im Osten war das ein unglaublich schmerzhafter Prozess. Es wurden viele entwurzelt, Kinder ins Irgendwo entlassen, damit sie dort besser leben können.

Der Osten wurde in großen Teilen übernommen, verkauft, aufgekauft. Und leider gehört zur Wahrheit, dass wir auch das zugelassen haben. Wir wollten genauso wie der Westen den schnellen Weg zu *einem* Land. Diejenigen, die es anders dachten, die glaubten, man könne das Beste aus beiden Welten vereinen, bekamen von uns keine Mehrheiten. Wir wollten das so. Wir wollten keine Experimente mehr. So wählten wir die D-Mark, die blühenden Landschaften und, ja, damit auch die Übernahme. Alle Schmerzen inklusive. Und alle Langzeitfolgen auch.

Noch heute sind wir in vielen Bereichen fremdbestimmt. Führungspositionen in Politik, in Ministerien, in der Justiz und in der Wirtschaft sind noch immer eindeutig westdominiert. Das wäre prinzipiell kein Problem, wenn nicht der Rest der Geschichte so gelaufen wäre, wie er gelaufen ist. So aber bleibt das Gefühl, kolonialisiert worden zu sein. In vielen Köpfen und vor allem in vielen Herzen. Dieses Gefühl der Niederlage, des Zuhause-fremd-Seins hat sich festgesetzt und wird vererbt.

Ich denke manchmal, dass genau hier ein wesentlicher Grund für die heftigen Reaktionen auf die Migrationsbewegungen liegt: ein drohender, erneuter Verlust der Heimat. Damit verbunden ist das Erleben, dass die, die da kommen, schneller von all den Errungenschaften profitieren, als es einem selbst vergönnt war. So fallen in der Volksseele Recht und Gerechtigkeit auseinander. Was man fühlt und was ist, fällt auseinander. Über das zu schimpfen, was ein Migrant so alles bekommt, ersetzt die eigentliche Frage: warum man selbst von all dem Reichtum in diesem Land so wenig profitiert? Hinzu kommt noch der Schmerz, dass in den Jahren und

Jahrzehnten nach dem Mauerfall eine ganze Generation selbst zu Migranten, zu Zwangsmigranten größtenteils, in jedem Fall zu Wirtschaftsflüchtlingen wurde. Oder wie will man sonst die Massenflucht, weg aus der Heimat und rein in die Arbeit nennen, von der besonders Sachsen schwer getroffen wurde?

Was erreicht wurde, ist trotzdem alles andere als nichts. Rückwärtsgewandt zu diskutieren, was hätte anders sein könnte, wenn es denn anders gelaufen wäre, sollte nur die Basis dafür sein, diese Fehler nicht zu wiederholen und aufzuklären, was nicht rechtens war. Bei allem berechtigten Interesse und dem Bemühen um Aufklärung müssen wir auch erkennen, was es noch zu tun gibt. Und wir müssen erkennen, dass wir es sind, die diese Dinge schaffen müssen, und dass wir ändern müssen, was es zu ändern gilt. Niemand sonst kann das für uns erledigen.

Was vor uns liegt, ist mehr als nur eine Aufgabe. Wir gemeinsam müssen Gesellschaft lernen, ja vielleicht sogar neu aufbauen, uns auf Werte und Ziele verständigen, die wir gemeinsam leben wollen, denn da draußen, außerhalb unserer privaten Wohlfühlzone, hat sich viel verändert. Wir stehen an der Schwelle eines neuen Zeitalters. Digitale Kommunikation, digitale Wirtschaft, weltweite Netze, veränderte Arbeit, Kulturwandel, globale Krisen, die inzwischen unmittelbar bei uns ankommen. Dazu kommt unsere eigene, noch nicht bewältigte Vergangenheit, deren Schmerzen uns lähmen, die nicht überwunden sind und an die nächste Generation weitergegeben werden. Wir müssen uns neue Ziele setzen, um zwischen uns und dem Planeten Einklang herzustellen, weg von Wachstum und Maßlosigkeit und hin zu Nachhaltigkeit und Gemeinschaft. Nur wenn wir bereit sind, grundlegend anders zu denken und zu leben, werden wir das haben, was wir uns alle wünschen. Eine friedliche Zukunft, die für alle gut ist. Und auch wenn dies alles nach Selbstverständlichkeit klingt, so ist es doch die Basis allen Wandels.

## Wir sind das Problem

Wir sind das bestimmende Element in diesem Land. In unserem Namen und mit unserer Stimme steht und fällt alles. Wenn wir uns nicht einbringen, wenn wir uns weiter hinter Ausreden wie »die machen doch sowieso, was sie wollen« verstecken, dann dürfen wir uns auch nicht wundern, wenn »die« tatsächlich auch so handeln, wie sie es für richtig halten. Weil keiner da ist, der etwas anderes fordert. Wir waren lange Zeit abwesend und haben nicht mitgemacht. Wir waren trotzig, nicht interessiert oder beschäftigt mit uns selbst. Und haben leise vor uns hingeschimpft. Jetzt steht der Sinn nach Rache. Die »da oben« haben alles falsch gemacht. Basta. Doch wir haben etwas Wichtiges übersehen: Wir müssten die Veränderer sein. Momentan sind wir das nicht. Wir sind das Problem. Weil wir jene mandatieren, die in unserem Namen agieren. Ob wir dies wahrnehmen oder nicht. Wir geben unsere Stimme, auch wenn wir sie nicht geben. Wir wollen bekümmert sein und haben darüber – gesellschaftlich gesehen – das Um-uns-selbst-Kümmern verlernt.

Dabei gibt es viele Beispiele dafür, dass es möglich ist, Dinge zu verändern. Verboten ist es jedenfalls nicht. Es scheitert auch nicht an unsichtbaren Mächten oder einer Verschwörung ungeahnten Ausmaßes. Wir sind das Problem. Deshalb kann die Problemlösung nur bei uns beginnen. Extreme sind dabei die schlechteste aller denkbaren Lösungen, und zwar in alle Formen, in denen sie sich präsentieren. Ob Links oder Rechts, spielt dabei keine Rolle, denn beides trägt dazu bei, die Gesellschaft zu polarisieren, also in Lager aufzuspalten, die sich unversöhnlich gegenüberstehen. Was wir aus der Praxis der neuen, digitalen und asynchronen Kommunikation wissen, funktioniert in der momentanen Situation als Brandbeschleuniger.

Die gegenseitige Achtung, das Vertrauen und das gemeinsame

Aushandeln von Lösungen sind auf diesem Weg kaum möglich. Dabei wären sie doch die Zutaten, die eine Gesellschaft wirklich stark machen. Eine starke Gesellschaft wiederum ist weniger anfällig für Verhetzung, platte Parolen, Manipulation und Extremismus. Um diesen Stand zu erreichen, braucht es freilich mehr als die Fähigkeit zum Konsens. Der erste Schritt aber ist genau dies. Wir alle können das selbst in Angriff nehmen, ohne Hilfsmittel, ohne dass irgendwer irgendetwas regeln muss. Ohne dass wir über »die da oben« im Gegensatz zu »uns hier unten« lamentieren. Wir selbst können das machen. Und es kann morgen losgehen.

Natürlich ist auch dies wiederum nur ein Anfang. Eine Art Vorschuss auf all das, was dann folgen muss. Auch die Politik, der zweite Teil in diesem Miteinander, steht vor wirklichen Herausforderungen, denn das System an sich ist zwar gut gedacht, hat sich aber über die Jahre und Jahrzehnte verselbstständigt und bewegt sich in tief ausgetretenen Pfaden. Selbst hier im Freistaat Sachsen, der ja im Vergleich zum Rest der Republik gerade erst die jugendliche 30 erreicht hat, ist das zu erkennen. Die Durchlässigkeit vom Bürger in Richtung Politik ist begrenzt. Die Fähigkeit, aus bekannten Wegen auszubrechen, ist ebenfalls eher übersichtlich ausgeprägt. Weil die Kommunikation Bürger zu Politik von kaum vorhanden auf komplette Opposition gewechselt ist, herrscht Ratlosigkeit. Irgendwie ist der Kontakt massiv gestört, das Vertrauen zerbrochen und ein Neuanfang schwierig. Alles, was als etabliert erkennbar ist, wird abgelehnt. Egal welche Botschaften in Worten und Taten versendet werden. Selbst wenn es Ansätze gibt, neue Wege zu finden, handeln die Apparate noch immer nach dem Grundsatz, irgendwie am Ende doch alles ganz allein besser entscheiden zu können als gemeinsam mit der Basis.

## Die Politik muss liefern. Aber was?

In den vergangenen Monaten konnte man hier erleben, dass etwas mehr Gesprächsbereitschaft, etwas mehr Austausch zwischen Volk und Volksvertreter vorhanden ist. Landtagsfraktionen oder Minister, sogar der Ministerpräsident suchen die Rückkopplung zur politischen Basis, dem Bürger also, und auch zu den Bürgermeistern. Die entscheidende Wende ist dies indes noch nicht. Denn allzu oft dienen die Formate noch immer nicht dazu, neu zu starten, sondern scheinbar Bewährtes besser zu erklären. Und im politischen Orbit selbst – also zwischen Kabinett, Landtag und Bürgermeistern – ist nicht zuletzt auch deshalb deutliche Skepsis zu spüren. Zu lange war die Distanz zu groß. Zu oft war immer im Vorlauf zu den Wahlen viel versprochen worden, was sich am Ende nur selten umgesetzt zeigte. Das rächt sich nun.

Die veränderte Welt stellt veränderte Anforderungen an ein politisches System, das in den Neunzigern stecken geblieben ist: abgehoben, mit Zutrittsberechtigung und Sprechzeiten und einer überbordenden, weitgehend unerklärbaren Komplexität, die stetig wächst, je mehr über Vereinfachung gesprochen wird. Der Bürger, der lange dies alles so hingenommen hat, sich zugegeben zwar hier und da kritisch äußerte, nicht aber wirklich etwas unternahm, dieser Bürger will nun auf einmal alles. Jetzt und sofort. Aufgeschreckt von der Flüchtlingskrise, sucht sich der inzwischen vielstimmige Protestchor andere Wege. Reden? Verhandeln? Nein. Wenn, dann sonst, ist die Devise. Auch das ist eine Folge von einem jahrzehntelangen Überkümmern durch die Politik. Jetzt da die Weltkrisen, die die Politik stets in weiter Entfernung halten konnte, doch zu uns kommen, ist Schluss mit lustig. Die Politik muss liefern. Aber was?

Vielleicht ist es die ernsthafte Rückbesinnung auf das, was

schon da ist. Wir leben in einer Parteiendemokratie. Deren Grundlage ist, dass sich Bürger Parteien anschließen, um sich dort einzubringen. Die Idee ist simpel. Es ist schwierig, die Interessen von 83 Millionen Bürgern anders zu organisieren. Das sollen die Parteien tun. Und eine Partei ist eine Sammlung von Menschen, die sich auf einen bestimmten Grundkonsens, ein Programm geeinigt haben und gemeinsam versuchen, für diese Ideen Mehrheiten zu organisieren. Ein Prinzip, das es wiederzubeleben gilt! Denn derzeit sind diese Parteien selbst für diejenigen ein Buch mit sieben Siegeln, die sich auf sie einlassen. Für den Wähler auf der Straße sind es komplett unverständliche Gebilde mit Eigendynamik und ziemlich verschlossen gegenüber neuen Einflüssen, queren Denkern und Widerspruch.

Noch immer ist der beste Weg, in einer Partei eine nennenswerte Position zu erreichen, sich dem vorhandenen Mainstream anzupassen. Wer das nicht tut, schafft es entweder aus eigener Kraft, beispielsweise in einen Landtag einzuziehen, oder eben nicht. Denn Listenplätze werden selten nach dem Kriterium »unbequem«, sondern eher nach »passt rein« vergeben. Kein Umfeld, in dem Freigeister wachsen. Die akquiriert man gern, weil sie so sind, wie sie sind. Im Apparat angekommen, lernen die jedoch schnell, wo es langgeht, wenn es weitergehen soll. Das Wirklich-anders-Sein, das Neu-Denken überleben selten. Heraus kommt der Abgeordnete, der seine innersten Gedanken beinahe nur noch im kleinen Kreis äußert. Auch hier bestätigen Ausnahmen die Regel, doch sie sind selten. Die Parteien haben das verstanden und wollen dem begegnen, indem sie versuchen, neue, junge Gesichter in die eigenen Reihen und auf die Listen zu bekommen. Gerade im Kommunalwahlkampf fällt das auf.

## Wie geht ein echter Neuanfang?

Ich möchte niemandem zu nahe treten, aber momentan scheint es in der Hauptsache darum zu gehen, dass jemand neu, jung und unverbraucht ist. Und gewinnt die AfD nicht auch deshalb, weil sie sagt: Hey, wir sind neu. Wir gehören nicht dazu! Wir sind kein Teil des etablierten Systems und machen deshalb alles besser! Der begeisterte Wähler fragt nicht nach, wie die AfD jenes »besser« denn eigentlich umsetzen will, weil er eigentlich nur einen neuen Kümmerer sucht und keine Programme.

Wer die meisten jungen Kandidaten aufstellt, der ist scheinbar am innovativsten. Natürlich sollen alle Generationen möglichst gleich verteilt vertreten sein, und ich persönlich freue mich über jeden jungen Menschen, der beginnt, sich für Politik und Gesellschaft zu interessieren, denn Politik arbeitet auch und maßgeblich für die kommenden Generationen. Gegen Mandatsträger unter 40 ist auch überhaupt nichts einzuwenden, aber in einer äußerst komplexen Welt ist jugendliches Alter nicht unbedingt ein Ausweis für Eignung, solange es das alleinige Argument ist.

Der Weg Kreißsaal, Hörsaal, Plenarsaal birgt die Gefahr, keinen Bezug zur Realität zu haben. In Sachen »neu denken« muss das nichts Schlechtes sein. Erfahrung und Unabhängigkeit sind aber ebenfalls wichtige Bestandteile, um Politik nahe am Leben zu halten. Und um eine verkrustete Verwaltung aus einem valide eingefahrenen Gleis zu heben, bedarf es schon einer Menge Erfahrung, Glaubwürdigkeit und Kompetenz in der Sache. Dass das Aufbrechen verkrusteter Strukturen nicht so einfach ist, haben selbst erfahrene Politiker mindestens einmal erlebt. Will sagen: Neu und jung – ja. Aber nicht als Ersatz für die eigene Unfähigkeit, sich selbst zu reformieren! Denn das würde all jene, die gerade voller Elan den ersten Anlauf in diese Verantwortung nehmen, für immer frustrieren.

Echte Neuanfänge gehen anders und sind keine Frage des Alters. Sie sind eher eine Frage des Wollens und der Versammlung der richtigen Kompetenzen und letztlich auch eine Frage von Mut zur Verantwortung. Wer sich nicht davon befreit, mit gut organisierten Mehrheiten immer wieder dieselben Kandidaten in die Ämter zu hieven, der wird in Zukunft scheitern. Unsere SPD hat dies schmerzlich erlebt. Gerade in den bestimmenden Positionen wird hier seit Jahren immer wieder aus demselben Pool ein Personalkarussell bestückt, das wenig ändert, weil es sich schon so lange, so oft gedreht hat, ohne etwas wirklich Neues zu präsentieren. Beim Rest der etablierten Parteien sieht es nicht besser aus.

Wir brauchen offene und ehrliche Systeme, die nicht von wenigen dominiert werden. Denn auf Dauer wird niemandem mehr – ob Mitglied einer Partei oder nicht – vermittelbar sein, dass jemand, der gerade noch Familienminister war, morgen Verteidigungsminister sein kann. Das funktioniert nämlich nur, weil man eine Ebene darunter eine Verwaltung und Bürokratie erschaffen hat, die aus sich heraus von selbst funktioniert und der es egal ist, wer über ihr regiert. Das bedeutet lediglich, dass einem »Haben wir immer so gemacht« ein freundliches »Weiter so« folgt. Die großen Linien jedenfalls werden so nicht verändert.

Ich selbst bemerke das auch in meiner Partei, die ja schon zu den diskussionsoffeneren gehört. Auch hier ist – aller Debatten zum Trotz – eine wirkliche Erneuerung nur schwerlich möglich. Wir alle haben noch das Hin und Her nach der Bundestagswahl im Kopf. Zuerst hieß es »Koalition nicht mit uns«. Wenig später dann die Rolle rückwärts, die sich aus der Angst vor Neuwahlen speiste. Dass dies für den Wähler nach schierem Selbsterhalt aussieht, darf niemanden wundern, auch der damit verbundene Vertrauensverlust nicht. Der Platz vier im Ranking der Parteienlandschaft ist ebenfalls eine Folge dieses Prozesses. Nein, das ist nicht der richtige Weg. Parteien dürfen nicht den Anschein erwecken, sie seien Legitimationsmaschinen für immer dieselben Verantwortlichen. Erkennbarkeit muss zurückkehren.

Wer sich verbiegt, wer seine ursprünglichen Ziele zugunsten von Machterhalt preisgibt, der verliert sein Gesicht. Wer scheitert, muss die Konsequenzen tragen und kann nicht morgen einfach wieder neu anfangen, als wäre nichts passiert. Das ist es, was in der Politik fehlt: die Verantwortung für das, was war. Und ein unbedingtes Einstehen für Grundsätze. Kompromisse sind zweifelsohne richtig und wichtig, denn nur so kann es zum Interessenausgleich kommen. Das darf aber nicht in Unkenntlichkeit und Beliebigkeit münden. Konsequenz in der Politik verlangt unter Umständen nach einem personellen Neuanfang, und zwar dann, wenn ein Konzept offensichtlich seine Mehrheiten verloren hat. Ohne die Möglichkeit eines personellen Neuanfangs hebelt man das wichtigste Kontrollinstrument der Politik aus: den Wähler. Zudem schafft man Apparate, in denen Neues, neue Ideen, auch neue Gesichter, keine Chance bekommen.

Wenn dieser zutiefst demokratische Prozess bedeutet, dass eine Partei die Teilhabe an der Macht verliert, dann muss es eben so sein. Fehler haben Konsequenzen. Aus diesen zu lernen, das ist Erneuerung. Und Konsequenzen zu tragen, ist es auch. Nur so verändert sich etwas. Nur so können wir Vertrauen zurückgewinnen. Nicht zuletzt würde genau das populistischer und extremer Totalopposition weitestgehend den Boden entziehen. Wenn ich mit Bürgern spreche und sie frage, warum eine AfD in Sachsen beinahe 30 Prozent erreichen konnte, ja warum sie selber diese Partei gewählt haben, dann finde ich kaum jemanden, der auf deren Programm verweist. Ich finde aber sehr viele Menschen, die denen, die schon so lange so viel verantworten, die den ewig gleichen Gesichtern an den Spitzen der anderen Parteien einen Denkzettel verpassen wollen. Das ist kaum etwas anderes als der Wunsch, gehört und beachtet zu werden. Zudem ist es eine Abrechnung mit der Zeit der Wiedervereinigung und dem, was dann gekommen ist. Es ist die Wut darüber, dass Unsicherheit und Angst schnell und pauschal verurteilt wurden. Es ist das Verlangen danach, dass jene die Verantwortung übernehmen sollen, die die Entscheidungen trafen und noch treffen.

Diese gesamte Entwicklung in Sachsen ist für mich letztlich auch eine per Wahlzettel durchgeführte Strafaktion für drei Jahrzehnte voller persönlicher Niederlagen, Fehlentwicklungen, Enttäuschungen und gefühlter wie realer Ungerechtigkeiten, die schon lange zum Lebensalltag vieler Menschen gehören. Auf einer Bühne deutscher Geschichte, die mit Milliardensummen zur schönen, neuen Kulisse wurde. Es gibt eine starke Sehnsucht, endlich einfache Antworten und Lösungen zu finden. Die Parolen, mit denen Extreme auf Stimmenfang gehen, zielen genau darauf ab und versuchen, Wut und Verzweiflung zu instrumentalisieren. Das verfängt besonders dort, wo sehr viel schiefgegangen ist, wo man sich abgehängt fühlt und wo freies Denken und Bürgerrechte als Werte nicht etabliert sind. Mancher würde beides eintauschen, bekäme er dafür einen garantiert guten König. Das soll jetzt nichts relativieren. Ich will nur für einen Moment den Gedanken zulassen, dass nicht tief empfundene Überzeugung der ursächliche Treiber für dieses Wahlergebnis war, sondern eher ein Ohnmachtsgefühl, das daraus resultiert, dass im bestehenden System keine Veränderung zu erhoffen ist.

Nach langen Jahren und Jahrzehnten eher links orientierter Hoffnungsträgerschaft kippt das gesamte Gefüge jetzt in die andere Richtung. Auch deshalb, weil das politische System kaum erkennbare Unterschiede zwischen CDU und SPD anzubieten hat. Der politische Alltag hat sich mehr und mehr in der Mitte verortet, was zuerst die FDP und dann das gesamte politische Modell ad absurdum führte. Auch weil wir Kompromiss als Basis der Demokratie nicht als Lösungsweg gelernt haben, suchen wir nun wieder nach etwas, das draußen steht. Jahrelang hat die Linke diese Rolle ausgefüllt. Die Linke stand für das, was die Leute fühlten, sie bot Heimat und war die Partei der Ausgegrenzten. Heute haben die Rechten, die mit ähnlichen Begriffen hantieren, diese Rolle übernommen.

Ich halte es für grundfalsch, dass wir mit den Rechten so verfahren, wie wir es tun, dass wir sie ausgrenzen und pauschal verteufeln. Wir haben letztlich auch damit erheblich zum Erstarken dieser Bewegung beigetragen. Wir haben uns selbst Begriffe wie »Heimat« und »Stolz« verboten und wenig Angebote für jene Bevölkerungsschichten gemacht, die eher konservativ verortet sind. Der Pauschalangriff auf die nun allesamt als Rechte gestempelten Protestierer ist es schließlich, der den wirklichen Rechten hierdurch gekränkte Bürger zutreibt. So werden Haltungen wie »man darf ja doch nichts sagen« befeuert und das System in seinen Grundfesten erschüttert, die im Osten ohnehin noch nicht grundfest waren. Ob wir es wollen oder nicht, haben wir dadurch pauschal einen ganzen Landstrich ausgegrenzt. Die wirklichen Extremen aber treffen wir damit nicht. Wir bereiten ihnen den Zugang. Dabei ist die inhaltliche Auseinandersetzung der einzig mögliche Weg. Die Entzauberung der »Alternativen« wäre ein Fest der demokratischen Debatte. Wir aber feiern es nicht.

Und noch etwas gilt es zu lernen. In den Parteien muss Erneuerung möglich werden. Sie müssen sich öffnen und die Kultur von Ehrlichkeit und Verantwortung stärken. Das erreicht man durch keine Quote, nicht durch eine Amtszeitbegrenzung und auch nicht durch die Bekämpfung des politischen Gegners. Im Gegenteil. Wenn wirkliche Erneuerung, wenn eine echte Basisdemokratie möglich sind, wenn Transparenz und Nachvollziehbarkeit und die Macht der besten Idee herrschen und es allein um Eignung geht, dann sind Quotierungen weitgehend hinfällig. Die Parteien werden dann erkennbar als das, was sie eigentlich sein sollten: Sammelbecken und Plattform demokratischer Diskurse. Schaffen wir das, haben Parteien eine Zukunft.

Wenn Parteien sich so verstehen und dies wirklich umsetzen würden, dann würde sich automatisch die Kultur im politischen System insgesamt ändern. Wer intern den offenen Diskurs pflegt, dem fällt es leichter, sich nach außen zu öffnen. Und dem fiele es auch leichter, Macht zu teilen. Genau dies würde zudem eine ernsthafte Stärkung der Bürger und auch der Kommunen in ihrer Selbstständigkeit ermöglichen. Loslassen, Vertrauen geben und ermöglichen statt zu bestimmen, welche Prioritäten draußen zu verfolgen sind. Die Unzahl von Förderprogrammen, die Komplexität von Gesetzen und Verwaltungsvorschriften und schließlich die Nachweise, dass man dieses oder jenes Projekt wirklich ernsthaft verfolgt und die Mittel auch tatsächlich sachgerecht verwendet hat, die teils monatelangen Antragsverfahren mit ungewissem Ausgang – dies alles hat nur damit zu tun, dass man die Entscheidungsgewalt, das letzte, kontrollierende und bestimmende Wort nicht abgeben möchte und denen da draußen, also den Kommunen und letztlich den Menschen, das nötige Vertrauen nicht entgegenbringt. Mehr steckt hinter diesem Prozedere nicht. Kontrolle und Misstrauen sind Vater und Mutter eines Großteils der Fördersysteme.

## Vom Bittsteller zum Entscheider

Ich bin überzeugt davon, dass viele Kommunen tatsächlich besser damit leben könnten, planbar weniger Geld zur Verfügung zu haben, als nicht planbar eventuell sehr viel Geld bekommen zu können. Wir müssen wegkommen von einem System, in dem die lokalen Parlamente grundsätzlich eher als Bittsteller denn als Entscheider fungieren. Denn das hebelt Demokratie an einer weiteren Stelle aus. Die gewählten Vertreter vor Ort sollten das letzte Wort haben. Nicht eine Förderbank oder irgendein Gremium weit weg vom Geschehen. Denn dafür bekamen sie ihr Mandat vom Bürger erteilt und dafür müssen sie am Ende auch die Verantwortung tragen. Die Auswirkungen dieser Praxis sind demotivierend. Nicht selten ziehen sich deswegen engagierte Ehrenamtler zurück. Wer gestalten will und dies nicht darf, der will irgendwann nicht mehr gestalten und gehört fortan nicht mehr zu den erklärten Fans des Systems. Wir müssen hier grundsätzlich etwas ändern. Mehr Gestaltungsspielraum, mehr Entscheidungsbefugnis und mehr direkte demokratische Elemente sind die Antworten auf das jahrzehntelange Diktat der Förderprogramme. Nur aus Ermöglichung entstehen Möglichkeiten, die dann auch wahrgenommen werden. Aus eigener Erfahrung weiß ich, dass dies funktioniert. Es ist ein langer Weg. Aber er wird beschritten, wenn er zudem von Vertrauen flankiert ist. Ermöglichung und Ermutigung müssen das Ziel sein. Nicht weitere, noch bessere Programme, noch mehr Wettbewerbe, noch nicht einmal dann, wenn die Verfahren vereinfacht werden, was immer wieder ganze Kommissionen beschäftigt.

Würde man ernsthaft dieses Ziel verfolgen, würde man damit auch die direkt nachgeordnete Baustelle »Verwaltung« an sich auf eine Reise schicken. Eine Reise in das Land Ermöglichung, das leider vielerorts eher das unerreichbare Nimmerland zu sein scheint. Oft hängt das von den Menschen ab, die an welcher Stelle auch immer das komplizierte Regelwerk bewachen. Natürlich gibt es auch diejenigen, die im Gewirr der Regeln noch einen Weg aufzeigen können, weil sie es wollen. Diese Menschen sind aber die Ausnahme. Das ist wenig verwunderlich, denn ein Mitarbeiter einer Verwaltung hat die Aufgabe, regelkonforme und für jeden gleiche Entscheidungen zu treffen auf juristisch wasserdichten Grundlagen. Die Regelwut der Politik, die von oben nach unten wirkt, zwingt zur Umsetzung dieser Regeln und zu deren Kontrolle. Da wir immer häufiger und immer intensiver alles regeln und in Gesetze, Verordnungen und Verwaltungsvorschriften pressen wollen, stirbt das, was man Ermessensspielraum nennt. Jene winzige Lücke, die gelegentlich über Wohl und Wehe eines Antrags eines Bürgers oder auch einer Kommune entscheidet. Gibt es die kleine Lücke doch, so ist obendrein von großer Bedeutung, ob die Leitung der jeweiligen Behörde oder Abteilung die Kultur des Befürwortens lebt oder aktive Paragraphen-, also Eigensicherung betreibt. Wenn es so ist, werden die Mitarbeiter nicht aus eigenem Antrieb heraus dem zuwider handeln. Ein Umstand, der mich in dem Gedanken bestärkt, dass hier nur radikale Änderungen Heilung bringen. Seit ich in der Politik bin, höre ich die Rede von Bürokratieabbau und Vereinfachung. Das Ergebnis ist hier beschrieben.

Regeln ändern, Hemmnisse beseitigen, Handlungsfähigkeit zurückerlangen – das ist die Aufgabe. Klingt einfach, ist es ganz und gar nicht. Denn hier stellen sich plötzlich sehr viele Fragen gleichzeitig, und bei den meisten geht es ums Eingemachte. Die erste Frage lautet, ob wir diesen gesamten Apparat eigentlich wirklich brauchen, den wir derzeit in der Politik auf Landesebene betreiben? Der Landtag, als entscheidendes Organ definiert gemeinsam mit den Ministerien Gesetze und Verordnungen. Umgesetzt werden diese von der Landesdirektion, den Landratsämtern und am Ende von den Städten und Gemeinden. Jedes Gremium hat seine Zuständigkeiten und Entscheidungsbefugnisse und damit auch die Nachweispflicht seiner Daseinsberechtigung. Was im Umkehrschluss bedeutet, dass alle Befugnisse und Zuständigkeiten auch bis ins Kleinste ausgefüllt und durchdekliniert werden.

Stellt man dies alles infrage, will man wie ich eine Diskussion »brauchen wir das, oder kann das weg«, dann finden sich über

Nacht mehr Gegner, als man zählen kann, weil eine Debatte über die Frage nach dem Sinnvollen, dem richtigen Maß, dem Notwendigen unter Umständen bedeutet, dass morgen viele Positionen im Fokus stehen, die heute noch als unverzichtbar gelten. Was schon immer so war, ist schwer zu hinterfragen. Solche Fragen überhaupt zu stellen, bedeutet quasi schon die Verwechslung von Mut mit Leichtsinn, denn die Strukturen sind ewig und wehrhaft. Dennoch müssen wir genau diese Fragen stellen.

Im Umkehrschluss bedeutet dies, dass zwischen Bürger und Entscheider, wenn wir den Landtag mal auf diese Funktion reduzieren, drei Handlungsebenen operieren. Das sind drei Ebenen, die deuten, auslegen und entscheiden, die sich abstimmen und zusammenarbeiten müssen und die die gleichen Ziele verfolgen sollen. Und das auch noch im Sinne des Bürgers. Rein organisatorisch ist das schon eine echte Herausforderung, inhaltlich tatsächlich kaum machbar. Nicht selten kommt es dabei vor, dass in ein und demselben Bundesland unterschiedliche Auslegungen von ein und derselben Sache in verschiedenen Kreisen möglich sind. Kurz: Was in unserem Landkreis geht, muss im Nachbarlandkreis nicht auch funktionieren. Erst kürzlich beklagte die Geschäftsführung unseres Abwasserzweckverbands, der in verschiedenen Landkreisen operiert, dass Verfahren und Auslegungen von technischen Möglichkeiten in den Landkreisen so unterschiedlich gehandhabt werden, dass am Ende Mehrkosten entstehen, weil komplexer, langsamer und aufwendiger verfahren wird. Und dies auf Basis der identischen Rechtslage – obwohl Mitarbeiter, die diese Mehraufwände einfordern, zugleich beklagen, dass ihr Schreibtisch überläuft. So etwas schlägt natürlich durch und hat Folgen. Der Zweckverband fungiert für die Bürger als Dienstleister, was am Ende bedeutet, dass der Bürger dafür auch die Zeche zahlt. Komplexe Verfahren bedeuten höhere Kosten, also mehr Zeche, die vom Bürger zu bezahlen ist.

## Geht es vielleicht doch einfacher – und lokaler?

Das ist nur ein Beispiel von vielen. Solange solche Prozesse nur die beschäftigen, die wie ich hauptamtlich dafür da sind, Lösungen durchzusetzen, ist das einfach nur sehr ärgerlich. Wenn es den Bürger direkt tangiert, wird es zum Problem. Durch die Kreisreformen, die das Land immer wieder neu strukturiert haben, entstanden riesige Gebilde, die nichts weiter bedeuten, als dass größere Entfernungen zwischen Bürger und Entscheidung gebracht wurden. Lokale Kompetenz verschwindet, und jeder größere Amtsgang wird zur Reise. Begründet werden solche Schritte fast immer durch Kosteneinsparungsziele, die dabei aber so gut wie nie erreicht werden. Das bedeutet: Man entzieht dem Bürger Nähe mit der Begründung, so wäre alles besser zu finanzieren, um am Ende keine Einsparungen zu erzielen und schlimmer noch, dem Bürger ein Mehr an Aufwand und Zeit zuzumuten, wenn er denn etwas zu regeln hat. Was früher seine Stadt entscheiden konnte, wird heute – wenn er Pech hat – am anderen Ende des Großkreises entschieden, und zwar von Leuten, die die Gegebenheiten vor Ort selten kennen. So reist man für die Besprechung einer Baugenehmigung, die früher in der Stadt bearbeitet werden konnte, von Augustusburg aus schon mal anderthalb Stunden hin und zurück. Andere Leistungen bekommt man wiederum woanders. Wegen einer verlorenen Zulassung muss man glatt einen Tag Urlaub einplanen, um alle damit verbundenen Wege zu erledigen. Sinnvoll ist anders.

Angesichts all dessen muss man Fragen stellen. Zum Beispiel die Frage, ob wir Landkreise überhaupt noch brauchen. Zum einen wird es uns die Digitalisierung ermöglichen, Bürgerbelange online direkt zu regeln. Zum anderen wäre es doch irgendwie sinnvoll, die Prozesse wieder dahin zurückzubringen, wo sie eigentlich hingehören: zum Bürger und in den örtlichen Bezug, den die meisten der Belange schließlich haben. Gerade bei uns im ländlichen Raum, über dessen Erhaltung sich die Politik reflexartig immer wieder öffentlichkeitswirksam Sorgen macht, wäre gerade das eine erhebliche Aufwertung von Lebensqualität. Aber wer das ins Spiel bringt, sieht sich sofort mit der Kostenfrage konfrontiert und wird zudem mit dem Prädikat des weltfremden Spinners versehen. Wie soll das alles funktionieren? Wer soll das bezahlen? Ende der Debatte.

Ich sage: Einen Großteil dieser Kosten tragen wir bereits, denn wir finanzieren die Landkreise über die sogenannte Kreisumlage schon jetzt zu erheblichen Teilen mit. Rund 1,2 Millionen Euro beispielsweise zahlt unsere Stadt jährlich an den Kreis, um von dort Dienstleistungen abzurufen. Das ist gut ein Sechstel unseres Haushalts. Und entspricht knapp 80 Prozent unseres Personalbudgets, was wir ohnehin haben. Für dieses Budget wäre es möglich, viele Aufgaben auch wieder bei uns selbst abzudecken. So könnten Dienstleistungen wie die Kfz-Zulassung oder Baufragen direkt bei uns in der Stadt erledigt werden. Auch die Betreuung der Bürger in allen sozialen Belangen wäre sicher möglich. Das würde dem Bürger weite Wege ersparen und zugleich die Bedeutung der Stadt als Dienstleister wieder erheblich stärken. Die Menschen würden sich dann auch wieder eher zu Hause fühlen. Loten wir doch aus, was wir wieder näher zum Bürger bringen können, und hören wir auf, immer größere Einheiten zu schaffen. Auch dies entwurzelt Menschen und produziert ein Lebensgefühl zweiter Klasse.

Für alles, was eine Gemeinde oder eine Stadt nicht selbst leisten könnte, gäbe es auch die Möglichkeit, die Kräfte über Gemeindegrenzen hinweg zu bündeln. Wir arbeiten schon jetzt mit unserer Nachbargemeinde sehr eng zusammen und teilen uns in vielen Aufgabenbereichen das Personal mit einer Kostenteilung über einen Schlüssel, der sich über die Zahl der Einwohner beider Kommunen ergibt. So sind zwei Kommunen eigenständig in ihren Entscheidungen und trotz allen Drucks weiterhin wirtschaftlich aufgestellt.

Die Digitalisierung, wenn wir sie denn endlich als Chance begreifen würden, eröffnet weitere Möglichkeiten. So könnten beispielsweise auch die Kompetenzen und Kapazitäten der Verwaltung gebündelt werden, indem wir diese Kräfte in einer Bürgercloud vereinen und unsere vielen Prozesse zudem nach außen verlängern. Verwaltung ohne Öffnungszeiten und erreichbar, wenn der Bürger Zeit hat, per iPad von der Couch. Das wäre einfach, schnell und effizient.

Das alles ist natürlich bekannt und dennoch noch immer nicht Realität. Weil wir es nicht wirklich anpacken. Wir reden darüber, beschließen Gesetze, die solche Wege ermöglichen. Doch um solche Ideen umsetzen zu können, braucht es mehr als Absichtserklärungen oder gesetzte Termine. Es braucht den Willen und auch die Mittel. Wenn ich im Freistaat Sachsen auf diese Prozesse blicke, dann muss ich leider sagen: Wir haben diese Mittel nicht. So diskutieren wir gerade Masterpläne und E-Government-Gesetze, reden aber nicht über Machbarkeit. Um über 400 Kommunen zu digitalisieren, die Mitarbeiter zu schulen und die Verfahren so umzusetzen, dass wir am Ende dem Bürger wirklichen Nutzen an die Hand geben könnten, hat der Freistaat im Haushalt ganze drei Millionen Euro pro Jahr eingestellt. Man muss nicht gut im Kopfrechnen sein, um herauszufinden, dass dies nicht mehr ist als eine Alibiposition. Die Kommunen müssten dies leisten, heißt es in Dresden. Es handele sich um eine Aufgabe der Verwaltung und sei somit nicht Sache des Freistaats, sondern Aufgabe jener Kommunen, die schon jetzt zu wenig Geld haben, um Straßen zu sanieren oder mit den ihnen zugedachten Mitteln ihre Pflichtaufgaben zu erfüllen. Vorrangig trifft es auch hier wieder Städte und Gemeinden, die im ländlichen Raum verortet und aufgrund ihrer Größe oder genauer ihrer Kleinteiligkeit und Finanzschwäche vollkommen überfordert sind. Die großen Städte haben hier weniger Schwierigkeiten. Ausgestattet mit den entsprechenden Haushalten, ist Zukunft zu machen dort nicht wirklich ein Problem. Einmal mehr aber wird das Dorf infrage gestellt. Jener Lebensraum, in dem 60 Prozent der Bevölkerung ihre Heimat haben. Man muss schon ein bisschen verrückt sein, um dies eine kluge Politik zu nennen.

Die Folgen sind absehbar. Weitere Entvölkerung ganzer Landstriche, was auch zulasten der Ballungsräume und damit der Menschen geht. Konzentration ist keine Lebensqualität. Die Landflucht ist ein Prozess, der in der Zukunft mehr Probleme erzeugen wird als Lösungen bieten. Denn wenn wir es nicht schaffen, in den ländlichen Regionen Wertschöpfungsketten, Lebensqualität, Eigenständigkeit und Wertschätzung zu erzeugen, wird irgendwann kein Traktor mehr draußen über die Felder fahren, die die schnell wachsenden Städte mit Brot versorgen. Wolfserwartungsland statt Heimat.

## German Angst

Wir leben in einem Land, in dem alles geregelt ist. Was früher einmal ein Standortvorteil war – weil wir im Gegensatz zum Rest der Welt planbar waren, weil wir dadurch Stabilität und Sicherheit garantieren konnten für Investitionen, Vorhaben, Projekte –, das ist heute ein riesiger, alles lähmender Apparat, der Kontrollverlust, Innovationsfeindlichkeit und überbordende Komplexität produziert. Was uns einst stark machte, führt nun vieles ad absurdum. Heute nicht wegen gestern. Achselzucken. Ein »Da kann ich auch nichts machen« gehört mehr zum Alltag als Ansätze wie »Das versuchen wir jetzt mal«. Weite Teile dieses Apparats könnten sich inzwischen selbst beschäftigen und tun dies auch.

Anders, einfach, neu sind die Sehnsüchte, die daraus erwachsen. Die Menschen, die an dieser Komplexität scheitern, fühlen sich entmündigt und verlernen, selbst und anders zu denken. Sie lernen, dass alles, was anders ist, Scheitern bedeuten kann. Und da wir das Scheitern inzwischen ganz fest mit dem Begriff des Verlierers verknüpft haben, bedeutet neu und anders zugleich auch Angst. »German Angst« nennt man das in Amerika inzwischen. Eines der wenigen deutschen Worte, die es in diese Sprache geschafft haben neben Kindergarten und Autobahn. Nein, ein Verlierer will niemand sein. Und deshalb ist alles, was potenziell scheitern könnte, keine Option mehr. Die Angst sitzt tief und greift in allen Bereichen um sich: in Politik, Verwaltung, Wirtschaft, im ganzen Leben. Nicht umsonst ist beispielsweise eine Selbstständigkeit in Deutschland inzwischen kaum noch eine echte Alternative. Und nicht von ungefähr ist Politiksprech oft nicht mehr als eine unverbindliche Aneinanderreihung von Allgemeinplätzen. Kaum noch jemand traut sich, große gesellschaftliche Debatten anzuschieben. Angst ersetzt den eigenen Gedanken. In einem Land, das einmal für Dichter und Denker stand, ist das eine Kapitulationserklärung.

Was uns dazu einfällt, sind neue Kommissionen, die sich damit beschäftigen, gegen diese um sich greifende Starre vorzugehen, und am Ende nur neue Prozesse hervorbringen. Statistiken ermitteln, was anders sein müsste. Normierungen sollen dann helfen, zur Einfachheit zurückzukehren. Meist führt dies zu noch mehr Problemen, weil wir nicht die Kraft haben, wirklich umzusteuern, wenn es nicht populär ist. Und Veränderung ist bei uns nicht populär. Vor allem dann nicht, wenn sie von uns verlangt, Verzicht zu üben oder uns zu ändern. Selbst wenn wir alle wissen, dass es eigentlich besser wäre.

Die Dieseldebatte ist ein schönes Beispiel dafür. Hier neigt der Volksmund inzwischen auch eher dazu zu behaupten, wir könnten die Abgase aufgrund ihrer Ungefährlichkeit problemlos in den Innenraum unseres Autos einleiten, als zuzugeben, dass Abgase nicht wirklich gesund sein können. Statt unseren Zorn auf jene zu richten, die uns das eingebrockt haben, wendet sich die Wut gegen die nächste Generation, die freitags die Schule schwänzt, um gegen unsere Blindheit zu demonstrieren. Das ist nur ein Beispiel von vielen. Oder verzichten Sie inzwischen (ganz ehrlich) nennenswert auf Plastik, obwohl Sie wissen, dass es langsam aber sicher unsere Meere an den Rand des Kollapses führt? Das alles schafft in Summe eine gesellschaftliche Realität. Die wiederum formt Menschen, definiert Werte oder vernichtet sie. Das alles beeinflusst unser Miteinander, die Arbeit der Medien, die Meinungen inzwischen gern nur dann verstärken, wenn mit einem Aufschrei zu rechnen ist, weil nur dieser Einschaltquote garantiert, und letztlich auch die Politik, weil sie um diesen Umstand weiß. Wer gewählt werden will, legt sich nur ungern mit dem Publikum an.

## Wir sind eine Gesellschaft in Ausbildung, nicht nur im Osten

Auf der Strecke bleibt die Möglichkeit als solche und die Veränderung im Besonderen. Junge Menschen lernen in ihrer gesellschaftlichen und politischen Umgebung, dass es beinahe ausschließlich vorgezeichnete Wege gibt, dass man sich einordnen und seinen Platz finden muss. Sie lernen, dass es besser ist, sich aus jedweder Debatte herauszuhalten. Sie lernen nicht, sich ihren Platz zu erobern und für eine Idee zu streiten. In einer Welt, die sich rasend schnell verändert, ist das kein zukunftsfähiges Konzept. Engagieren sie sich doch wie bei der »Fridays for Future«-Bewegung, dann gehen wir auf Gegenkurs und reduzieren den Ansatz auf das Bummeln von Unterricht. Kaum noch einer verschwendet einen Gedanken daran, dass es anders richtig wäre und da möglicherweise mehr ist, als was schon ist. Woher sollen die Köpfe kommen, die neue Wege suchen, die sich gegen falsche Entwicklungen auflehnen? Woher wollen Entscheider erwachsen, die Zusammenhänge anders betrachten und beispielsweise in der Politik die Kraft entwickeln, Gedanken zu verfolgen, die nicht von Beginn an mehrheitsfähig sind? Oder ausbrechen aus dem, was inzwischen systematisch immer zu denselben Ergebnissen führt? Die sich gegen Dogmen wie ewiges Wachstum, Wirtschaftlichkeit, Rendite und die Diktatur des sicheren Arbeitsplatzes stemmen?

Wenn wir als Gesellschaft jeden Tag nur darauf lauern, alles wegzubeißen, was Bestehendes infrage stellt, ohne wenigstens einen Gedanken daran zu verschwenden, was denn die Zusammenhänge und die Folge sein könnten, wenn man diesen noch fremden Gedanken zuließe und wenn wir uns nicht abgewöhnen, uns über das Scheitern der Veränderer weitaus mehr zu freuen als über ihren Erfolg, dann wird bald gar niemand mehr versuchen, diesen Weg zu gehen. Ohne ein generelles Umdenken von uns allen wird es keine Lösung mehr geben, die wirklich eine ist.

Und so sind am Ende wir alle gefragt. Jeder Einzelne von uns ist Teil des Problems und auch Teil der Lösung. Jeder bei dem, was er tut. Wir müssen die Vereinfachung möglich machen, nach der wir uns sehnen, indem wir diese wieder akzeptieren und tolerieren, dass Dinge schiefgehen können, wenn Prozesse nicht bis ins Letzte durchbestimmt und festgelegt sind. Wir müssen deshalb mehr mittun, denn das wäre der Preis dafür, wieder Möglichkeiten zu erlangen. Wir müssen dem Kontrollverlust begegnen, der uns wie Blei auf den Schultern liegt, indem wir wieder den Mut haben, zu entscheiden, uns einzumischen und unsere Meinung wieder zu vertreten. Wir brauchen die Kraft zu erkennen, dass wir nicht immer recht haben können oder müssen. Wir müssen anerkennen, dass nicht jedes Lebensrisiko und jede Verantwortung delegierbar ist und dass selbst der Teil, den wir delegieren müssen, auch von uns zu kontrollieren ist.

Wir haben diese Aufgabe, wenn wir Demokratie wirklich leben wollen. Nur so schaffen wir ein Klima, in dem neue Ideen entstehen können, ohne bereits im Kopf an all den Grenzen, Vorurteilen und Ängsten zu scheitern, die wir mit uns herumschleppen. Wir sind verantwortlich für uns, niemand sonst. Es gibt keine Vollkasko für eine friedliche Gesellschaft und persönliches Glück darin. Und eine magische Formel, die alles einfach macht, gibt es auch nicht. Ebenso wenig wie den sich selbst erhaltenden, ewigen Frieden.

Wir haben bei uns im Osten in den vergangenen 30 Jahren vieles falsch gemacht. Wir haben vieles übernommen, wo wir vielleicht besser eigene Wege gegangen wären. Die Politik hat Fehler gemacht. Der größte war, ein System durch ein anderes zu ersetzen und zu suggerieren, dass alles irgendwie beinahe automatisch gut werden wird. Dieser Fehler wird noch lange nachwirken, weil er Erwartungen erzeugt hat, die nicht zu erfüllen sind, und weil er Menschen auf der Strecke ließ, die eigentlich hofften, mitgestalten zu können. Deren Kraft und Erfahrungen zählten plötzlich nicht mehr. Allzu gern wollten wir glauben, dass es gut werden würde auf diesem Weg, dass sich die Probleme über eine Generation hinweg auflösen würden. Daran wollten wir immer noch glauben, als wir längst ahnten, dass es wohl so einfach nicht sein würde.

Doch es hilft nichts, pauschal Klage zu erheben und Erklärungen dafür zu finden, die uns selbst aus der Verantwortung nehmen. Es macht auch keinen Sinn, ausschließlich auf den anderen zu zeigen und Fehler allein dort zu suchen in der Hoffnung, wir kommen ohne eigene Schuld aus der Sache raus. Nein, wir alle waren beteiligt. Und wir alle müssen uns stellen, den offenen Fragen der Zukunft ebenso wie den Geistern der Vergangenheit, die noch immer über allem schweben, was wir heute tun. Wir hatten viele Möglichkeiten, die wir nicht zu nutzen wussten. Der Prozess der Vereinigung ist noch lange nicht vollzogen. Unsere Gesellschaft ist noch immer in Ausbildung, und ich meine nicht nur bei uns hier im Osten. Ich meine damit die gesamte Gesellschaft, denn auch der Westen hat hierbei eine Menge zu tun. In erster Linie geht es um gegenseitiges Verstehen und gegenseitige Wertschätzung, um Augenhöhe. Es wird uns nicht weiterbringen, wenn das ewige Mantra vom Jammerossi nun ersetzt wird durch den Pauschalverdacht, im Osten würde außer Rechtsextremen nichts mehr wachsen. Wir müssen verstehen, dass dies nur dazu führen wird, dass der Osten sich weiter abwendet. Nach Jahrzehnten, in denen man dachte, alles würde sich über neue Straßen und Infrastruktur regeln lassen, in denen es um fehlende Dankbarkeit und angeblich mangelnde Flexibilität ging, wird es Zeit, über die wesentlichen Sachen zu reden: über die Menschen. Über gleiches Geld für gleiche Arbeit zum Beispiel. Wir müssen uns die Mühe machen, einander zuzuhören. Wir müssen verstehen lernen, warum Entwicklungen sind, wie sie sind, und was wir zusammen tun können, dies zu ändern. Wir könnten inzwischen auch erkennen, dass wir in Ost und West oft dieselben Probleme haben, die uns wahrscheinlich mehr einen, als wir ahnen.

Denn auch wenn Sachsen derzeit immer wieder im Schlaglicht steht. Was hier geschieht, ist Ergebnis einer jahrzehntelangen Sinnsuche. Es ist auch ein Ruf nach Wahrnehmung und Gleichstellung und damit ein Ergebnis gesamtdeutscher Politik, die bis heute den Osten als die neuen und den Rest der Republik als die alten Bundesländer behandelt. Solange wir so darüber reden, wird es so sein. Sprache schafft Realität.

In meinen Augen kann nichts erstarken, was Beauftragte zugeteilt bekommt, die sich um irgendetwas kümmern sollen. Denn das sagt zwei Dinge: Erstens, dass die Politik den Osten noch immer als Sonderfall betrachtet, und zweitens, dass man daraus folgernd hier offenbar die Notwendigkeit einer Art Pflegestufe sieht. Das ist es, was am Ende eine Zweitklassigkeit als Lebensgefühl festschreibt, ob man das nun beabsichtigt oder nicht. Es ist an der Zeit, den Osten auf Augenhöhe zu hieven, gleichzubehandeln und damit auch den Menschen etwas zurückzugeben, worüber sie sich und ihr Leben neu definieren können: Verantwortung und Einfluss. Die vergangenen 30 Jahre hatten in den Augen vieler Menschen den Charakter einer kolonialen Übernahme. Und in nicht unwesentlichen Teilen war dies auch so. Das gehört zur Wahrheit, zur Geschichte. Es wird Zeit, dass wir das endlich erkennen, um dann auch damit abschließen zu können. Der ehrliche Blick zurück muss sein, um mit den Vorurteilen aufräumen zu können, die noch immer nachwirken. Aber auch, um mit dem, was DDR war, abzuschließen. Wir müssen die Menschen und ihre Lebensläufe sehen, statt sanierte Straßenkilometer zum Erfolgsmaß aller Dinge zu erheben. Es ist wichtig, dass ein großer Landstrich jetzt wahrgenommen wird als das, was er ist: als Teil eines ganzen Landes, das sich verändern muss, als Teil einer ganzen Gesellschaft, die sich verändern muss. Mit Menschen, die etwas leisten und darauf auch stolz sein dürfen, so wie es andernorts auch der Fall ist. Die Notwendigkeit der Veränderung ist keine alleinige Aufgabe des Ostens. Es ist noch nicht mal eine Sache der Politik allein. Es ist eine gesamtdeutsche Aufgabe. Denn das Problem sind wir.

**»Ein machtvoller Weckruf«**
*Foreign Affairs*

ISBN
978-3-421-04810-3

Dieses Buch ist
auch als E-Book er-
hältlich

Demokratien sterben mit einem Knall oder mit einem Wimmern. Der Knall, das oft gewaltsame Ende einer Demokratie
durch einen Putsch, einen Krieg oder eine Revolution, ist spek-
takulärer. Doch das Dahinsiechen einer Demokratie, das Sterben mit einem Wimmern, ist alltäglicher – und gefährlicher,
weil die Bürger meist erst aufwachen, wenn es zu spät ist. Steven
Levitsky und Daniel Ziblatt zeigen, woran wir erkennen, dass
demokratische Institutionen und Prozesse ausgehöhlt werden.
Und sie sagen, an welchen Punkten wir eingreifen können, um
diese Entwicklung zu stoppen.

# DVA

**»Das seit langem aufregendste Buch über die deutsche Geschichte.«**
*Alexander Cammann, DIE ZEIT*

ISBN
978-3-421-04830-1

Dieses Buch ist auch als E-Book erhältlich

Wie entsteht Macht? Wie wird sie begründet und erhalten? Und in welchem Verhältnis stehen Macht und Zeit? – Geschrieben während der Brexit-Ereignisse, Trumps Präsidentschaft und Putins vierter Amtszeit ist dieses Buch nicht nur ein großes Geschichtswerk, es lehrt uns in seinen Analysen des Großen Kurfürsten, Friedrichs II., Bismarcks und der Nationalsozialisten auch viel über unsere eigene Zeit.

»Einer der einflussreichsten Historiker der Gegenwart.«
Nils Minkmar, *DER SPIEGEL*

DVA